新时代大学生劳动教育

主　编　孟庆瑜

副主编　王　海

河北大学出版社

·保定·

XINSHIDAI DAXUESHENG LAODONG JIAOYU

新时代大学生劳动教育

出 版 人：朱文富

选题策划：杨显硕

责任编辑：王红梅　郝　健

装帧设计：张彦琪

责任校对：刘文娜

责任印制：常　凯

图书在版编目（CIP）数据

新时代大学生劳动教育 / 孟庆瑜主编 . -- 保定 ：河北大学出版社，2021.7（2024.8 重印）

ISBN 978-7-5666-1858-0

Ⅰ . ①新… Ⅱ . ①孟… Ⅲ . ①劳动教育－高等学校－教材 Ⅳ . ① G40-015

中国版本图书馆 CIP 数据核字（2021）第 115042 号

出版发行：河北大学出版社

地址：河北省保定市七一东路 2666 号　邮编：071000

电话：0312-5073033　0312-5073029

邮箱：hbdxcbs818@163.com　网址：www.hbdxcbs.com

经　　销：全国新华书店

印　　刷：明玺印务（廊坊）有限公司

幅面尺寸：185 mm × 260 mm

印　　张：13.75

字　　数：260 千字

版　　次：2021 年 7 月第 1 版

印　　次：2024 年 8 月第 4 次印刷

书　　号：ISBN 978-7-5666-1858-0

定　　价：39.00 元

如发现印装质量问题，影响阅读，请与本社联系。

电话：0312-5073023

《新时代大学生劳动教育》编写委员会

目　录

绪　　论

让-雅克·卢梭曾说："在人的生活中最主要的是劳动训练，没有劳动就不可能有正常的人的生活。"劳动是人的主体性的本质体现，是脑力劳动和体力劳动的完美结合，是促进人健康发展的一种有效途径，能够促进人的个人价值与社会价值的实现；而教育是有目的、有意识的实践活动。故而，劳动教育是将劳动与教育进行有机融合，以便更好地促进人的健康发展。

一、为什么要进行劳动教育

在不同的历史阶段，由于对劳动和教育的本质及目的认识的不同，劳动教育的内涵也有所不同。大学生作为接受过良好教育的群体，即将进入社会成为劳动者，劳动教育对培养其社会责任感、提高竞争能力和自身素养具有重要意义。加强自身的劳动教育，不仅是今后生活的需要，也是未来生存的需要，更是健康发展的需要。然而，近年来在大学生群体中出现了某些学生不珍惜劳动成果、不想劳动、不会劳动的现象。他们大多无法意识到劳动的意义，轻视劳动甚至不尊重普通劳动者，这对他们的成长成才非常不利。在实现中华民族伟大复兴的中国梦、满足新时代人民对美好生活的向往、做强实体经济的今天，劳动者的作用是无法替代的。因此，强化大学生劳动教育，具有重要的现实意义与历史意义。

2018 年 9 月 10 日，习近平总书记在全国教育大会上发表的重要讲话中提出了新时代的教育要培养德智体美劳全面发展的社会主义建设者和接班人的总要求，给新时代劳动教育赋予了新的时代内涵。2020 年 3 月 20 日，《中共中央 国务院关于全面加强新时代大中小学劳动教育的意见》（以下简称《意见》）颁布，《意见》指出，劳动教育是中国特色社会主义教育制度的重要内容，直接决定了社会主义建设者和接班人的劳动精神面貌、劳动价值取向和劳动技能水平。近年来，劳动的独特育人价值在一定程度上被忽视，劳动教育正在被淡化、弱化。对此，全党全社会必须高度重视。《意见》要求，要以习近平新时代中国特色社会主义思想为指导，全面贯彻党的教育方针，把劳动教育纳入人才培养全过程，贯通大中小学各学段，贯穿家庭、学校、社会各方面，与德育、智育、体育、美育相融合，实现知行合一，促进学生形成正确的世界观、人生观、价值观。《意见》提出，要全面构建体现时代特征的劳动教育体系，把握劳动教育基本内涵，明确劳动教育总体目标，在大中小学设立劳动教育必修课程。要明确劳动教育内容要求，针对不同学段、类型学生的特点，以日常生活劳动、生产劳动和服务性劳动为主要内容开展劳动教育。

为深入贯彻习近平总书记关于教育的重要论述，全面贯彻党的教育方针，落实《意见》，加快构建德智体美劳全面培养的教育体系，2020 年 7 月 7 日，教育部印发《大中小学劳动教育指导纲要（试行）》（以下简称《指导纲要》），主要面向学校，重点针对劳动教育是什么、教什么、怎么教等问题，细化有关要求，加强专业指导。《指导纲要》规定，劳动教育的内容主要包括日常生活劳动教育、生产劳动教育和服务性劳动教育三个方面。其中，日常生活劳动教育要让学生立足个人生活事务处理，培养良好生活习惯和卫生习惯，强化自立自强意识；生产劳动教育要让学生体验工农业生产创造物质财富的过程，增强产品质量意识，体会平凡劳动中的伟大；服务性劳动教育要注重让学生利用所学知识技能，服务他人和社会，强化社会责任感。《指导纲要》强调劳动教育途径要注重课内外结合，在开设劳动教育必修课的同时，还要在课外活动中安排劳动实践。职业院校和普通高等学校要明确生活中的劳动事项和时间，将其纳入学生日常管理。《指导纲要》要求学校和教师要抓住关键环节，灵活运用讲解说明、淬炼操作、项目实践、反思交流、榜样激励等多种方式方法，增强劳动教育效果；开展平时表现评价、学段综合评价和学生劳动素养监测，发挥评价的育人导向和反馈改进功能。要求各地和学校加强劳动教育的组织管理，对劳动教育所需要的师资、场地设施、经费投入等，进行合理规划和统筹安排，为劳动教育的实施创造必要条件；加强研究和指导，为提高劳动教育质量提供必要支撑。

教育是国之大计、党之大计。培养什么人、怎样培养人、为谁培养人是教育的根本问题。2022 年 10 月 16 日，习近平总书记在中国共产党第二十次全国代表大会上提出："我们要坚持教育优先发展、科技自立自强、人才引领驱动，加快建设教育强国、科技强国、人才强国，坚持为党育人、为国育才，全面提高人才自主培养质量，着力造就拔尖创新人才，聚天下英才而用之"，"育人的根本在于立德。全面贯彻党的教育方针，落实立德树人根本任务，培养德智体美劳全面发展的社会主义建设者和接班人。坚持以人民为中心发展教育，加快建设高质量教育体系，发展素质教育，促进教育公平。加快义务教育优质均衡发展和城乡一体化，优化区域教育资源配置，强化学前教育、特殊教育普惠发展，坚持高中阶段学校多样化发展，完善覆盖全学段学生资助体系。统筹职业教育、高等教育、继续教育协同创新，推进职普融通、产教融合、科教融汇，优化职业教育类型定位。加强基础学科、新兴学科、交叉学科建设，加快建设中国特色、世界一流的大学和优势学科。引导规范民办教育发展。加大国家通用语言文字推广力度。深化教育领域综合改革，加强教材建设和管理，完善学校管理和教育评价体系，健全学校家庭社会育人机制。加强师德师风建设，培养高素质教师队伍，弘扬尊师重教社会风尚。推进教育数字化，建设全民终身学习的学习型社会、学习型大国”。

尊重劳动、倡导劳动、保护劳动，是社会主义社会先进性的显著标志；勤奋劳动、诚实劳动、创造性劳动，是社会主义国家劳动者的鲜明特征。在实现中华民族伟大复兴的中国梦、满足新时代人民对美好生活的向往、做强实体经济的今天，强化大学生劳动教育，具有更加迫切的现实意义。高校作为育人的主要阵地，培养大学生的全面发展尤其是创新能力既是高校教学的重要目标之一，又是新时代赋予的重要使命。实施好劳动教育，就要更好地发挥校园这个载体的教育作用，从学生日常入手，以自我和集体为对象在劳动实践中树立正确的劳动观，承担责任，实现个人成长；从平凡中感悟劳动的魅力，从劳动中创造出美好生活，从而奠定人生健康成长的基石。

为了深入学习习近平新时代中国特色社会主义思想，贯彻落实全国教育大会精神，切实加强大学生劳动教育的新要求，让大学生真正上好劳动教育这门“必修课”，使大学生成为劳动教育的受教者、受益者，成为劳动精神的弘扬者、引领者，成长为德智体美劳全面发展的社会主义建设者和接班人，基于大学生劳动教育理论构建与实践的需要，我们进行了“大学生劳动教育”课程建设的有益尝试，引导学生从观念和行为上做出改变，帮助学生适应新时代发展要求，有利于大学生通过在课堂教学、自身学习和实验实践等教育环节上付出相应的劳动，将自己打造成高等教育下的优质“产品”；有利于大学生在体味艰辛、挥洒汗水中培养自身强大的心理素质，在艰苦奋斗、顽强拼搏中磨炼自己坚强的意志，从而获得受益终生的精神财富；有利于大学生形成积极向上的就业创业观，在国家和社会的需要与个人价值实现、专业学习与岗位匹配等方面找到平衡，形成自主多元的积极就业观，提升创新创业意识和能力。

二、本书的定位与目标

本书是根据《意见》和《指导纲要》编写，按照习近平总书记强调的人才培养要在坚定理想信念、厚植爱国主义情怀、加强品德修养、增长知识见识、培养奋斗精神、增强综合素质六个方面下功夫来设计大学生劳动教育课程内容的框架。在坚定理想信念上下功夫，要求加强大学生劳动价值观教育；在厚植爱国主义情怀上下功夫，要求加强大学生劳动情感态度教育；在加强品德修养上下功夫，要求培养大学生良好的劳动品德；在增长知识见识上下功夫，要求加强大学生劳动技能培育和劳动实践锻炼；

在培养奋斗精神上下功夫，要求切实加强大学生劳动实践锻炼；在增强综合素质上下功夫，要求充分发挥劳动教育的综合育人价值，将劳动教育有机融入全面培养的教育体系当中。

本书注重强化马克思主义劳动观教育，围绕创新创业并结合学科专业开展日常生活劳动、生产劳动和服务性劳动，积累职业经验，培育创造性劳动能力和诚实守信的合法劳动意识，使学生做到以下几点：掌握劳动科学知识，深刻理解马克思主义劳动观和社会主义劳动关系，树立正确的择业、就业、创业观，具有到艰苦地区和行业工作的奋斗精神；巩固良好日常生活劳动习惯，自觉做好宿舍卫生保洁，独立处理个人生活事务，积极参加勤工助学活动，提高自立自强能力；强化服务性劳动的意识和能力，自觉参与教室、食堂及其他校园场所的卫生保洁和管理服务工作，结合“三下乡”“青年红色筑梦之旅”等社会实践活动开展服务性劳动，强化公共服务意识和面对重大疫情、灾害等危机时的奉献精神；重视生产劳动锻炼，积极参加实习实训、专业服务和创新创业活动，重视新知识、新技术、新工艺、新方法的运用，提高在生产实践中发现问题和创造性解决问题的能力，在动手实践的过程中创造有价值的物化劳动成果。

本书以《指导纲要》为依据，从劳动教育课程的性质、特点和学生的实际情况出发，进行多媒体教学资源的一体化设计，即以纸质教材为主，以数字教材、试题库、案例库、课件、网络教学资源为辅，供学生自主选择。本书与劳动教育课程改革与实践相适应，吸收借鉴国内外劳动教育研究的新成果，对劳动与劳动教育的基本知识、劳动价值观、劳动的情感与态度、劳动科学知识与能力、劳动实践、劳动安全等方面进行了全面的论述。同时，注重将劳动教育实践与专业教学中的实习实训、社会实践、校园文化建设、志愿者服务、大学生创新创业等有机结合，体现综合育人功能。

本书以培养担当民族复兴大任的时代新人，着力提升学生综合素质，促进学生全面发展、健康成长为目标，充分发挥劳动天然具有的树德、增智、健体、育美、创新的综合育人价值，全面提升大学生的综合能力。通过榜样故事，引导学生崇尚劳动、尊重劳动、热爱劳动，理解劳动的本质，懂得劳动的价值，树立劳动最光荣、劳动最崇高、劳动最伟大、劳动最美丽的价值引领，培育精益求精的工匠精神和爱岗敬业的劳动态度，养成良好的劳动习惯，增强对劳动人民的感情，为将来报效国家、奉献社会、实现自己的人生价值打下基础。

三、劳动教育课程教学的基本要求

高等学校肩负着培养社会主义事业建设者和接班人的重大任务，肩负着为人民服务、为中国共产党治国理政服务、为巩固和发展中国特色社会主义制度服务、为改革开放和社会主义现代化建设服务的神圣使命，理应引导大学生学习和践行社会主义核心价值观，引导大学生既要努力学习科学文化知识、练就过硬本领，又要坚定理想信念、锤炼高尚品格、培育劳动情怀，这样才能使其端正学习态度，激发其学习热情和创新精神，继承艰苦奋斗、勤俭节约的优良传统，从而更好地培养大学生的社会责任感和担当精神，从而为其将来走向工作岗位、实现个人全面发展奠定坚实的技能基础和思想基础。高等学校要加强大学生劳动教育，使学生认识到无论是体力劳动还是脑力劳动，都值得尊重和鼓励，更没有高低贵贱之分；帮助学生树立正确的价值观念，将劳动最光荣、劳动最崇高、劳动最伟大、劳动最美丽的观念内化为精神境界，促进学生健康成长。因此，在劳动课程教学的基本要求方面应着重把握好以下五个方面的关系。

一是注重思想教育与劳动教育相结合，在劳动教育目标上突出价值塑造。劳动教育作为高校育人工作中的重要内容，具有独特的思想教育价值属性。加强劳动教育，努力把大学生培养成勤于劳动、善于劳动、热爱劳动的高素质劳动者，是新时代党和国家对教育工作的要求。高校教学要把社会主义核心价值观教育融入劳动教育的全过程，充分挖掘劳动教育活动中深层次的思想教育内涵，推出一批富有思想性、知识性、教育性的劳动实践项目，通过多种形式，培养学生的创新精神和实践能力，实现以劳育德、以劳增智、以劳强体、以劳育美，为成就大学生的幸福人生奠定坚实基础。

二是注重与时俱进和学以致用相结合，在劳动教育内容上体现时代特征。适应经济社会发展的新常态和大学生全面发展的新需求，创新大学生劳动教育课程内容、劳动教育形式，赋予劳动教育信息化、时代化、全球化的丰富内涵，与生产实践、社会实践、就业实习实践紧密结合，使劳动真正成为理论教育与实践锻炼的契合点，使大学生在实践中实现对理论的应用和总结升华，学以致用。

三是注重校内教育与校外教育相结合，在劳动教育机制上强调协同育人。高等学校作为大学生开展劳动教育的主要场所，承担着开展大学生劳动教育的重要任务；与大学生成长成才密切联系的社会与家庭，对大学生劳动教育的影响同样不容忽视，因此，需要建立校内与校外的联动机制。高校在教育教学中着重突出观念塑造功能，社会在实践活动中强化能力提升功能，家庭在氛围熏陶中强调习惯养成功能，实现高校、社会、家庭三方在劳动教育中的有机统一，协同配合，使学生通过劳动教育、劳动实践全面提升对劳动价值的认识，增强作为一名劳动者的获得感、幸福感、使命感。

四是注重劳动教育与专业教育相结合，在劳动教育培养体系中体现融合性。注重大学生专业教育的有机融入与劳动教育课程独立设置之间的关系，既要深入挖掘劳动教育有机融入现有人才培养体系、全面提升高等教育人才培养质量的结合点，又要深入考虑劳动教育课程独立设置的必要性与可行性，充分发挥好劳动教育在国民素质养成中所具有的德、智、体、美等教育方面不可替代的作用，充分考虑高校劳动教育作为直接面向职业教育的独特性，强化其与专业教育、实习实训、创新创业、就业指导等的深度融合。

五是注重劳动教育与实施手段相结合，在进行劳动教育的过程中调动大学生的积极性。高等学校在进行劳动教育时可适当开展劳动技能和劳动成果展示、劳动竞赛、演讲等活动，丰富教育实施手段的同时注重劳动教育与实施手段相结合，激发学生参与劳动的积极性，引导学生思考劳动对于社会发展的意义，使学生认识到自己作为社会一员的意义与使命，在更深层次意义上提高自身的劳动素养。

思考题：

1. 为什么要对大学生进行劳动教育？
2. 大学生在接受劳动教育的过程中应注意哪些问题？

第一章　认知劳动

本章要点：

1. 了解劳动的概念和内涵。
2. 了解和认识马克思主义劳动观。
3. 明确开展劳动教育的意义。
4. 树立新时代大学生正确的劳动价值观。

马克思曾经说过：任何一个民族，如果停止劳动，不用说一年，就是几个星期，也要灭亡，这是每一个小孩都知道的。如果一个人只为自己劳动，他也许能够成为著名学者、伟大的哲人、卓越的诗人，然而他永远不能成为完美的、真正伟大的人物。历史承认那些为共同目标劳动因而使自己变得高尚的人是伟大人物；经验赞美那些为大多数人带来幸福的人是最幸福的人。

第一节　劳动与劳动观

一、劳动的形态与历史发展

（一）劳动的形态

1. 潜在的劳动形态

潜在的劳动形态，指人的潜在的劳动能力。它是流动形态劳动发生、凝固形态劳动存在的前提和基础。但是目前我国学术界对潜在形态劳动是否存在持有两种不同观点。一种观点认为，马克思说过，劳动具有流动形态（活劳动）和凝结形态（物化劳动，又称死劳动）"两种不同形式"，但是从未说过劳动具有潜在形态，我们不应当把马克思从未有过的观点强加在他的头上。另一种观点则认为，在《资本论》第一卷的法文版中，马克思在论述雇佣劳动者为什么要把劳动力出卖给资本家时写道：“那么雇佣劳动者为什么要做这种交易呢？因为他拥有的只是自己的劳动力，即潜在状态的劳动，而使这种潜在状态具体化所必需的一切外在条件，有效地进行劳动所必需的原料和工具，维持劳动力并把劳动力转化为生产运动所必不可少的生活资料的支配权，所有这一切都处在另一方的手中。”这段文字确定无疑地表明，马克思认为劳动力“即潜在状态的劳动”。马克思不仅认为劳动具有潜在状态，而且指明劳动的潜在状态即劳动力。

2. 流动的劳动形态

流动的劳动形态又叫活劳动，指在实际的劳动过程中正在发挥的体力和脑力，即物质资料的生产过程中劳动者的脑力和体力的消耗过程。在物质生产过程中，只有投入活劳动，才能将生产资料改变成符合人们需要的具有使用价值的另一形态，成为新的产品。离开活劳动，生产资料不过是一堆死东西，活劳动是社会生产中的决定性因素。劳动过程就是活劳动借助于劳动资料生产使用价值的过程。科学技术的发展和社会生产力的提高，使劳动者在一定时间内使用的生产资料量越来越多，而单位产品中包含的活劳动量出现减少趋势，劳动生产率随之提高。在商品生产条件下，活劳动一方面把生产资料价值转移到新产品中，另一方面又将自身凝结在新产品中，从而创造新价值。

3. 物化的劳动形态

物化的劳动形态又叫死劳动，也称“对象化劳动”，指凝结在劳动对象中，体现为劳动产品的人类劳动。人们进行使劳动对象发生变化的生产劳动，其结果是生产出体现劳动与物相结合的新产品，因此是一种物化劳动。但对下一次劳动过程来说，这种物化劳动又成为一种物质条件。因此，物化劳动有时就是指生产资料。在商品生产条件下，物化劳动是既形成新的使用价值也形成价值的劳动。

4. 劳动形态的时代性与劳动教育

由于人类劳动的形态处在不断演进的过程之中，具体表现为脑力劳动的比重不断增加、新形态的劳动不断形成，所以劳动教育包括参加体力劳动，但又不能狭隘地理解为简单的体力劳动。劳动教育应依据劳动形态的演进与时俱进。学校应创造条件让学生参加服务性劳动、创造性劳动等，形成当代劳动教育的新方向。此外，劳动价值观形成的基础是社会大众对劳动价值的肯定认知，若社会没有尊重劳动的分配机制与舆论氛围，学校的劳动教育必然孤掌难鸣，难有实质成效。家庭教育中的劳动教育环境对劳动教育的推行也有巨大的促进作用。因此，学校必须与家长和社会携手合作，才能取得劳动教育的实效。

（二）劳动的历史发展

1. 劳动的起源

从人类发展的历史来看，早期的劳动主要就是指体力劳动。在人类社会的初期，社会生产力十分低下，原始人群内部只存在按性别和年龄划分的自然分工，没有社会分工。后来随着生产力水平的提高，原始社会后期出现了人类社会历史上的第一次大分工——畜牧业同农业分离。农牧业的分工为社会分工的进一步发展奠定了基础，有力推动了商品交换的发展，也为私有制的产生创造了物质前提。原始社会末期，随着铜器和铁器的应用，生产力水平大大提高，此时，出现了人类历史上的第二次社会大分工——手工业和农业的分工。这次大分工促进了劳动生产率的提高和生产规模的扩大，以交换为直接目的的商品生产开始出现，并使商品交换范围进一步扩大。交换的不断发展使商品生产出现并发展，又反过来促进了交换的进一步发展。交换规模扩大，品种增多，生产者和消费者之间直接的产品交换越来越不便利，于是专事交换的中间人——商人应运而生，脑力劳动开始从体力劳动中分离出来。这就是人类历史上的第三次社会大分工。社会分工大大降低了时间的转换成本，简化劳动，节约劳动力，对提高劳动效率有着不可替代的作用。

2. 劳动在我国古代的发展

（1）劳动思想

“民生在勤，勤则不匮。”中华民族是勤于劳动、善于创造的民族。正是因为劳动创造，我们拥有了历史的辉煌；正是因为劳动创造，我们拥有了今天的成就。

孔子之教的最终目标是“仁爱”，成人成德。仁德起于孝德，是成人的最高标准，而勤劳又是成仁尽孝的内在要求，所以勤劳是成就仁孝的前提。《论语·宪问》中有言：“爱之，能勿劳乎？”爱其人，便要勉其劳，对一个人的仁爱便是鼓舞他勤劳上进，否则，这份爱便成了“禽犊之爱”。《左传》曰：“俭，德之共也；侈，恶之大也。”强调好逸恶劳是万恶之首。荀子在《天论》中写道：“强本而节用，则天不能贫。”表达了对辛勤劳动、勤俭节约的强烈认同。诸葛亮曾在写给儿子诸葛瞻的《诫子书》中说：“淫慢则不能励精，险躁则不能治性。”其中便道出了对儿子能够“以劳治身”的殷切期望。同时，在儒家所提出的大同社会的描绘中，“壮有所用，幼有所长”“力恶其不出于身也，不必为己”都表达了对具有劳动能力的人要积极参与公共劳动的伦理要求。

财富之源，能者劳之。如果说，孔子在某种程度上是统治者的圣人，那么，墨子便是劳动者的圣人。墨子曰：“今人与此异者也，赖其力者生，不赖其力者不生。”墨子极为重视劳动，将其当作区别人与动物的一个主要标志，认为劳动是人类得以生存的最基本前提，是人类获取最基本生产生活资料的仅有手段，是财富创造的源泉。相比儒家学派，墨子的言论较为直观地表述出一个真理——劳动生产物质财富，而一个国家、一个民族、一个社会的兴旺发展最终都是要归结到物质生产上来的，劳则国富民强，不劳则民饥国贫。

此外，墨子还主张人尽其才，能者劳之。“譬若筑墙然，能筑者筑，能实壤者实壤，能欣者欣，然后墙成也。”春秋时期的生产劳动已不再仅限于农业，手工业也有了很大的发展与进步，劳动在性别、体能、行业等方面有了分工，所以墨子的这一思想与当时的劳动状况是相符合的。《墨子·非命下》有言：“必使饥者得食，寒者得衣，劳者得息，乱者得治。”这充分体现了墨子对劳动的重视和对劳动者的保护，算得上是中国劳动保障思想的萌芽。

（2）劳动诗词

中华历史悠悠五千年，中华民族向来注重对勤劳美德的培养，对劳动的歌颂与赞美更是中华传统文化的重要组成部分，也是劳动在我国古代取得重大发展的集中体现。

宋代范成大在《四时田园杂兴》中写道：“昼出耘田夜绩麻，村庄儿女各当家。童孙未解供耕织，也傍桑阴学种瓜。”这首诗为我们描绘了一幅男耕女织、其乐融融的劳动场景画：白天去田地里耕作，夜晚在家中搓麻线，村中男女都承担着各自的劳动。小孩子虽然还不懂耕田织布，但也在那桑树荫下模仿着大人们种瓜的模样。

还有众所周知的唐代李绅的《悯农》：“锄禾日当午，汗滴禾下土。谁知盘中餐，粒粒皆辛苦。”这首诗生动形象地描绘出烈日当头之下，农民在田中辛勤劳作、汗流浃背的情景，突出农民劳动的辛苦，告诉我们食物的来之不易。

同样被广为流传的还有唐代白居易的《观刈麦》：“田家少闲月，五月人倍忙。夜来南风起，小麦覆陇黄。妇姑荷箪食，童稚携壶浆。相随饷田去，丁壮在南冈。足蒸暑土气，背灼炎天光。力尽不知热，但惜夏日长。复有贫妇人，抱子在其旁。右手秉遗穗，左臂悬敝筐。听其相顾言，闻者为悲伤。家田输税尽，拾此充饥肠。今我何功德？曾不事农桑。吏禄三百石，岁晏有余粮。念此私自愧，尽日不能忘。”这首诗如实地描写了当时的生活场景。诗人选取了举家忙碌和凄凉拾穗这两个镜头，前者虽然苦，虽然累，但他们暂时还是有希望的，至于后者，则完全是漂流浮萍，朝不保夕了。二者形成强烈对比，表现了诗人对劳动人民的深切同情。

诗人笔下的劳动者不仅仅是农民，还有各行各业的劳动者。如赞美冶炼工人的，唐代李白的《秋浦歌》：“炉火照天地，红星乱紫烟。赧郎明月夜，歌曲动寒川。”炉火熊熊地燃烧着，红星四溅，紫烟蒸腾，广袤的天地被红彤彤的炉火照得通明。冶炼工人在明月之夜，一边唱歌一边劳动，他们的歌声打破幽寂的黑夜，震荡着寒天河流。这首诗正面描写和歌颂冶炼工人的艰辛劳作，字里行间体现了诗人对他们的赞美之情。

另外，诗人们不仅记录和赞美劳动，而且更热爱劳动。东晋陶渊明的《归园田居·其三》云：“种豆南山下，草盛豆苗稀。晨兴理荒秽，带月荷锄归。道狭草木长，夕露沾我衣。衣沾不足惜，但使愿无违。”该诗描绘了诗人辛勤劳动、追求美好生活的场景。“带月荷锄归”写道，劳动归来的诗人虽独自一人，却有一轮明月相伴。诗人扛着锄头，穿行在齐腰深的草丛中的“月下归耕图”，暗示了这种艰辛在诗人眼里是快乐的，表达了诗人热爱生活、热爱劳动的生活态度。

二、马克思主义劳动观

（一）马克思主义劳动观产生的时代背景和理论渊源

1. 马克思劳动观产生的时代背景

任何真理都与它产生的时代紧密相连，都是其时代特征的准确反映。马克思的劳动观作为科学的、系统的理论，也准确地反映了其时代特征。马克思劳动观的诞生离不开19世纪资本主义社会的飞速发展。资产阶级在19世纪进行了历史性的创造活动，英国工业革命、法国政治革命乃至世界历史的形成都是资产阶级创造活动的成果。资产阶级创造性的生产活动所直接导致的生产变革和社会矛盾，为马克思劳动观的创立奠定了基础，构成了马克思劳动观的时代背景。

2. 马克思劳动观的理论渊源

（1）欧洲古典政治经济学家的劳动观

马克思劳动理论的许多观点和研究对象都来源于欧洲古典政治经济学家，马克思对他们的观点进行了批判、继承和超越，并以此为基础创立了具有其自身特色的劳动观理论。

欧洲古典政治经济学家对于马克思劳动理论的贡献主要有以下三点：首先，对于劳动价值学说有着较为严密的论述；其次，在经济上分析了资本主义的阶级关系；最后，对剩余价值理论进行了猜测，并考察了其具体形式。

（2）德意志古典哲学的劳动观

马克思劳动观的另一重要的理论来源是德意志古典哲学。马克思劳动观在其形成的过程中吸收了德意志哲学领域中许多哲学家的理论精华，其中，黑格尔、费尔巴哈、赫斯的异化理论对马克思影响巨大，他们的异化理论思想为马克思的异化劳动理论的诞生奠定了理论基础。

如在黑格尔看来，劳动是人自我实现的本质，人们为了激发自己的潜能，实现自我创造，就要进行劳动异化。在黑格尔看来，人和人的不平等，主要是由于劳动的异化造成的。马克思在其思想形成的早期，受黑格尔异化理论的影响，开始用异化对社会矛盾进行研究和探索，并对其进行解析。

（3）空想社会主义的劳动观

空想社会主义起源于16世纪，灭亡于19世纪三四十年代，是资本主义生产方式以及资产阶级和无产阶级、剥削者和被剥削者尖锐矛盾的反映。空想社会主义对劳动的研究主要表现在对劳动的论述和对资本主义的观点两个方面，其中，空想社会主义者对资本主义剥削制度的批判、对私有制的控诉、对资本主义制度不合理性的研究，都为马克思分析资本主义异化、分析私有财产的本质提供了理论依据，并为马克思从劳动入手，通过对社会分工的研究消灭资本主义异化开辟了道路。

综上所述，对于劳动观的阐述，并不是从马克思开始的，以前的学说都或多或少地涉及了劳动理论，这些学说为马克思劳动观的形成提供了大量的理论支持。马克思通过对他们的劳动观的批判和继承，开创了具有其自身特色的劳动理论，即科学的劳动观。马克思主要通过研究英国古典政治经济学、德意志古典哲学、英法空想社会主义学说中的理论，对其缺陷和不足进行了深入的研究。马克思的劳动观是运用科学的世界观和方法论，对前人观点进行剖析，并吸收其理论中的合理部分，在此基础上，通过大量的研究、探索、实践和反思形成的。

（二）马克思主义劳动观的基本内容

马克思主义劳动观作为马克思主义理论的重要组成部分，是创立唯物史观和剩余价值学说的基础。其中所包含的经典作家关于劳动问题的基本观点和态度，不仅是马克思主义劳动观的重要内容，也是中国社会主义建设时期劳动思想的理论源泉。

1. 劳动创造了人

1876 年，恩格斯首次提出“劳动是整个人类社会生活的第一个基本条件，而且达到这样的程度，以致我们在某种意义上不得不说：劳动创造了人本身”。在《劳动在从猿到人转变过程中的作用》一文中，恩格斯详细描述了劳动的作用，将会使用和创造劳动工具作为区别人和猿的基本条件。人的实践活动具有自主性，尤其是人的主观能动性，使得人可以认识、利用自然，能够从自然中获取生存和发展所需的物质资料，进而制造出服务性的生产工具，并为自己所用，这样自然界便也成为人类社会生活的重要组成部分。也就是说，人们能够通过实践认识、利用客观规律，从而使客观规律为人所用，动物则不能。马克思提出“劳动首先是人与自然之间的过程”，在这一过程中，人通过自身的活动来“中介、调整、控制人和自然之间的物质变换”。因此，劳动是人与自然相互联系、相互作用的媒介，它从本质上将人与动物区分开来，从而创造了人本身。

2. 劳动创造了人与人之间的内在联系，构成了人类社会

马克思说：“人的本质并不是单个人所固有的抽象物。在其现实性上，它是一切社会关系的总和。”人的本质属性是其社会性，每个人都必须通过消费一定的物质生活资料才能够获得生存与发展，而物质生活资料是人与人共同劳动的结果，是社会劳动的产物。劳动促成了物质资料的占有和使用，产品的分配、交换和消费，还有人们之间

具体的分工与协作。所以，劳动是社会存在和发展的最基本条件，劳动创造了人类社会。

3. 劳动是促使社会历史发展的根本推动力量

社会发展的最终决定力量不是精神、意志、神灵，而是人的劳动实践。马克思、恩格斯在《德意志意识形态》中指出："我们首先应当确定一切人类生存的第一前提也就是一切历史的第一前提，这个前提就是：人们为了能'创造历史'，必须能够生活。但是为了生活，首先就需要衣、食、住以及其他东西。因此第一个历史活动就是生产满足这些需要的资料，即生产物质生活本身。同时这也是人们仅仅为了能够生活就必须每日每时都进行的（现在也和几千年前一样）一种历史活动，即一切历史的基本条件。"人类必须通过劳动生产出这些生存必需的物质资料，从而产生生活和历史。马克思从唯物主义立场出发，阐明了劳动对整个人类历史的重要意义，并进一步强调："任何一个民族，如果停止劳动，不用说一年，就是几个星期，也要灭亡，这是每一个小孩都知道的。"

第二节　劳动教育

劳动教育是一种对学生进行劳动观和劳动实践教育的活动，目的是使学生树立正确的劳动观点和态度，热爱劳动和劳动人民，尊重劳动，珍惜劳动成果，培养劳动技能和习惯。相应地，劳动教育也不仅仅是教会受教育者在社会中如何通过劳动学会生存，还应关注其内在心理的健康成长，劳动教育的核心价值应该是对人本身的促进和发展，其最终目的是要实现人的全面发展。

一、大学生劳动教育的内容

大学生劳动教育不是一般意义上的劳动教育，它有着明确的教育对象——大学生，主要指的是高校通过有组织、有计划、有目的地让大学生参加自我服务劳动、公益劳动、社会实践活动等对大学生所进行的劳动价值观、劳动习惯、劳动精神、劳动技能的教育。其目的仍然是使大学生树立正确的劳动价值观，热爱劳动以及劳动人民，尊重和珍惜他人的劳动成果；通过对劳模精神和工匠精神的学习，具备"吃苦耐劳、艰苦奋斗、勤俭节约、自立自强"的劳动精神和品质，具有创新的劳动意识，养成良好的劳动习惯；通过劳动实践活动实现理论与实践的统一，促使大学生学会社会所需的劳动技能，从而为他们大学毕业后的就业和创业打下坚实基础；为社会主义建设培养品行良好、综合素质过硬、全面发展的新型劳动者。

（一）劳动观念

劳动观念是指人们对劳动的认识和看法，它主要通过对劳动进行多方面的综合了解，进而促使人们形成一种对劳动的总体认识。劳动观念是决定劳动行为的前提条件，积极向上的劳动观念可以引导人们做出正确的劳动行为，而错误的观念则会导致很多问题的产生，不利于学生的身心健康成长。引导大学生树立正确的劳动观念，首先要确定这一理念，即劳动创造了人本身，劳动创造了人类社会，并且推动了社会的发展。劳动是人类所特有的、区别于动物的最基本的社会实践活动，是一切财富的源泉，是社会文明进步的动力。大学生只有树立正确的劳动观，才会热爱劳动和珍惜世界上的一切劳动成果，才会积极主动地接受劳动，才会从心底里去尊重劳动和劳动者。

（二）劳动精神

劳动精神是人们所表现出来的对于劳动的一种积极接受的态度，它使人们无惧于劳动本身的辛苦和劳动过程中的各种困难，认为都可以通过自己的努力去克服，具体表现为对劳动坚定不移的意志力。热爱劳动、勤劳勇敢、吃苦耐劳、艰苦奋斗是中华民族的传统美德，正是辛勤劳作的一代又一代默默无闻而又伟大的劳动人民，才铸就了中华五千年的辉煌文明。目前我国面临着新的改革发展任务，大学生作为社会主义的接班人，是祖国未来的希望，因此我们要让这种精神在新的历史时代继续发扬光大。

（三）劳动习惯

新时代的大学生成长在自动化的社会环境下，加之家庭的过度关爱，以致不少大学生缺乏劳动习惯，甚至厌恶劳动、鄙视劳动。大学生劳动习惯的缺乏体现在生活的方方面面，如生活自理能力差、公共卫生清洁意识差、浪费各种资源、生活懒惰、学习上缺乏刻苦钻研的精神等。因此，要加强大学生劳动习惯养成教育，不管是体力劳动还是脑力劳动，要让劳动作为学生的基本习惯，形成一种自觉的行为。

（四）劳动技能

劳动技能教育是指培养大学生掌握基本的劳动生产技能的教育，其目的是为社会输送合格的劳动人才。所以掌握相应的劳动技能仍然是当今社会的需要，高校对大学生进行劳动教育也基本上以劳动技能教育为主。目前我国大学中的劳动技能教育形式主要有以下两种：一种是劳动教育结合校内的专业课，主要表现为让学生通过自己动手来制作完成课程设计、毕业设计及见习等，增长大学生的劳动技能；另外一种是结合校内外的劳动实践活动促使学生劳动技能得到提升，主要形式有校内自主劳动和公益活动、社会公益活动、社会生产劳动和其他社会实践类活动。

二、新时代高校加强劳动教育的重要意义

（一）加强大学生劳动教育的时代价值

1. 加强大学生劳动教育是实现中华民族伟大复兴的中国梦的时代呼唤

习近平总书记指出："我们所处的时代是催人奋进的伟大时代，我们进行的事业是前无古人的伟大事业，我们正在从事的中国特色社会主义事业是全体人民的共同事业。全面建成小康社会，进而建成富强民主文明和谐的社会主义现代化国家，根本上靠劳动、靠劳动者创造。"劳动、劳动者在中华民族伟大复兴的奋斗征程中具有基础作用。新时代的劳动教育必须紧跟马克思主义中国化的脚步，"推进马克思主义中国化时代化是一个追求真理、揭示真理、笃行真理的过程。十八大以来，国内外形势新变化和实践新要求，迫切需要我们从理论和实践的结合上深入回答关系党和国家事业发展、党治国理政的一系列重大时代课题。我们党勇于进行理论探索和创新，以全新的视野深化对共产党执政规律、社会主义建设规律、人类社会发展规律的认识，取得重大理论创新成果，集中体现为新时代中国特色社会主义思想"。扎根中国大地办大学，必须坚持社会主义办学方向，弘扬社会主义劳动价值观，切实肩负起"为人民服务、为中国共产党治国理政服务、为巩固和发展中国特色社会主义制度服务、为改革开放和社会主义现代化建设服务"的时代使命，"以劳动托起中国梦"，以劳动精神进行伟大斗争、建设伟大工程、推进伟大事业、实现伟大梦想。"中国制造转型升级需要一支高素质产业工人队伍，需要一大批精益求精、追求卓越的大国工匠。"青年大学生是担当时代使命的生力军，要培育新时代青年大学生的劳动意识、劳动精神、劳动情怀，为新时代提供人力支撑、智力支撑和创新支撑，最终推动广大青年学生在接力奋斗中实现中华民族伟大复兴的中国梦。高校与新时代同频共振的深度，决定其未来发展的高度，"热爱劳动""尊重劳动""诚实劳动"等绝不是一般性的口号，而应内化为高校师生的基本工作态度和精神风貌。

2. 加强大学生劳动教育是培育德智体美劳全面发展的时代新人的客观要求

"教育与生产劳动相结合"是马克思主义教育思想的核心内容，是造就全面自由和谐发展的人的重要途径。"劳动教育是引导人向自身本质复归的实践活动。"传统教育理念与教育观点偏向于将劳动教育作为德育、智育和实践教育的形式或内容之一，劳动教育在教育体系中被弱化、淡化、边缘化。习近平总书记批评的"不爱劳动、不会劳动、不珍惜劳动成果"的现象在学生中确实普遍存在，学生在生活中崇尚安逸、贪图享受；学习中缺勤缺课、应付敷衍；习惯上足不出户、懒散拖沓……这种种问题与我们的日常教育中缺乏专门的、系统扎实的劳动价值观教育有很大的关系。全国教育大会重新确立了"五育并举"的教育理念，历史性地把劳动教育从传统意义上素质教

育的组成部分、促进学生全面发展的有效途径提升为必不可少的重要教育内容。“五育并举”是我党对教育规律认识和把握的不断深化，对青年学生进行系统劳动思想教育、劳动技能培育与劳动实践锻炼，弘扬青年学生劳动精神，培育社会主义劳动价值观，是高等教育人才培养体系不可或缺的重要组成部分。推进以劳树德、以劳增智、以劳强体、以劳育美、以劳促创的互融共通、相互促进，是高等教育面临的时代新命题。“五育并举”并不意味着平均用力，而是意味着不可或缺。德智体美劳五大要素相互依存、相辅相成、有机统一、缺一不可，统一于培养合格建设者和可靠接班人的进程中。

3. 加强大学生劳动教育是落实立德树人根本任务的重要内涵与根本要求

劳动教育是培育和践行社会主义核心价值观的重要途径，脱离劳动教育与劳动实践的思想政治教育犹如无源之水。“劳动教育在理论联系实践中起到很好的桥梁作用，推动学生产生责任感、荣誉感、协作精神、坚毅品质、劳动习惯等很多意想不到的思想观点。”劳动教育作为高校育人链条中的重要内容和关键环节，本身具有独特的思想政治教育价值，是一种更为贴近实际、贴近生活、贴近学生的思想政治教育，可以有效提升思想政治教育的亲和力和针对性，消除唯分数、唯书本、唯考试，追求“纸面成长”的不良倾向。高校可以通过弘扬劳动精神、开展劳动实践，引导大学生在劳动中坚定理想信念、在劳动中厚植爱国情怀、在劳动中加强品德修养、在劳动中增长见识、在劳动中培养奋斗精神、在劳动中强健体魄、在劳动中增强综合素质，以劳动教育夯实社会主义建设者和接班人全面发展的综合素养与思想基础。

（二）新时代大学生劳动教育的时代内涵

1. 新时代大学生劳动教育目标更高

中国特色社会主义进入新时代，习近平总书记在全国教育大会上指出，“要在学生中弘扬劳动精神，教育引导学生崇尚劳动、尊重劳动，懂得劳动最光荣、劳动最崇高、劳动最伟大、劳动最美丽的道理，长大后能够辛勤劳动、诚实劳动、创造性劳动”，以弘扬“一种精神”、端正“两种态度”、外化“三种行为”，内化“四种观念”，引导新时代大学生成为有大爱、大德、大情怀的人，培育德智体美劳全面发展的社会主义建设者和接班人。

2. 新时代大学生劳动教育内容更丰富

新时代的大学生“劳动”，是劳动、学习、实践、创业、奋斗的统称。云计算、物联网、大数据、人工智能等新技术蓬勃发展，大学生的劳动方式、劳动领域、劳动岗位必然发生变化，简单劳动与创造性劳动、实体劳动与虚拟劳动交织。大学生劳动教育内涵更广，不仅要注重传统劳动精神、劳动品德、劳动习惯的培养，还要重视劳动形态、劳动认知、劳动科学知识与技能的培养，强调以劳动价值观塑造为核心，更加注重人的全面发展的劳动观。

3. 新时代大学生劳动教育对象特点更鲜明

新时代大学生劳动教育，主要面向的是“00后”大学生。新时代大学生是“朝气蓬勃、好学上进、视野宽广、开放自信，是可爱、可信、可为的一代”，但“00后”大学生以独生子女为主，“在大学生从小到大的成长过程中一直缺乏相对的培育劳动价值观的土壤”，家庭原生态劳动教育缺失，生活条件较为优越，未曾经历艰辛生活的磨砺，存在“个体本位”思想，有劳动认知模糊、劳动情感淡漠、劳动意志薄弱、劳动行为缺乏、劳动能力不足等方面的问题，违背了教育与生产劳动相结合的基本原则，偏离了学生成长成才规律，在劳动教育方面亟须补课。

4. 新时代大学生劳动教育方式更丰富

新时代劳动内容、劳动形式、劳动对象的新特质，要求大学生劳动教育的方式要比以往更丰富、更具时代性。在利用传统方式加强劳动教育的同时，更要精准灵活地运用网络信息技术，增强劳动教育的感染力、吸引力，强化社会主义劳动价值观的传播力。将劳动教育有机融入校园学习生活的全方位、全过程，融入社会实践、志愿服务、实习实训、创新创业等各方面，让劳动教育“活起来”“实起来”，增强劳动教育的互动性、即时性、满足感。

第三节　劳动价值观

人们的劳动认识和实践会受到劳动价值观的影响，正确的价值观可以指导人们做出正确的行为，因此，要进行大学生劳动教育需从劳动价值观的教育入手，让观念先行。劳动价值观直接影响着人们的劳动态度、劳动价值取向、劳动目标的追求和劳动价值的评判。它是人们劳动认识和实践活动达到自觉的重要标志。大学生劳动价值观的教育首先是使大学生树立起“劳动光荣，劳动创造价值，劳动实现自身价值”的价值取向，培养其“热爱劳动、尊重劳动、珍惜劳动成果、消除劳动偏见”的态度和情感，实现“以辛勤劳动为荣，以好逸恶劳为耻”的内化；其次，要结合自身实际树立正确的劳动目标，目标只有切合实际才不会虚无缥缈，才能避免“眼高手低、好高骛远”现象的出现。

一、劳动价值观的表现

（一）劳动最伟大

“劳动最伟大”是指从创造世界历史和人类本身的角度出发认识劳动。大学生劳动价值观的核心内容之一即是要让学生在大格局、宽视野之下认识劳动的本质与价值，学会尊重劳动、崇尚劳动，懂得“劳动最伟大”。马克思主义认为，“整个所谓世界历史不外是人通过人的劳动而诞生的过程”。由此可见，劳动创造了人类历史和人本身，对社会的发展和进步具有巨大的推动作用。以此为认识起点，新时代的劳动价值观教育必须要让学生明晰劳动的本质与价值。

一方面，大学生要明晰劳动的本质，即懂得劳动是什么。劳动是指劳动者通过运用生产工具作用于劳动对象，进而创造出社会精神财富和物质财富的实践活动。劳动是人和人类社会生存和发展的基础和前提，对人和社会的发展方向具有决定性作用。明确这一点之后，大学生才能够更加明白劳动的伟大。

另一方面，大学生要明确劳动的价值，即劳动在人和人类社会中所具有的重要价值。首先，大学生要明确劳动的本源性价值。大学生要认识到世界历史是由劳动创造的，人类社会发展和进步是依靠劳动来推动的，人的全面发展是依靠辛勤劳动实现的。正如马克思所说：“劳动是一切价值的创造者，只有劳动才赋予已发现的自然产物以一种经济学意义上的价值。”在新时代，大学生要结合时代背景，结合习近平总书记对劳动的重要论述，深刻且全面地认识劳动的价值，认识到中华人民共和国成立以来所取得的伟大成就是由劳动创造的，要懂得珍惜劳动人民所创造的劳动成果，珍惜今天的幸福生活。其次，要认识到劳动的育人价值。劳动对个人的发展具有促进作用，能够涵养学生的奋斗精神、锤炼学生品格、磨炼学生意志、培养良好品德等。总的来说，劳动能够树德，劳动能够增智，劳动能够强体，劳动能够育美，这是劳动的综合育人功能。新时代大学生要正确认识劳动的育人价值，树立正确的劳动价值观念。最后，大学生要明白劳动具有实践性价值。劳动分为脑力劳动和体力劳动，二者既有联系又有区别，是相互统一、相互促进的关系，二者都能为社会的发展和进步做出贡献，因此大学生要平等看待这两种劳动，要消除脑力劳动比体力劳动光荣的错误观点，同等尊重脑力劳动和体力劳动。

（二）劳动最光荣

“劳动最光荣”是指从肯定劳动者地位与作用角度出发认识劳动。大学生劳动价值观核心内容之二即要让学生平等看待各行各业劳动者，肯定劳动者的主体地位与现实作用，懂得“劳动最光荣”。马克思主义群众史观认为，人民群众是社会历史的真正创造者。正如马克思所指出的，“历史活动是人民群众的活动”，对历史发展起决定性作用的是“行动着的人民群众”，劳动者是人民群众的主体部分，承担着创造社会物质财富和精神财富的历史责任，必然要得到社会的尊重和肯定。肯定劳动者地位与作用是尊重劳动、崇尚劳动的必然要求，也是对新时代经济发展背景下各种错误认识的矫正。一方面，伴随着市场经济的深入发展，大学生的思想出现了多元多样多变的特点，加之受到西方社会不良思潮的影响，部分大学生形成了不愿劳动、鄙视劳动，尤其是鄙视收入低的体力劳动者的价值取向。另一方面，随着中国文化娱乐产业的蓬勃发展和社交媒体的普及，网络主播、网络销售、短视频运营者等职业兴起，部分大学生认为这些职业赚钱快，不用进行体力劳动，具有良好的就业前景。这些大学生把财富作为人生成功的唯一评价标准，把从事体力劳动看作是一种不体面的事情，因而也看不起农民工、一线工人……针对这些现象，学校、家庭、社会、政府应当形成育人合力，帮助大学生矫正错误观点，使其懂得“劳动最光荣”的道理。首先，要让大学生认识到劳动者在价值创造中的主体地位。我国是人民当家做主的国家，工人阶级和劳动群众是国家的主人，是建设中国特色社会主义的主力军，任何时期任何人都不能随意抹杀劳动者的主人翁地位。其次，要使大学生明白，虽然人们所从事的劳动和取得的劳动报酬有所差别，但他们都为实现“两个一百年”奋斗目标贡献了自己的一份力量，要尊重各行各业的劳动者，肯定其所发挥的作用。最后，要让大学生懂得，衡量人生价值的标准有多种。作为青年一代，不应仅仅以社会地位的高低与能否拥有财富作为劳动价值的体现，还应关注国家的发展需要和自身实际需求。

（三）劳动最崇高

“劳动最崇高”是指从赞扬工匠精神和劳模精神的高度认识劳动。大学生劳动价值观的核心内容之三即是让学生理解工匠精神和劳模精神的内涵要义并加以继承和弘扬。实现中华民族伟大复兴的中国梦需要每个社会成员的勤奋劳动，建设创新型国家需要具有实干精神的劳动大军。新时代涌现出了一批又一批的大国工匠和劳动模范，他们用自身行动诠释了何谓工匠精神和劳模精神。工匠精神和劳模精神重塑着人们的劳动价值观，激励着每一位劳动者爱岗敬业、无私奉献、精益求精。因此，作为未来的社会主义建设者和接班人，大学生更要弘扬工匠精神和劳模精神。具体来说，大学生应该做到以下几点：首先，要树立远大理想，将个人梦融入中国梦，勇于担当时代责任。大学生作为祖国的年轻一代，应当胸怀远大理想，志存高远，将小我融入大我，以服务祖国和服务人民为目标，在服务的过程中完成梦想，实现人生价值。其次，要勤奋专注。工匠精神要求人们无论做什么工作都要勤奋专注、勇于钻研、脚踏实地。具体到大学生群体来说，大学生应当专注于自己的学业，认真学习专业知识，不断提高自己的学习能力和理论素养。再次，要精益求精。精益求精是工匠精神的核心，古代工匠对工艺精益求精，对产品精心打磨，力求尽善尽美。立足新时代，对于大学生来说，发扬精益求精的精神就是要认真对待学习、工作和生活，时刻注意细节问题，追求极致，敢于挑战自己。当前，随着全媒体时代的到来以及部分高校放养式的管理方式，很多大学生养成了自由散漫、得过且过、消极怠慢的不良心态，出现了大量的“佛系青年”。作业抄袭、考试作弊、课堂缺席、上课睡觉、窝在寝室打游戏、熬夜看直播成了部分大学生的行为习惯，究其根本原因，还是在于大学生自身精益求精精神的缺失。

大学生在经历过高中三年的艰苦奋斗之后迫切需要放松，因此对自己学习上的要求逐渐降低，认为考试成绩不重要，及格就好，缺乏追求极致、积极进取的精神，终日浑浑噩噩的生活，进而影响以后的人生发展。这就要求高校加强大学生劳动价值观教育，培养大学生的工匠精神，让精益求精的精神引领大学生的价值取向，进而促进大学生全面成长成才。最后，要具有甘于奉献的精神品质。甘于奉献是工匠精神和劳模精神的一个重要方面。新时代的大学生多为“00后”，自我意识强烈，部分大学生只认识到要通过劳动促进个人发展，实现个人价值，但是却忽视了评价人生价值的基本尺度是通过劳动为社会做出了多少贡献。因此大学生要学会奉献，具有奉献意识，要做到先人后己、先集体后个人、先国家后小家、多贡献少索取、重付出轻回报，树立以奉献为荣、以奉献为乐的价值观。

（四）劳动最美丽

“劳动最美丽”是指从创造性劳动的角度认识劳动。劳动创造美，不只是因为劳动者最终创造出的劳动产品，还在于劳动者在劳动中的创新意识和创新思维。大学生劳动价值观的核心内容之四即是要让学生重视创造性劳动，树立创造性劳动意识。国家的发展离不开创新型人才，中华民族伟大复兴中国梦的实现离不开创造型劳动者。因此，广大劳动者要深刻认识创造性劳动的重要意义，树立创造性劳动理念，积极推动新型劳动的发展。大学生作为未来劳动者中的一员，更要如此。然而长期以来，我国高等教育更侧重于对学生的知识传授，而忽视了对学生劳动实践能力的培养和创造性劳动意识的启发。因此，转变传统教育模式，加强对大学生的劳动价值观教育，帮助其树立创造性劳动意识显得尤为迫切和重要。在大学生层面，广大学生应当自觉树立创造性劳动意识，积极进取，在日常生活中培养自己的创造性能力。首先，大学生要积极参与学校组织的各项劳动，在劳动的过程中认真思考如何将自己的理论知识运用于劳动实践进而实现创造性劳动。比如如何在更短的时间内完成学校规定的劳动任务，创造出更多的社会财富。其次，在日常的家务劳动中，大学生也要开拓思维、勇于革新，探索提升劳动效率的新途径，进而在劳动过程中培养自己的创造性劳动意识。最后，大学生要积极参与各类创新创业大赛，将自己的创造性想法转化为创造性实践活动，并在准备大赛的过程中培养创造性劳动意识。譬如在教师的启发指导下迸发新思想，在与朋辈的交流中闪现新观点。

总之，大学生要在参与各项劳动实践的过程中逐渐树立创造性劳动意识，养成创造性劳动的习惯，感受劳动带来的精神愉悦感，真正懂得“劳动最美丽”的深刻内涵。培养大学生正确的劳动价值观是高校立德树人的根本任务，是以劳动托起中国梦的时代诉求，是促进大学生全面健康发展的现实需要。因此，新时代高校要以习近平总书记关于劳动的重要论述为根本遵循，加强对大学生的劳动教育，首先抓好大学生的劳动价值观教育，从明晰劳动本质与价值、肯定劳动者地位与作用、弘扬劳模精神和工匠精神、树立创造性劳动意识几个层面对大学生予以教育，使大学生真正懂得“劳动最光荣，劳动最崇高，劳动最伟大，劳动最美丽”的道理。

二、树立大学生正确的劳动价值观

（一）大学生劳动价值观的现状

当前“00 后”大学生的劳动价值观总体上是健康、积极向上的，绝大多数学生对劳动的知、情、意、行有正确认识和态度。但受主客观因素的影响，当前“00 后”部分大学生在劳动价值观上存在着一些不容忽视的问题，主要表现为以下几个方面：①对劳动缺乏全面而深入的认知，对劳动认识不全面，对劳动内涵的认知浮于表面。②重脑力劳动而轻体力劳动。在部分大学生心中，脑力劳动比体力劳动更能受到尊重、欢迎和认可，与做一名普通的劳动者相比，很多大学生更愿意成为一名政府官员或者商界精英。这种对脑力劳动与体力劳动认识的偏差不利于大学生树立正确的劳动价值观，这种观点亟须扭转和改变。③劳动价值取向物质化与功利化，有些大学生在个人利益与集体利益相冲突时更倾向于个人利益。劳动行为与职业选择缺乏社会责任感和奉献意识，也反映出部分大学生存在倾向于少劳或者不劳而获的错误思想。④对劳动的知与行不统一，存在劳动习惯差、优良劳动品质欠缺等问题。学生普遍反映身边很多大学生在寝室集体生活中很少主动打扫卫生，经常需要被提醒；还有一些学生学习、生活懒惰，自理能力差；甚至有学生存在乱扔垃圾、浪费食物和高消费等不良行为习惯。可见，当前高校部分大学生还存在劳动习惯差的问题，缺乏勤劳、珍惜劳动果实的优良品质。

造成以上几方面问题的原因大致有以下几个方面：

第一，社会不良价值观与风气的影响。改革开放以来，西方资本主义一些腐朽文化和思想也随着市场经济的发展乘虚而入，使我国社会的主流价值观和文化受到巨大冲击。在社会中，重视物质利益、追求功利和及时行乐的拜金主义与享乐主义等不断泛滥，致使很多人的价值观出现了偏差，比如将个人的价值评判与金钱、权势画等号，重劳动结果轻劳动过程，重物质轻精神，等等。而某些不良媒体的恶意炒作和推波助澜，更是加剧了社会不良风气的抬头。有学者指出，当前很多社会病态与乱象，比如贪污腐败、急功近利、好逸恶劳等不良社会现象的出现以及“网红”“啃老族”“佛系青年”的大量存在等，都可归因于社会价值观异化尤其是与劳动有关的价值观出现了偏差。社会上这些不良价值倾向和现象在一定程度上削弱了大学生对马克思主义劳动观的认同，动摇了他们的信仰，对一些大学生爱慕虚荣、贪图享受起着导引作用，同时也让很多心智不够成熟、缺乏判断识别能力的大学生深受其害，是导致他们劳动与奋斗意识淡化、价值观逐渐扭曲的重要原因。

第二，社会发展不平衡不充分的现实影响。目前，我国仍处于社会主义初级阶段，仍然存在着发展不平衡不充分的问题。城市与农村二元结构特征仍然明显，农村地区在居民收入、文化教育、养老、医疗等方面与城市仍然存在较大差距，社会中不同行业、领域、职业岗位之间的收入与福利待遇差距也很明显。如明星演员、企业高管和普通工薪阶层之间的收入差异巨大，少数官员通过贪污腐败轻易获取不义之财，这使得一些人的价值观被撕裂，他们开始对“勤劳致富”“劳动光荣”产生怀疑与否定。

第三，中国传统观念中糟粕思想的影响。中国传统观念中倡导的诸如“劳心者治人，劳力者治于人”“万般皆下品，唯有读书高”“学而优则仕”等传统思想对人们影响巨大，是导致出现“重脑力劳动轻体力劳动”等不良社会风气的重要原因。在这些糟粕思想与风气的影响下，很多人认为从事“苦、累、脏”等体力劳动的人社会地位低、无能没用，进而使得更多人习惯性地将“高官”“巨富”作为人生奋斗的目标与榜样，而不愿成为普通的劳动者。

第四，家庭教育轻视，劳动被“软化”。父母是孩子的第一任老师，家庭教育决定孩子一生的命运。家庭教育对子女的健康成长与发展的影响是深远的。从当前中国普通家庭对子女的劳动教育来看，有两方面的突出问题。一是过度爱护，剥夺子女的劳动机会。当代大学生大多是独生子女，普遍被父母过度爱护。在生活中，父母几乎不会让子女劳动，他们主动承担一切家务，甚至代替子女承担本应该由他们完成的劳动。由于对子女的过度爱护和缺乏对劳动的正确认识，家长没有起到很好的教育和引导作用，致使子女缺乏必要的劳动机会和劳动锻炼，进而导致子女劳动意识薄弱、自理能力差、缺乏勤劳和珍惜劳动果实的优良品质与品德。二是重学业、轻劳动的教育理念根深蒂固。由于受传统糟粕思想、社会轻视劳动现象以及应试教育压力的多重影响，很多家庭存在只重视子女的学业和健康，而轻视和弱化对子女的劳动教育的现象。在大多数家长思想中，当下子女的学业和将来能够拥有体面的工作远比子女拥有勤劳的品质要重要得多。在这样的家庭教育理念和环境下成长起来的孩子，往往很难养成热爱劳动的优良习惯和尊重劳动的正确意识，反而容易助长他们形成养尊处优、好逸恶劳的不良习惯，缺乏责任与担当。

第五，学校教育缺失，劳动被“边缘化”。正确劳动价值观的塑造和确立需要学校劳动教育系统化的培养。当前高校大学生劳动价值观出现偏差与不当的劳动教育理念以及长期以来学校各阶段劳动教育缺失密切相关。高校劳动教育的缺失主要体现在以下几方面：一是劳动教育课程缺失。当前大多数高校劳动教育课程缺失，处于高校教学体系之外。二是劳动教育理论内容缺失。在高校开设的思想政治理论课所使用的《思想道德修养与法律基础》《大学生就业指导与职业生涯规划》等教材中很难找到与劳动教育相关的内容。三是日常劳动教育不足。调查显示，有高达43.4%的大学生认为辅导员、班主任未进行过与劳动相关的引导与教育。可见，当前高校思想政治教育工作在对学生劳动教育方面引导力度不够。四是劳动机会少。现在高校中很多的劳动如教室、楼道卫生打扫和校园环境维护等都被后勤部门或保洁公司承包，很多大学生没有劳动锻炼的机会。高校劳动教育缺失，被边缘化、片面化，是导致高校众多大学生劳动价值观出现偏差的重要原因。

（二）树立大学生正确劳动价值观的途径

1. 社会层面

增强社会政治文化环境的“熏陶感染力”，提升大学生对劳动和劳动者的认同与情感。马克思认为：“人创造环境，同样环境也创造了人。”人是环境的产物，环境可以塑造人，也可以改变人，好的环境能够在无声无息中让人受到熏陶和教育。因此，优化社会政治文化环境对于全社会尤其是青年学生的成长与发展有着不可低估的熏陶感染作用。首先，需要我们从马克思唯物主义世界观出发，充分发挥好各类宣传载体，如电视广播、报纸杂志、网络新媒体的作用，以老百姓喜闻乐见的方式方法，强化对马克思主义劳动观、社会主义核心价值观的宣传。要在全社会大力倡导“以辛勤劳动为荣，以好逸恶劳为耻”的正确劳动价值观，让“尊重劳动、劳动最光荣、劳动最崇高、劳动最伟大、劳动最美丽”的劳动理念深入人心；要加强对勤于劳动、甘于奉献、敢于创造的各类普通劳动者，尤其是劳动模范、先进人物事迹的宣传，并给予他们一定的物质和精神奖励，让他们感受到光荣与骄傲，更让其他社会成员感受到劳动的尊严、价值与意义；要在全社会大力弘扬劳动精神，提倡通过辛勤劳动、诚实劳动、科学劳动来实现人生的梦想，改变自己的命运，坚决反对一切不劳而获、投机取巧、贪图享乐的思想与行为。其次，政府相关部门要加强对大众传播媒介，尤其是各种网络新媒体的管控与治理，及时有效地监控和祛除网上各种有害信息，严厉打击各种传播不良信息的非法组织与个人；做好网络舆论和意识形态的正确引导，多措并举营造清朗网络环境。再次，党和政府还要采取有效措施，大力惩治各种贪污腐败现象和社会不良行为以净化政治生态和社会生态；深化经济体制改革，调整国民收入分配格局，缩小社会贫富差距；要让每个劳动者都能从内心树立勤劳致富、诚实劳动、劳动光荣的正确价值理念，使热爱劳动、艰苦奋斗、爱岗敬业蔚然成风。通过一系列优化社会政治文化环境的措施，为青年大学生提供良好生活与成长环境，有助于他们端正和树立正确的劳动价值观，增强对劳动的认同、尊重与热爱，激发其内心的真、善、美。

2. 高校层面

强化高校劳动教育的“支撑力”，全面提升大学生的劳动素质与能力。马克思认为，教育与生产劳动相结合不仅是提高社会生产的一种方法，而且是造就全面发展的人的唯一方法。劳动教育是大学生成长成才的基础，是培育大学生确立和践行社会主义核心价值观的主要路径。为此，做好高校劳动教育非常关键。

首先，要做好顶层设计，加强领导，科学施策。要进一步贯彻落实中央有关劳动教育的政策文件，以习近平总书记在全国教育大会上的讲话精神为指导，以促进大学生德智体美劳全面发展为培养目标，坚定地恢复和确立劳动教育的独立学科地位和课程地位，科学设置实施劳动教育的指导方案与措施，为高校开展劳动教育提供强有力的政策依据和保障。同时，要加强党对劳动教育工作的领导，恢复建立和完善教育行政主管部门关于劳动教育的垂直组织领导和管理体系，尤其是做好对高等教育在劳动教育课程标准制定、教材研发、队伍建设以及评估考核等方面工作的指导和管理，确保高校劳动教育教学实践工作的有效开展和健康运行。

其次，要增强认识与决心，多措并举，强化落实。高校是劳动教育工作的主要实施者和大学生劳动价值观的主要塑造者。当务之急，高校要对以下几方面的工作予以加强。一是要提高思想认识。高校要回归对劳动教育的重视，把它作为一项重要工作来抓，要把劳动教育列入专业的教学计划和学校工作的议事日程。二是要建立科学的课程体系。高校要根据国家颁布的劳动教育相关文件精神，结合学校及学生实际，科学规划，建立和完善劳动教育课程体系，科学合理设置课时、学分及学习内容，使劳动教育与大学生思想政治教育、专业课程教学等其他课程教育相结合，做好课程管理与考核工作，以确保劳动教育的系统性、针对性与有效性。三是要加强教材建设。劳动教育的根本目的在于有效实施马克思主义劳动观教育，以帮助学生树立正确的劳动价值观，促进其全面发展与成才。因此，高校要根据思想政治理论课教学的实际情况，组织专家编写劳动教育的专门教材或者修订现行思想政治理论课教材，适当增加马克思主义劳动观、劳动技术、劳动修养等相关的教育内容，为高校思想政治理论课教师开展社会主义劳动教育提供基本依据。四是要加强校园文化建设。校园劳动文化具有强大的育人功能，可以增强大学生劳动价值观教育的现实感和生动性，可以使大学生在潜移默化中形成对劳动的正确认识，增强他们对劳动的热爱。为此，学校要经常性地组织和邀请专家开展宣讲劳动价值观的讲座与报告，要以学生会、学生社团等组织为依托开展形式多样的劳动实践活动，要充分发挥好校报、电台、学校官方微博、校园网等各类校园媒介的作用，做好对劳动模范、大学生自强突出人物等先进事迹和优秀品质的宣传工作。高校通过一系列切实有效的措施提高大学生对劳动的正确认知，全面提升其劳动素养与能力，帮助他们形成和确立正确的劳动价值观。

3. 家庭层面

充分发挥家庭教育的“辅助配合力”，助力大学生确立正确的劳动观念与劳动习惯。家庭是人生的第一所学校。家庭教育尤其是父母的价值理念、生活方式和言传身教，对孩子思想价值观念的形成影响深远。因此，父母有责任和义务搞好家庭建设，以良好家教、家风做好中华民族传统美德教育和艰苦奋斗教育。一方面，父母在子女面前不但要以实际行动做好表率，主动营造良好的家风，还要主动学习，自觉用正确的理念教育和引导子女，让子女充分认识到知识学习固然重要，但劳动尤其是勤劳的品质和艰苦奋斗的精神对于自身的发展更加可贵。另一方面，父母要善于用现实生活中勤劳典范的事例对子女进行经常性的教育和引导，让子女从小树立“劳动光荣”的正确观念，坚决避免家长代替劳动或者通过物质、金钱的方式鼓励子女劳动的行为。还要及时地对子女思想中出现的消极对待劳动的思想和不良劳动习惯给予教育和纠正。无数事实证明，良好的家庭劳动教育和营造优良的家风可以对子女起到熏陶和教育的作用，对于他们形成勤劳的品质、养成良好的劳动习惯、树立正确的劳动意识与观念有十分重要的作用。

4. 个人层面

激发自我劳动教育与实践的“内生原动力”，促进大学生在劳动学习与锻炼中成长成才。唯物辩证法认为，外因是事物发展变化的条件，内因是事物发展变化的根据，外因只有通过内因才能起作用。大学生健全的劳动价值观的确立关键取决于大学生自身。苏联著名教育家苏霍姆林斯基认为：“年轻人对劳动不能凭空产生热爱，只有通过实实在在的学习与劳动实践才能获得这个珍宝。”因此，大学生要主动加强自我劳动教育与实践锻炼。一方面，大学生要自觉加强对马克思主义经典著作、马克思主义中国化的最新理论成果，尤其是对习近平总书记关于劳动重要论述的学习与领悟，主动提升对劳动的正确认识，增强对现实社会和网络空间中形形色色的消极、负面的不良劳动价值取向和现象的识别力和抵抗力。另一方面，大学生还要积极主动地参与各种劳动实践，如家务劳动、寝室卫生打扫、志愿服务、专业实践、假期兼职等，让自己在劳动中强健体魄，增强对劳动真正价值与作用的认识与体会，提高生产生活技能，培养艰苦奋斗意识与责任担当的优良品质，从而促进自身成才与发展。

实践活动

劳动是什么，如何看待劳动，每个人可能都会有各自的答案。请同学们走出校园，走访从事不同职业的人，了解他们的看法，并形成调研报告。

活动目标：____

____

____

____

活动计划：

活动结果：

活动评价：

思考题：

1. 马克思主义的劳动观具有什么样的特点？
2. 大学生劳动教育主要有哪几方面的内容？
3. 反思自身有哪些错误的劳动价值观，应当如何纠正？

第二章　新时代劳动精神与劳动观念

本章要点：

1. 了解我国传统文化中的劳动精神和劳动观。
2. 学习劳模精神、工匠精神和“三牛”精神。
3. 了解劳动模范和大国工匠事迹，感悟新时代劳动精神。

人类千年的文明发展形成了丰富的劳动思想，无论是先秦时期墨家提出的“赖其力者生”、清初教育家颜元的“习行”理念，或是近代西方亚当·斯密的“劳动是社会财富的源泉”等，都对劳动的内涵和价值提出见解，说明劳动是人类自我精神救赎的手段之一，没有劳动，人类就没有出路。马克思是劳动理论研究的集大成者，他深刻指明劳动创造人类世界。新时代劳动精神是马克思主义劳动价值论、劳动观的丰富和发展。

第一节　优秀传统文化中的劳动精神

我国有着几千年的灿烂文明，悠久的历史赋予了中华民族优秀的传统文化。而灿烂的文明和悠久的文化，又无一不是一代代的劳动人民通过辛勤劳动创造的。优秀的传统文化扎根于农业文明，既倡导吃苦耐劳的奋斗精神，又有着将劳动与学习相结合的“耕读传家”传统，提倡“以劳树德”“以劳健体”。劳动教育是中华传统文化的灵魂，是新时代德智体美劳五育并举、协同育人的重要部分，从中华优秀传统文化的滋养中吸取灵感、引领价值导向，对中华优秀传统文化中的劳动思想进行现代转化和创新发展。

中华优秀传统文化中蕴含着丰富的思想内涵，民本思想和自强不息是其中的重要内容。这一传统文化精神充分肯定了人民的价值、人民的力量。中华优秀传统文化极富人文精神，这种基本精神主要有二：一是强调人在一切事物中居于最重要的地位，人的一切行为都应该为了实现人自身的价值；二是强调人的作用，提高人的地位，摒弃神主宰一切的思想。这也同马克思主义群众史观有着内在的关联性。人的价值在于创造，而创造的过程便是劳动的过程。因此重民本就是重视劳动的价值所在。农耕文化在赋予华夏儿女宽容、知足、忍让等美好品质的同时，也在积极提倡自强不息。何谓“自强不息”?《周易》有云：“天行健，君子以自强不息。”其中蕴含着自尊、自信、自立等内容。在漫长的历史发展进程中，我们通过改造自然、改造社会，积累了丰富的历史经验，加上先哲们关于自强不息的可能性、必要性和基本原则的探索成果，使自强不息成为中华民族求生存、求发展的经验与智慧的高度概括。吃苦耐劳、艰苦奋斗，正是自强不息的承载，没有吃苦耐劳的精神，自强不息只能是美好的向往和一句空谈的口号。在词语解释中，“吃苦耐劳”一词含褒义，形容人的坚韧不拔，能经受困苦的生活，也禁得起劳累的精神状态和意志品质。据此可知，劳动的过程和劳累、辛苦的状态是密不可分的，并且这种状态是令人不舒适的，禁得起这种状态，便距离劳动的成果更近了一步，距离目标更近了一步，因此是一种可贵的精神品质。吃苦耐劳，就是一个人在克服困难和挫折的过程中，磨炼出的一种坚强意志和精神品质。吃苦耐劳是一个人，尤其是青年大学生所应具备的基本的优秀品质。

在中国古代社会，农业是生产的基本模式，农业劳动是劳动的主要形式。在我国古代农业文明的发展进程中，以四大发明为代表的先进科学技术和璀璨的文学作品，领先世界，独领风骚。因此历代统治者“崇本抑末”“重农抑商”，重视民本，鼓励农业生产，从封建最高统治者皇帝到地方官员，都肩负有“劝农”的使命。皇帝在每年的特定日子都要举行籍田大礼，地方官员也有相应之举。与孟子同一时代的农学家和思想家许行提出：“贤者与民并耕而食，饔飧而治。”他认为贤明的君主应该与普通的劳动人民一起耕种，自己做早晚餐，要求无论贵贱人人劳动，体现了当时劳动者反对剥削的朴素愿望，但也存在绝对平均主义的缺陷。知识阶层也对劳动、劳动人民和劳动生活予以描绘、同情或歌颂，如“乡村四月闲人少，才了蚕桑又插田”，“锄禾日当午，汗滴禾下土。谁知盘中餐，粒粒皆辛苦”。另外，中华优秀传统文化提倡勤俭节约，更包含着吃苦耐劳、开拓进取、百折不挠之义。“故天将降大任于是人也，必先苦其心志，劳其筋骨，饿其体肤，空乏其身，行拂乱其所为，所以动心忍性，增益其所不能。”这种面对艰难困苦的豁达乐观和积极向上的人生态度也是中华民族劳动意识、劳动价值和劳动情感的重要方面。“只要功夫深，铁杵磨成针”以及囊萤映雪、悬梁刺股等成语和典故激励人们持之以恒、坚韧不拔，这与当代倡导的“钉钉子精神”和“工匠精神”异曲同工。

“耕读传家”作为中国古代社会理想的家庭模式，其既要有“耕”来维持家庭生活，又要有“读”来提高家庭成员的知识水平。这里的“耕”是耕种劳作的意思。中国的“耕读文化”虽然最早是在士人中间流行，但真正的耕读文化则来自民间。士人力农，表明当时的知识分子已经充分认识到农业生产的重要性，补充了农耕文化，在农村和农民中具有一定的影响力。农民长期从事农业生产，为衣食住行奔波，精神方面的需求严重匮乏。士人耕垦让他们明确了精神追求的方向，所以就把农业生产获得的收入投入子女的教育中，让子女到学堂学习文化，目的就是巩固基业，实现安居乐业。农民的子女在学堂学习知识，他们在进行农业生产的基础上，又能够知晓诗书，明白道理。此类农民超越了原本的农民阶层，拥有了一定的文化知识，形成一定的文化品位，于是就形成了耕读传家的社会风尚。

关于耕读关系的认识可追溯到春秋战国时期，孔子说：“君子谋道不谋食。耕也，馁在其中矣；学也，禄在其中矣。”南北朝以后出现的家教类书籍多数都有关于“耕读结合”的劝诫。只读书、读死书是不可取的，人们通过农业劳作感悟生活的酸甜苦辣，通过农业劳作找到当家、做官之道。中国古代的田园诗人也印证了“耕读传家”的优良传统。东晋的陶渊明是典型的田园诗人。他 41 岁毅然辞官返乡，在乡间生活了 20 多年，边耕边读，积累了丰富的耕读经验，创作了大量率真而质朴的诗篇，比如《归去来兮辞》《归园田居》等。南宋的辛弃疾曾经在江西农村居住了 20 多年，他自号稼轩居士，“稼轩”是其乡间新居的名字。辛弃疾多年流连在农村，目睹了农业生产的过程，所以他非常重视农业生产，亲自参与到农业生产中，写出了很多反映农村生活的诗词。南宋的范成大居住在农村，生活在农民中，他所作的《四时田园杂兴》，富有乡土气息，也是耕读结合的典型范例。中国古代文学家、教育家颜之推在《颜氏家训》治家篇中教育子孙“生民之本，要当稼穑而食，桑麻以衣”，告诫子孙生存之根本在于自食其力。颜之推尤其反对知识分子轻视劳动、不学无术、好逸恶劳，鼓励子孙一定要身体力行，经世致用，学习生产劳动，将关注社会现实与求知问学相结合。由此可见，我国历史中的耕读传统，一直以来都非常重视体力劳动与学习的相互结合，并且从多种角度来论证体力劳动（即“耕”）对学习活动（即“读”）的重要意义。对于今天的大学生而言，强调学习与体力劳动的有机结合，对于正确认识学习的目的和价值具有重要意义。

需要注意的是，传统文化中尊重劳动价值，鼓励辛勤、诚实和创造性劳动，提升品德修养和强健体魄的思想，是与古代的生产基础和社会制度相适应的，而当今世界处于百年未有之大变局，中国迈入新时代，这是我国新的历史方位，必须辩证看待与借鉴吸收传统文化中的劳动思想。在中国传统文化中，劳动多指“劳其筋骨，饿其体肤”，诚实劳动、辛勤劳动和创造性劳动之于人、人生、国家的价值和意义仍需弘扬和提倡，但随着全面建设社会主义现代化国家新征程的开启，加快建设知识型、技能型、创新型劳动者大军迫在眉睫，我们更应该在新的历史方位下，在习近平新时代中国特色社会主义思想的指导下，不断发展和阐释劳动实践、劳动技能、劳动观念等方面的时代内涵，传承文化精髓，推动中华传统文化中劳动思想的创造性转化和创新性发展，抵御腐朽落后的文化冲击，以切实的实践和中国话语体系来增强文化自信。同时在培育时代新人这个重大命题上，全社会尤其是学校劳动教育应该与“创新驱动”的国家发展战略相契合，引导青年树立正确劳动价值观，培养良好劳动品质，涵养务实劳动精神，积极参加劳动实践，推动创新意识的提升、创新思维的训练和创新能力的培养，激励当代青年积极投身于中国特色社会主义现代化强国和民族复兴伟大事业。

第二节　新时代劳动精神

劳动精神是关于劳动的理念认知和行为实践的集中体现，凝结了尊重劳动、崇尚劳动和热爱劳动的价值取向，涵育科学劳动、辛勤劳动和诚实劳动的社会风尚以及锻造体面劳动、创造性劳动和幸福劳动的实践品格。党的十八大以来，习近平总书记高度重视劳动精神的价值和作用，并就此做了一系列理论阐发和科学回答。准确理解和把握习近平总书记关于弘扬劳动精神的重要论述，对我们在新时代大力弘扬和践行劳动精神具有重要的理论价值和现实意义。

一、劳模精神、劳动精神与工匠精神

党的十八大以来，习近平总书记每年都会发表或做出关于劳模精神、劳动精神和工匠精神的重要讲话或批示。以此为基础，习近平总书记于 2020 年 11 月 24 日在全国劳动模范和先进工作者表彰大会上，第一次全面深入系统地阐述了劳模精神、劳动精神、工匠精神的科学内涵。习近平总书记强调，在长期实践中，我们培育形成了爱岗敬业、争创一流、艰苦奋斗、勇于创新、淡泊名利、甘于奉献的劳模精神，崇尚劳动、热爱劳动、辛勤劳动、诚实劳动的劳动精神，执着专注、精益求精、一丝不苟、追求卓越的工匠精神。劳模精神、劳动精神、工匠精神是以爱国主义为核心的民族精神和以改革创新为核心的时代精神的生动体现，是鼓舞全党和全国各族人民风雨无阻、勇敢前进的强大精神动力。劳模精神、劳动精神、工匠精神也出现在习近平总书记的《论中国共产党历史》一书中。劳模精神、劳动精神、工匠精神的载体分别是劳动模范、劳动者、工匠三个行为主体，代表的是三个精神的创造者和践行者。劳模精神是劳动模范从平凡中做出不平凡业绩，从而在劳动群众中脱颖而出，并成为大家学习的榜样和模范的精神动力。劳动精神反映了劳动者创造美好生活的劳动态度和劳动追求。工匠精神则揭示了能工巧匠掌握绝活、绝技、绝招，并不断超越自我的极致状态及其

精神风貌。其中，劳动精神是基础，工匠精神是细化，劳模精神是升华，三者层层递进，但其内涵各有侧重。

一是崇尚劳动、热爱劳动、辛勤劳动、诚实劳动的劳动精神。崇尚劳动、热爱劳动是对待劳动的理念认知和积极情感，辛勤劳动、诚实劳动是劳动的积极践行和实践方式，是“劳动最光荣、劳动最崇高、劳动最伟大、劳动最美丽”劳动观念的具体体现。这种精神可以进一步激发全体人民的劳动热情，释放创造潜能，使其通过劳动创造更加美好的生活。中华民族是一个勤于劳动并且善于创新的民族，正是由于劳动，我们才拥有如此灿烂的历史，并获得今天的成绩。中国人民在长期奋斗中培育、继承、借鉴、发展的劳动精神，为中国发展和人类文明进步提供了强大精神动力。

二是执着专注、精益求精、一丝不苟、追求卓越的工匠精神。其中，执着专注是态度，精益求精是要求，一丝不苟是境界，追求卓越是创新。中国的匠人和匠魂可以追溯到文明之初。《诗经・卫风・淇奥》中“如切如磋，如琢如磨”，《庄子・养生主》中“庖丁解牛”的道技合一，体现了古代工匠精神的境界与水平。在古代中国，蔡伦改进了造纸术，鲁班发明了手工工具，李春设计建造的赵州桥开创了中国桥梁建造的新局面。新时代的中国则涌现了为火箭铸“心”的首席技能专家高凤林、为中国梦提速的首席焊工李万君、在“刀锋”上起舞的带电作业工王进等大国工匠。工匠精神体现了“技”与“道”、外在劳动与内在精神、态度与行动的有机统一。

三是爱岗敬业、争创一流、艰苦奋斗、勇于创新、淡泊名利、甘于奉献的劳模精神。习近平总书记指出，劳动模范是民族的精英、人民的楷模，是共和国的功臣。中国共产党的劳模文化由来已久，涌现了“铁人”王进喜、“杂交水稻之父”袁隆平、“两弹元勋”邓稼先、“中国航空发动机之父”吴大观、“蓝领专家”孔祥瑞等先进人物。这些来自各个领域并做出突出贡献的劳动模范，无不体现着劳模精神的内涵，体现着个人利益与社会利益、个人追求与奉献社会、个人价值与社会价值的统一。新时代的劳模精神不断融入新的内容，由新中国成立前的“革命加拼命”的革命型、新中国成立初期的“不怕苦、不怕死”的老黄牛型，逐步向“知识型、技能型、创新型”过渡，劳模类型也逐渐多元化。劳模精神作为一个普遍性、整体性的概念，其内涵在“铁人精神”“红旗渠精神”“载人航天精神”“抗疫精神”等中国精神中不断得到展现。特别是2020年新冠肺炎疫情暴发以来，我国工人阶级和广大劳动群众响应党中央号召，风雨同舟、众志成城，积极投身到疫情防控阻击战中，铸就了伟大的抗疫精神，生动诠释了中国人民的伟大创造精神、伟大奋斗精神、伟大团结精神、伟大梦想精神，谱写了“中国梦・劳动美”的新篇章。

二、"三牛"精神

2020年12月31日，习近平总书记在全国政协新年茶话会上强调，要发扬为民服务孺子牛、创新发展拓荒牛、艰苦奋斗老黄牛的精神。在中共中央、国务院举行的2021年春节团拜会上，习近平总书记再次强调，要大力发扬孺子牛、拓荒牛、老黄牛精神，以不怕苦、能吃苦的牛劲牛力，不用扬鞭自奋蹄，继续为中华民族伟大复兴辛勤耕耘、勇往直前，在新时代创造新的历史辉煌。"三牛"精神的载体是孺子牛、拓荒牛和老黄牛，代表着三种人。孺子牛代表的是有奉献精神的人，拓荒牛代表的是有创新精神的人，老黄牛代表的是有奋斗精神的人。而"三牛"精神全面展现了人的做事境界、做事追求和做事态度。

劳模精神、劳动精神、工匠精神包含着"三牛"精神的内容，"三牛"精神也都含有劳模精神、劳动精神、工匠精神的内容。从劳模精神、劳动精神、工匠精神的精髓看，劳模精神与孺子牛精神、工匠精神与拓荒牛精神、劳动精神与老黄牛精神有着更多内在的一致性。

（一）劳模精神与孺子牛精神

劳模精神是劳动模范创造一个个奇迹，从而为党和国家事业做出重大贡献的巨大精神动力。劳模精神的精髓是奉献精神，也就是为民服务和甘于奉献的孺子牛精神。这是劳动模范备受人民尊敬的重要原因之一。正像习近平总书记强调的，在我们党团结带领人民进行革命、建设、改革的各个历史时期，劳动模范始终是我国工人阶级中一个闪光的群体，享有崇高声誉，备受人民尊敬。在革命战争年代，"边区工人的一面旗帜"赵占魁、"兵工事业的开拓者"吴运铎、"新劳动运动旗手"甄荣典等劳动模范，以"新的劳动态度对待新的劳动"，积极参加义务劳动，全力支援前线斗争，带领群众投身到中国共产党领导的人民解放事业中。新中国成立后，"高炉卫士"孟泰、"铁人"王进喜、"两弹元勋"邓稼先、"知识分子的杰出代表"蒋筑英、"宁肯一人脏、换来万人净"的时传祥等一大批先进模范，响应党的号召，带动广大群众自力更生、奋发图强。王进喜以"宁肯少活二十年，拼命也要拿下大油田"的气概，带领石油工人为我国石油工业发展顽强拼搏，"铁人精神""大庆精神"成为激励各族人民意气风发投身社会主义建设的强大精神力量。在改革开放的历史新时期，"蓝领专家"孔祥瑞、"金牌工人"窦铁成、"新时期铁人"王启民、"新时代雷锋"徐虎、"知识工人"邓建军、"马班邮路乡邮员"王顺友、"白衣圣人"吴登云、"中国航空发动机之父"吴大观等一大批劳动模范和先进工作者，干一行、爱一行，专一行、精一行，带动群众锐意进取、积极投身改革开放和社会主义现代化建设，为国家和人民建立了杰出功勋。

以上在革命、建设、改革各个历史时期涌现出来的劳动模范及其身上体现出的劳模精神，其本质就是反映奉献精神的孺子牛精神。为此，习近平总书记特别强调，长期以来，广大劳模以高度的主人翁责任感、卓越的劳动创造、忘我的拼搏奉献，谱写出一曲曲可歌可泣的动人赞歌，为全国各族人民树立了光辉的学习榜样。

（二）工匠精神与拓荒牛精神

工匠精神自 2016 年第一次出现在《政府工作报告》中，特别是习近平总书记多次强调工匠精神的重要性之后，日益成为全社会的热词，并作为党和国家的重大战略加以推动。为了弘扬和践行工匠精神，从国家层面到省市乃至企业，都在评选工匠人才。除了国家层面的大国工匠，还有北京大工匠、上海工匠、齐鲁大工匠、三秦工匠、荆楚工匠、浙江工匠、南网工匠等。工匠精神的精髓是创新精神，也就是开拓创新的拓荒牛精神。习近平总书记 2016 年 4 月 26 日在知识分子、劳动模范、青年代表座谈会上强调，无论从事什么劳动，都要干一行、爱一行、钻一行。在工厂车间，就要弘扬“工匠精神”，精心打磨每一个零部件，生产优质的产品。习近平总书记在 2019 年对我国选手在世界技能大赛取得佳绩做出重要指示强调，要在全社会弘扬精益求精的工匠精神，激励广大青年走技能成才、技能报国之路。因此，展现拓荒牛精神的工匠精神，对于全面提升我国职工队伍整体素质有着重大的时代价值。在建设社会主义现代化强国的新时代，强国必先强企，强企必先强人，而强人的前提是必须大力弘扬和践行工匠精神。2015 年“五一”国际劳动节期间，中央电视台热播的纪录片《大国工匠》讲述了一批大国工匠用自己灵巧的双手匠心筑梦的故事。他们的成功之路，不是进名牌大学拿耀眼文凭，而是默默坚守、孜孜以求。他们在平凡岗位上追求职业技能的完美和极致，最终脱颖而出，跻身“国宝级”技工行列，成为一个领域不可或缺的人才。管延安以匠人之心追求技艺的极致，让海底隧道成为他实现梦想的平台；胡双钱创造了“打磨过的零件百分之百合格”的惊人纪录，在中国新一代大飞机 C919 的首架样机上，有很多他亲手打磨出来的“前无古人”的全新零部件；宁允展是中国第一位从事高铁列车转向架“定位臂”研磨的工人，被同行称为“鼻祖”；等等。这些国宝级大国工匠身上的工匠精神，也就是拓荒牛精神，是他们成就奇迹的法宝。

（三）劳动精神与老黄牛精神

劳动精神是习近平总书记 2014 年 4 月 30 日在新疆乌鲁木齐接见劳动模范和先进工作者、先进人物代表并同他们座谈时提出的。习近平总书记强调，我们要在全社会大力弘扬劳动光荣、知识崇高、人才宝贵、创造伟大的时代新风，促使全体社会成员弘扬劳动精神，推动全社会热爱劳动、投身劳动、爱岗敬业，为改革开放和社会主义现代化建设贡献智慧和力量。为让崇尚劳动成为新时代社会风尚，习近平总书记在党的二十大报告中强调弘扬劳动精神。崇尚劳动实践，继承中华民族勤劳美德，是培育社会主义核心价值观的重要举措，是全面建设社会主义现代化国家的新要求。劳动模范和先进工作者、先进人物不仅自己要做好工作，而且要身体力行向全社会传播劳动精神和劳动观念，让勤奋做事、勤勉为人、勤劳致富在全社会蔚然成风。特别是要通过各种措施和方式，教育引导广大青少年牢固树立热爱劳动的思想、牢固养成热爱劳动的习惯，为祖国发展培养一代又一代勤于劳动、善于劳动的高素质劳动者。

习近平总书记特别指出，广大党员、干部要带头弘扬劳动精神，增强同劳动人民的感情，带头在各自岗位上勤奋工作、踏实劳动。习近平总书记强调的劳动精神，其精髓就是奋斗精神，也就是艰苦奋斗的老黄牛精神。为弘扬和践行劳动精神，2020 年 3 月 20 日，《中共中央 国务院关于全面加强新时代大中小学劳动教育的意见》颁布实施。反映艰苦奋斗老黄牛精神的劳动精神，对我国取得新冠肺炎疫情防控工作的伟大胜利也发挥了重要作用，并得到习近平总书记的充分肯定。2020 年 4 月 30 日，习近平总书记在给郑州圆方集团全体职工的回信中指出，伟大出自平凡，英雄来自人民。面对这次突如其来的疫情，从一线医务人员到各个方面参与防控的人员，从环卫工人、快递小哥到生产防疫物资的工人，千千万万劳动群众在各自岗位上埋头苦干、默默奉献，汇聚起了战胜疫情的强大力量。希望广大劳动群众坚定信心、保持干劲，弘扬劳动精神，克服艰难险阻，在平凡岗位上续写不平凡的故事，用自己的辛勤劳动为疫情防控和经济社会发展贡献更多力量。

当前，我们在实现“十四五”规划目标和 2035 年远景目标的新发展阶段，更需要进一步弘扬和践行反映艰苦奋斗老黄牛精神的劳动精神，为实现中华民族伟大复兴的中国梦注入强大精神动力。

榜样故事：劳动模范与大国工匠

1. 赵占魁

赵占魁，山西定襄人，1896 年出生于一个农民家庭。他是抗日战争时期陕甘宁边区农具厂化铁工人，是在生产竞赛中涌现出来的劳动英雄，是一位用革命者的态度对待工作的“新式劳动者”。

赵占魁 1938 年到延安参加抗日并加入中国共产党。经过在抗大的学习，他清楚地认识到：自己的命运与共产党、与革命是分不开的，边区公营工厂是为抗战而生产的，工厂本身就是革命的财产，作为工人应当尽力爱护它。在高达 2000 ℃的高热熔炉面前，他每时每刻都认真工作着，毫不懈怠。他每天早晨上工，都先把当天的一切工作准备妥当；晚上放工，都要把工场收拾整齐再走，始终“冲锋在前，退却在后”。赵占魁在工作上不怕艰苦繁重，始终站在最前面，做得最多最好，但他从来不自夸、不贪功，每到论功行赏的时候总是让开，认为那是大家努力的结果。他说，为革命多做些工作，是自我牺牲精神的应有体现，为了抗战与人民的需要增加生产，在工作中发挥最高的劳动热忱心甘情愿。他从来不计较个人的待遇与得失，克己奉公。赵占魁这种埋头苦干、大公无私、自我牺牲的精神，大大地鼓舞了边区工人的劳动热情，有力地推动了整个边区工业建设的发展。赵占魁的身上，展现了一种新的劳动态度，那就是能够认识自己的主人翁地位，把自己锻炼成为一个劳动英雄、技术能手、节约模范，锻炼成为一个团结和学习的标兵。朱德称赞他是用革命者态度对待工作的“新式劳动者”。在赵占魁身上，还有一种自觉爱护工厂、团结工人、努力生产、提高技术，一切为着革命利益、不计较个人得失的无产阶级的宝贵品质。

赵占魁同志 1939 年被边区政府评为模范工人，1941 年被选为边区参议会候补议员；1942 年，边区总工会在工厂开展“赵占魁运动”，号召全边区工人向赵占魁同志学习；1943 年，他被评为边区特等劳动英雄，成为边区工人的一面旗帜；1950 年 9 月，他被授予“全国劳动模范”称号。新中国成立后，赵占魁先后担任西北总工会、陕西省总工会副主席，继续为社会主义建设做贡献。

2. 孟泰

孟泰，河北省丰润县（今唐山市丰润区）人，1898 年出生于一个贫苦的农民家庭，是新中国成立后第一代全国著名劳动模范。他爱厂如家，艰苦创业，在恢复和发展鞍钢生产中做出了重大贡献。他曾 8 次受到毛泽东主席的接见，先后当选为第一、二、三届全国人民代表大会代表，当选为中国工会第七、八次全国代表大会执行委员。

孟泰 1949 年 8 月加入中国共产党，成为鞍山解放后第一批发展的产业工人党员之一。他带领广大工人把日伪时期遗留下来的几个废铁堆翻了个遍，建成了当时著名的“孟泰仓库”。抗美援朝战争期间，他主动担当护厂队员，把行李扛到高炉上，冒着遭遇空袭的危险，随时准备用身体护卫高炉。他勇于攻克技术难关，在苏联政府停止对我国供应大型轧辊，鞍钢面临停产威胁的情况下，组织了 500 多名技协积极分子开展了从炼铁、炼钢到铸钢的一条龙厂际协作联合技术攻关，先后解决了十几项技术难题，终于成功自制了大型轧辊，填补了我国冶金史上的空白，被誉为“为鞍钢谱写的一曲自力更生的凯歌”。他改革了热风炉底部的双层燃烧筒，大大延长了燃烧筒使用寿命。他心里时刻装着职工，为生产解难，为工人排忧。在三年困难时期，为使工人保持好的体力，不影响生产，把几个女儿靠挖野菜喂养大的两口猪送到厂里，为全厂职工改善伙食。在一批亟待住院的职工因为没有床位而不能住院治疗的时候，他买来废钢管，组成青年突击队，自制铁床，既缓解了燃眉之急，还节省了费用。在“文化大革命”期间，面对遭受严重破坏的鞍钢生产，他顶着各种压力，维持鞍钢的生产秩序。在担任鞍钢炼铁厂副厂长的 8 年里，他被工人们称为“身不离劳动，心不离群众的干部”。1967 年 9 月，积劳成疾的孟泰在北京病逝。

孟泰的精神永远激励着广大职工群众在各自的岗位上为国家的经济发展做贡献。

1986 年 4 月，鞍钢公司为孟泰同志举行了塑像揭幕仪式，基座上镌刻着“孟泰精神永放光芒”的题词。1993 年 4 月，鞍钢工会与鞍山市立山区政府共同为孟泰同志在立山公园建造了全身塑像，并将立山公园更名为孟泰公园。

3. 吴大观

用一生熔铸“中国心”

2009 年 3 月 18 日，一位老人静静地走完了他 93 年的人生历程。他一生中有 68 年的时间与祖国的航空发动机事业紧密相依，甚至在弥留之际，心里想的仍然是航空发动机事业。他就是“全国优秀共产党员”“100 位新中国成立以来感动中国人物”——吴大观。

作为新中国航空发动机事业的奠基人之一，吴大观被称为“中国航空发动机之父”，他一生的奋斗历程和新中国航空发动机事业的许多个“第一”联系在一起：组建第一个航空发动机设计机构，领导研制第一个喷气发动机型号，创建第一个航空发动机试验基地，主持建立第一套有效的航空发动机研制规章制度，建立第一支航空发动机设计研制队伍，主持编制第一部航空发动机研制通用规范……为新中国航空发动机事业的发展打下了坚实基础，探索了发展道路。他择一事、终一生，国为重、家为轻，用爱党爱国的不渝之心，铸就了护卫祖国蓝天的“中国心”。

初心不改　坚定不渝立壮志

吴大观，原名吴蔚升。刚入大学时他学的是机械，看着日本侵略者的飞机在祖国的天空肆意横行，他立志航空报国，向学校提出转入航空系。1942 年，他从西南联合大学航空系毕业，选择到贵州大定航空发动机厂工作。在那里，吴大观潜心研究，掌握了当时世界上先进的航空发动机工艺技术。1944 年，他被选送到美国深造。在美国学习期间，吴大观如饥似渴地学习先进知识，这为他以后从事航空发动机事业奠定了理论基础。

刻苦学习就是为了报效祖国，吴大观初心不忘，矢志不渝，拒绝了美国企业的高薪聘任，于 1947 年 3 月毅然回国。当吴大观和家人来到位于解放区的石家庄时，他心情万分激动，对家人说：“我们现在到了我向往的世界，祖国的航空事业、繁荣昌盛全靠共产党的领导，我要为她而献身。”从此，吴大观走上了创建与发展祖国航空发动机事业的道路。

铸心不移　动力强军奠基石

吴大观受命于国家困难之时，航空发动机研制一切从零起步。面对国家资金短缺、国外技术封锁、技术力量薄弱等重重阻碍，吴大观“摸着石头过河”，千方百计克服困难，带领年轻的发动机设计队伍，开始了自力更生研制发动机的奋斗历程。

他在条件极其艰苦的情况下，受命在沈阳筹备组建了新中国的第一个航空发动机设计室，在毫无设计基础和经验的情况下，完成我国第一台喷气教练机发动机研制并试飞成功。靠着一点一滴的攻关，他带领研制人员不断突破，组织了多型航空发动机的研制工作。吴大观深深体会到，研制先进发动机必须要有先进的试验手段，提出要建设航空发动机试验基地。他边做科学研究，边搞基础设施建设，不遗余力地推进型号研制和基础建设。他主持建立了航空发动机研制第一套有效的规章制度，制定了比较完整的发动机设计、试验标准"八大本"，领导建立了第一部航空发动机研制国军标，为研制可靠、管用的发动机提供了技术基础。这一系列开创性工作，不仅为当时的科研工作拼出了一条出路，更为后来"昆仑""太行"等发动机的研制成功奠定了坚实基础。为探索出中国人自行设计航空发动机的道路，在发动机人才奇缺的情况下，吴大观拉起了新中国第一支航空发动机设计研制队伍，这支当时不到 100 人的队伍披肝沥胆、忘我拼搏，以设计室为家，全身心推动发动机研制工作。1978 年底，已经年过六旬的吴大观从沈阳 606 所调到西安 430 厂。他说："我 62 岁要当 26 岁来用。"他把自己当成一台发动机，高负荷、高效率运转，技术上精心指导，工作上严格要求，学习上分秒必争。吴大观曾说："投身航空工业后，我一天都没有改变过自己努力的方向。"即使在最艰难的日子里，他的初心也从来不曾动摇。

壮心不已　忠党爱国展风骨

1982 年，吴大观调到航空工业部科学技术委员会任常委。他说："我有看不完的书、学不完的技术和做不完的事。"他用 5 年时间钻研新技术，写下上百万字的笔记，总结了几十年的工作心得，提出了很多宝贵的建议，尽心竭力为航空发动机事业思考、谋划。在决定"太行"发动机前途命运的关键时刻，吴大观大声疾呼："我们一定要走出一条中国自主研制航空发动机的道路，否则，战机就会永远没有中国心！"于是，吴大观等 9 位资深专家联名上书党中央，"太行"发动机项目得以立项。18 年后，"太行"终于研制成功，实现了我国从第二代发动机到第三代发动机的历史性跨越。

吴大观从 1963 年起每月多交 100 元党费，从 1994 年起每年多交 4000 多元党费，为希望工程等捐款 9 万多元，在生命进入倒计时的日子里交纳最后一次党费 10 万元。在他病重入院治疗期间，领导指示要送他到最好的医院接受最好的治疗，吴大观却拒绝了。他说："不要浪费国家的钱。"当听医生说要请外面医院的专家给他会诊时，他再次拒绝。

吴大观对党的无限忠诚、对祖国的无比热爱、对航空发动机事业的卓越贡献，为航空发动机研制的后来者树起了一座永远的精神丰碑。他用自己毕生的奋斗，诠释了"人生是施与不是索取"的赤子情怀。

4. 管延安

管延安，男，1977 年生，山东潍坊人，初中文化。1995 年参加工作，先后参与了世界三大救生艇企业之一——青岛北海船厂、国内最大集装箱中转港——前湾港等大型工程建设。先后荣获港珠澳大桥岛隧工程“劳务之星”和“明星员工”称号。因其精湛的操作技艺，他被誉为中国“深海钳工”第一人。2015年“五一”前夕，中央电视台系列纪录片《大国工匠》之《深海钳工》专题播出他的先进事迹。

港珠澳大桥是在“一国两制”框架下粤港澳三地首次合作共建的超大型跨海交通工程。岛隧工程是大桥的控制性工程，是我国首条外海沉管隧道。工程严格采用世界级高标准，设计、施工难度和挑战极大，被誉为“超级工程”。岛隧工程建设标志着中国从桥梁建设大国走向桥梁建设强国。

管延安为中交港珠澳大桥岛隧工程Ⅴ工区航修队钳工，负责沉管舾装和管内压载水系统安装等相关作业。经他安装的沉管设备，已成功完成多次海底隧道对接任务，无一次出现问题。

管延安18岁时就开始跟着师傅学习钳工，“干一行、爱一行、钻一行”是他对自己的要求，有空的时候就看书学习，这是他最大的业余爱好。二十多年的勤学苦练和对工作的专注，使他不但精通錾、削、钻、铰、攻、套、铆、磨、矫正、弯形等各门钳工工艺，而且对电器安装调试、设备维修也是得心应手。

2013年初，管延安来到珠海牛头岛，成为岛隧工程建设大军的一员。他所负责的沉管舾装作业，对导向杆和导向托架安装精度要求极高，接缝处间隙误差不得超过1毫米，管延安做到了零缝隙。每次安装，他带领舾装班组同测量人员密切配合，利用千斤顶边安装边调整，从最初需要调整五六次，到只需要调整两次就能达到“零误差”标准。

5. 胡双钱

在30年的航空技术制造工作中，他经手的零件上千万，没有出过一次质量差错。

他叫胡双钱，中国商飞上海飞机制造有限公司数控机加车间钳工组组长，一位本领过人的飞机制造师。

“每个零件都关系着乘客的生命安全。确保质量，是我最大的职责。”

核准、画线，锯掉多余的部分，拿起气动钻头依线点导孔，握着锉刀将零件的锐边倒圆、去毛刺、打光……这样的动作，他整整重复了30年。

胡双钱读书时，技校老师是位修军机的老师傅，经验丰富、作风严谨。“学飞机制造技术是次位，学做人是首位。干活，要凭良心。”这句话对他影响颇深。一次，胡双钱按流程给一架正在修理的大型飞机拧螺丝、上保险、安装外部零部件。“我每天睡前都喜欢‘放电影’，想想今天做了什么，有没有做好。”那天回想工作，胡双钱对“上保险”这一环节怎么也感觉不踏实。保险对螺丝起固定作用，确保飞机在空中飞行时不会因震动过大而导致螺丝松动。思前想后，胡双钱在凌晨3点又骑着自行车赶到单位，拆去层层外部零部件，保险醒目出现，一颗悬着的心才落了下来。

从此，每做完一步，他都会定睛看几秒再进入下道工序，“再忙也不缺这几秒，质量最重要！”

“一切为了让中国人自己的新支线飞机早日安全地飞行在蓝天。”

从2003年参与ARJ21新支线飞机项目后，胡双钱对质量有了更高的要求。他深知ARJ21是民用飞机，承载着全国人民的期待和梦想，又是“首创”，风险和要求都高了很多，他的“质量弦”也绷得更紧了。不管是多么简单的加工，他都会在干活前认真核校图纸，操作时小心谨慎，加工完成后多次检查，“慢一点、稳一点、精一点、准一点”。凭借多年积累的丰富经验和对质量的执着追求，胡双钱在ARJ21新支线飞机零件制造中还大胆进行了工艺技术攻关创新。

生产中的突发情况时有发生，加班加点对胡双钱来说是“家常便饭”。他总说：“为了让中国人自己的新支线飞机早日安全飞行在蓝天，我义不容辞。”一次临近下班，车间接到生产调度的紧急任务，要求连夜完成两个ARJ21新支线飞机特制件任务，次日凌晨就要在装配车间现场使用。他下班没有回家，也没有让大家失望，次日凌晨3点钟，这批急件任务终于完成，并一次提交合格。

“如果可以，我真的好想再干三十年！”

胡双钱从小就喜欢飞机。小时候，为了看飞机，他不惜从家步行两个多小时到大场机场附近，躲在跑道边的农田里看飞机起落。炎炎夏日，他常常被水沟边的蚊虫叮得满身是包。

胡双钱技校毕业后进入上飞公司。一进门，学钣铆工的他就被分配到专业不对口的机加车间钳工工段。一些人走掉了，可老实憨厚的胡双钱选择了留下。凭着“只要能造飞机，自己坚决服从组织分配”的一股劲，他开始了自己的钳工生涯。

30年里，无数艰难时刻他都挺过去了，唯独“运-10”飞机的命运成了他一辈子都无法释怀的心结。看到国家又重拾大飞机的梦想，他选择了一种特殊的方式延续再干30年的豪情——把技艺毫无保留地传授给更多胸怀大飞机梦的年轻人。在一届上飞公司技能大赛中，他带领班组的三位参赛选手，囊括了钳工技能比赛的前三名。

实践活动

走访身边的“劳动模范”或者“大国工匠”，了解他们的事迹，学习他们的精神。

活动目标：____

____

____

____

活动计划：

活动结果：

活动评价：

思考题：

1. 想一想，你还知道哪些古代劳动人民的光辉事迹？
2. 找一找我们身边那些体现“工匠精神”的平凡人。
3. 作为一名学生，你如何在学习生活中践行“三牛”精神？

第三章　生活劳动

本章要点：

1. 了解生活劳动的内涵和类型，树立正确的生活劳动观念。
2. 掌握日常生活劳动习惯的概念、价值和意义。
3. 了解家庭劳动的内涵与意义，培养良好的家庭劳动习惯。
4. 了解校园劳动的基本内涵与实践形式，爱护校园劳动成果。
5. 了解高校学生资助政策体系内容、勤工助学目标及岗位设置。

只有走在生活的前面，用自己的劳动创造了新的生活的人，才谈得上真正的美。东晋的陶渊明过着“开荒南野际，守拙归园田”的淳朴自在的生活，在菊花烂漫的季节“采菊东篱下，悠然见南山”，于落日黄昏“带月荷锄归”。我们的先辈通过辛勤的劳动，用双手创造了工具。为了打猎，他们制作出石矛、弓箭，所以有了肉食；为了种田，他们制作出锄头、犁，所以有了五谷；为了盛放物品，他们制作出陶罐瓷器，所以物品不再散落……经过长期的生活劳动，中华民族创造出辉煌的成就，积聚了宝贵的智慧和财富。

第一节　生活劳动概述

一、生活劳动的内涵

陶行知先生曾说：“是劳动的生活，就是劳动的教育，是不劳动的生活，就是不劳动的教育”，“有生命的东西，在一个环境里生生不已的就是生活”。显然，就人而言，生活就是衣食住行的集合，因此谈起生活就离不开劳动，而劳动是人类创造物质或精神财富的活动。劳动与生活相辅相成、密不可分。劳动是人类生活的基本内容，生活劳动作为一种重要的劳动形式和途径，就是让个体在生活中参加具体劳动，避免“生活中没有劳动，劳动中不见生活”，从而获得一种劳动成长。

因此，我们可以对生活劳动做如下界定：生活劳动是指可以直接满足生活需求的劳动，是在具备生活条件的基础上对生活条件再做改造，并直接服务于人的劳动。区别于其他劳动，生活劳动具有以下特点：

（一）劳动目的为生活

个体参加这种劳动是为了生活，或者说就是生活本身。个体在这个真实的劳动过程中学习劳动知识、掌握劳动本领、提高劳动技能，逐步享受从容美好的生活。生活劳动是一种自然成长，是不断历练的过程。

（二）劳动内容原生态

生活劳动直接来源于现实生活本身，是在现实生活中真实展开的。其内容更加原汁原味、亲切随机，更具有当下生成的丰富性、现实需要的实用性，是一个个需要当场解决的生活问题和具体完成的实际任务。这些内容不是人为假设的，更不是游离于现实生活而特意单独设立的。原生态、随意性、亲切感是它的显著特点。

（三）劳动途径为实践

这是一种在生活中、通过生活、为了生活的劳动成长，实践性是它的唯一取向。它是一种基于生活的现实需要，在具体任务驱动中，以解决生活实际问题为目的的动手劳作的过程。现实场景、翔实过程、真实材料、切实手段是它的主要特点。

（四）劳动评价更实际

解决生活实际问题、满足生活现实需要是生活劳动的最终成果和最高评价。评价的标准就是生活的实用性，评价的好坏就是生活的满足感和舒适度。

二、生活劳动的类型

（一）按照生活劳动的性质和层次，生活劳动可分为技能性生活劳动和审美性生活劳动

1．技能性生活劳动

技能性生活劳动就是通过操作性技术技能改造生活资料（或者生活条件）以满足生活需要的劳动形式，例如做饭、缝补、洗衣服、洒扫等。随着现代科技的发展，智慧家庭生活工具进入大众视野，人们的生活劳动方式发生了巨大变化，洗衣机、扫地机器人、洗碗机等逐步改变了传统生活劳动方式，技能性生活劳动对于体力的需求逐步弱化，智能技术领域逐步增加，了解生活用具的基本原理并对其进行简单维修成为生活必备的劳动技术能力。

2．审美性生活劳动

审美性生活劳动与技能性生活劳动的区别主要在层次上，审美性生活劳动是在技能性生活劳动基础上的再创造，是创造美、创造幸福的劳动过程。比如家庭大扫除属于技能性生活劳动，而根据劳动者自身要求和审美方式对家里进行收纳布置，创造艺术感和丰富感，就成为审美性生活劳动。审美性生活劳动不仅对技术能力提出了要求，还要求个体具有审美和创造能力。

（二）按照生活劳动的内容和场域，生活劳动可分为家庭劳动、校园劳动和社会劳动

1. 家庭劳动

家庭劳动是指个体在日常的家庭生活中必须从事的一种无报酬劳动，如洗衣做饭、照看孩子、购买日用品、打扫卫生、照顾老人或病人等。一种观点认为，家庭劳动不属于社会生产劳动，不创造价值，是一种无偿劳动；另一种观点认为，家庭劳动再生产着在外工作的家庭成员的劳动力，同时孕育、抚养下一代劳动力。

2. 校园劳动

校园劳动不是一种纯粹的与学生受教育过程无关的体力劳动，它承载着丰富的德育价值，突出体现校内可以实施的生产劳动与服务性劳动。校园劳动要让学生在学校环境下体验工农业生产过程中创造物质财富的过程，学会使用工具，掌握相关技术，感受劳动创造价值的快乐，体会平凡劳动的伟大。校内服务性劳动要让学生利用知识、技能等为他人提供服务，在校内公益劳动、志愿服务中强化责任感。校园劳动有别于一般的社会劳动，它不以获取报酬为目的，更突出公益性，着力培育学生的公益精神。

3. 社会劳动

社会劳动指劳动场域在学校、家庭范围之外的，以校外职业体验劳动、校外服务性劳动为主的劳动形式。社会劳动教育对劳动场域、劳动辅导人员、劳动参与程度、劳动实施条件、劳动时间、劳动安全保障都有不同的要求，需要政府机关、企事业单位提供相应的政策保障才可有效实施。

三、树立正确的生活劳动观念

（一）人人都应具备生活劳动能力

生活劳动能力即自我服务能力，即使是将来并不从事制造工作的现代人也应具备基本的生活劳动能力。现代社会的公民要善于动手，善于将动脑与动手结合起来。因此，在当今的信息化时代，社会对人们生活劳动能力的要求不仅没有削弱，反而在加强。劳动创造了人，不仅是历史事实，更会在人类个体的成长过程中得到不同程度的再现。

（二）生活劳动是获得人生圆满不可或缺的基本能力

飞速发展的时代，虽然劳动的方式、工具、空间和环境发生着非比寻常的变化，内涵被前所未有地拓展，但劳动之美不会变，劳动的幸福不会变，生活劳动仍是获得人生圆满不可或缺的基本能力。中华民族从古至今都弘扬劳动精神，古诗中的“十亩之间兮，桑者闲闲兮”“童孙未解供耕织，也傍桑阴学种瓜”“乡村四月闲人少，才了蚕桑又插田”“谁知盘中餐，粒粒皆辛苦”“稻花香里说丰年，听取蛙声一片”，都是描写中华民族对劳动之情、劳动之爱、劳动之景、劳动成果、劳动之美的珍视和礼赞。俗话说，一勤天下无难事。劳动，是文明的源头，也是进步的因子；劳动，缔造了社会，也书写了历史，并可以改变世界。对个体来讲，勤劳是一种积极向上的良好品质，是获得健康、实现梦想的必备条件；对家庭和校园来说，勤劳是一种良好的家风和校风，可以获取家庭幸福，可以塑造良好的校园劳动氛围；对于社会和国家来说，勤劳是一种文化软实力，可以激发创造力。

四、提升生活劳动素质

大学生提升生活劳动素质要从三个方面入手，即分别从家庭、学校和社会三个维度协同推进生活劳动素质的提高。

（一）参与家庭劳动

大学生应经常参与制作食物、打扫卫生、清洗衣服、美化家庭、修理家具等家庭劳动。在当今的社会中，身体素质的好坏和劳动意识的强弱，是一个人能否取得成功的重要因素。如果不参与家庭劳动，养成“衣来伸手，饭来张口”，过分依赖父母的不良习惯，就会对自身的成长和发展带来不利的影响。良好的劳动习惯和劳动品质，往往是从家庭日常生活劳动开始的。中国作为一个文明古国，几千年来，劳动人民用自己的双手创造物质财富，振兴民族精神，让中华民族以更加昂扬的姿态屹立于世界民族之林，走向世界舞台的中央。我们只有坚持和发扬这一光荣传统，切实提升家庭生活劳动素质，才能成为有较高文化素养和劳动技能的劳动者。

（二）参与学校劳动

在校园中提升日常生活劳动素养的途径主要有认真学习劳动教育课程、参加学校劳动活动等，如打扫卫生、美化校园等。大学生在学校中可通过参与校园劳动培养主人翁意识，发扬勤奋和实干的良好品质。通过参与校园劳动，养成科学作息的好习惯，增强自身的行动力和执行力。同时，在参与校园劳动的过程中，大学生可体验到劳动者的不易，尤其是学校保卫、清洁、图书馆工作人员等校园各类服务人员的劳动内容、强度和价值，有利于大学生养成文明的好习惯，减少乱扔垃圾、乱贴乱画等不文明行为。

（三）参与社会劳动

参与社会劳动是提升生活劳动素质的重要途径，如打扫卫生、美化环境、整理设备、修理器具等。不同于大学生从课堂和书本中获取的社会劳动知识体系，社会劳动实践要理论联系实际，通过参与社会劳动，加深对社会的了解，从而提高劳动技能，增长自身才干。

五、在生活劳动实践中争当新时代青年

习近平总书记在全国劳动模范和先进工作者表彰大会上发表重要讲话时强调：全党全国各族人民要大力弘扬劳模精神、劳动精神、工匠精神，努力在全面建设社会主义现代化国家新征程上创造新的时代辉煌、铸就新的历史伟业。党的二十大报告指出，青年强，则国家强。当代中国青年生逢其时，施展才干的舞台无比广阔，实现梦想的前景无比光明。广大青年要坚定不移听党话、跟党走，怀抱梦想又脚踏实地，敢想敢为又善作善成，立志做有理想、敢担当、能吃苦、肯奋斗的新时代好青年，让青春在全面建设社会主义现代化国家的火热实践中绽放绚丽之花。

青年是中国特色社会主义事业的建设者和接班人，肩负中华民族伟大复兴的重任。新时代青年劳动精神的培育关乎全面建设社会主义现代化国家宏伟蓝图的实现，关乎中国高质量发展。习近平总书记强调，“刀要在石上磨、人要在事上练”。家庭生活、学校教育、社会服务的实践是锤炼新时代青年劳动精神的练兵场。

（一）在家庭生活实践锻炼中做有担当的青年

家庭是维系社会稳定的纽带和基石，家庭生活是当代青年步入社会的保障和基础。家庭生活实践磨砺主要是锤炼青年生活技能为家人服务，培育担当精神和勤俭精神。首先，要在家庭生活实践磨砺中培育担当精神。担当精神是劳动精神的基础，无担当何谈诚实劳动、创造劳动，何谈保家卫国、做时代新人。新时代青年要在家庭生活中积极承担家务劳动，不断提升劳动能力，为家人分担家务，主动承担劳动责任，养成担当精神。其次，要在家庭生活实践磨炼中培育勤俭精神。在家庭生活中与家人一起参加体力劳动，知道劳动的艰辛和亲人的不容易，自然会养成崇尚俭朴的生活方式，养成勤俭的劳动精神。

（二）在学校教育实践锤炼中做有理想的青年

立德树人是学校教育的使命担当，学校教育实践为青年提供了锤炼理想抱负，成为一名有理想信念的时代新人的广阔舞台。首先，坚持在校内课堂教育中强化自身劳动思想观念，促使自己坚定爱劳动的理想信念，争做时代青年。其次，积极参与校外活动，努力做到知行合一，在实践活动中将劳动的理想信念化为行动的内生动力，树立正确的人生观和价值观，坚定人生的奋斗目标。

（三）在社会服务实践磨砺中做有本领的青年

社会实践是青年成长成才的必由之路，当代青年要在社会服务实践中提升服务社会的技能，培育担当和奉献精神，形成以爱国主义为核心的劳动精神。首先，要在社

会志愿服务实践中培育奉献精神。青年通过自愿参加社会志愿活动和大学生“三下乡”活动，积极作为，自觉承担社会责任，主动奉献，不断提升社会服务技能。其次，要在勤工助学实践磨砺中培育艰苦奋斗精神。青年积极参加勤工助学实践活动，勇于承担责任，体会劳动的艰辛，有益于他们更加珍惜来之不易的劳动成果，养成勤俭节约的劳动精神。最后，要在立足本职岗位中培育创新精神。创新引领发展，创新解决发展难题，创新是具有鲜明时代特征的劳动精神。广大青年要立足本职岗位，不断创新工作方法和思路，力求在创新中思辨，不断提升工作能力。

实践活动

在家庭、学校和社会中，有哪些劳动能够发挥大学生的专业知识和技能呢？请你认真观察和调研，找到符合条件的劳动项目，并设计相应的服务方案，使项目能够顺利实施。

活动目标：________________

____

____

____

活动计划：________________

____

____

____

活动结果：________________

____

____

____

____

活动评价：________________

____

____

____

____

第二节 巩固良好的日常生活劳动习惯

一、良好的日常生活劳动习惯概述

日常生活劳动是指一些为自己日常生活服务的最简单的劳动形式。比如饮食方面，日常三餐碗筷的整理；卫生方面，衣服和被单的清洗、宿舍的打扫、书桌床铺的整理等。整洁的衣着，舒适轻松的生活环境，是最基本的劳动形式，也是自己生存能力的体现，是自我意识的凸显。良好的日常生活劳动习惯，体现的是一颗热爱生活的心和一种认真生活的态度。

生活源于劳动，劳动创造美好生活，劳动与生活相辅相成、密不可分。高校必须高度重视和创新大学生劳动教育方式方法，让劳动教育更加贴近大学生校园日常生活，回归大学生家庭生活，走向社会生活的丰富实践，大学生才能真正在劳动中体验到幸福与快乐，懂得劳动实现美好梦想的人生哲理。

调研结果显示，高校学生日常生活劳动范围较狭窄。99.2%的学生在高校参与一定形式的日常生活劳动，主要是自我服务性质的洗衣服、刷鞋、洗被罩和床单以及打扫所在宿舍的卫生，说明大部分学生的生活自理能力较好。仅有7.3%的学生会打扫教室，0.3%的学生会参与其他公共区域的保洁工作。这一方面与大学校园公共区域服务外包化，学生缺乏相应的劳动场所有关；另一方面也说明大学生日常生活劳动具有明显的自我服务性质，而公共服务意识较为欠缺。重点大学、普通大学和高职院校学生参加日常生活劳动的比例非常接近，分别为99.3%、99.0%和99.3%。相对而言，高职院校学生打扫教室和公共区域的比例略高于其他院校，这主要是因为部分高职院校实行了值日生制度。

大学生应积极参加日常生活劳动，结合校园生活，组织开展校园卫生、文明寝室建设等劳动锻炼，巩固良好的日常生活劳动习惯，自觉做好宿舍卫生保洁，独立处理个人生活事务，积极参加勤工助学活动，提高自立自强能力，助力推动校园文明建设。

二、良好的日常生活劳动习惯的价值和意义

（一）在日常生活劳动中实现个人成长

劳动是人类世界最重要的活动，也是最通用的语言。劳动教育中的日常生活劳动可以说是当下的“精致生活”，不需要金山银山来堆砌，只是一种用心的生活态度，要的只是一颗热爱生活的心，一份对生活认真的态度。

民生在勤，勤则不匮。学生自身也可以根据自己所处的不同阶段做不同的生活劳

动，只要力所能及，尽力而为。日常生活劳动习惯就是对自己的管理教育，最终在劳动的过程中激发自己内在潜藏的活力和热情，坚持自己对生活的向往和信仰，认真生活，热爱劳动，创造出属于自己的美好生活。

体质不强，何谈栋梁？大学生作为建设祖国未来的接班人，拥有强健的体魄是先决条件。踏入大学后，脱离了紧张枯燥的高中生活，进入了相对宽松舒适的氛围中。随着社会科技的发展，越来越多的"低头族"出现在高校校园里，夜晚也成了他们的"黄金时段"，熬夜玩手机、打游戏、追剧等现象在很多学生身上都有所体现。强健体魄需要适度且长期坚持的锻炼、充足的睡眠、均衡的饮食和良好的生活劳动习惯，这些适当的体力劳动和体育运动可以促进学生身体的新陈代谢，增进呼吸系统、循环系统、消化系统等功能，能够促进自身的健康发展。同时，学生在劳动锻炼中，不知不觉地增强了身体的抵抗力，也增强了对环境的适应能力。兴趣是最好的老师，让学生对日常生活劳动产生浓厚兴趣，才能产生动手的欲望，从而促使学生感受到劳动的魅力。

大学生可以通过劳动发现生活中以前不曾发现的美，比如一棵小草也有昂扬向上的力量等。适当的劳动教育可以引导他们发现生活中普通平凡的美，使人内心获得平静，促进形成健全的人格。

大学生面对大学这个崭新的环境，会对实现自身价值和能力有所期待，渴望拥有一个能够展现自己的平台，劳动教育正是这样一个平台。普通的理论知识学习是通过掌握一定的科学知识和客观规律，实现从感性认识到理论认识的转变。而劳动教育是切实参与劳动的实践课程，在教师的指导下，学生将自己所学的知识运用于实际生活中，体会到科学知识的作用和价值，进而激发他们对知识进行进一步探索的兴趣。因此，让学生觉得学有所用是激发大学生学习兴趣的根本动力。同时，在劳动的过程中，展示自己的才能，获得成功的体验和喜悦，能够使人变得更加自信，相信自己具有战胜任何困难的智慧和勇气。

（二）在集体互助劳动中彰显责任担当

在宿舍集体劳动中，团结互助劳动是联系人与人之间关系的纽带，正如马克思所说的，人在本质上是群体动物，在其现实性上是一切社会关系的总和。寝室人际关系是大学生人际关系的一个基本环节，而宿舍管理也直接影响着寝室的人际关系。

然而，因宿舍日常管理问题导致舍友关系恶化的现象层出不穷。在宿舍里，大家来自不同的地方，作息习惯、饮食习惯、卫生习惯等不尽相同，有时难免会产生矛盾冲突，这些矛盾冲突归根到底还是个人意识过强导致的。

宿舍是最小的集体单位，只有把个人融入集体，通过集体的团结互助才能发挥最大效能。因此，可以以宿舍为单位或者整个宿舍楼为单位进行劳动教育，如通过宿舍文化节、最美宿舍等活动，调动大学生劳动的积极性，增强学生团结力、凝聚力和创造力，增进宿舍成员之间的友情，激发同学们内心深藏的热情，展现同学们心中渴望的个性，同时丰富大学生的宿舍文化活动，提升宿舍文化品位，营造团结友爱、文明健康、热爱劳动的文化氛围。

社团是集自我劳动和服务自我于一体的活动团体，学生根据自己的个性、兴趣、意愿等加入社团，展现个人风采。社团是加强和改进大学生劳动教育的重要力量，形式多样的社团就是一本鲜活的劳动教育书本，对于引导大学生进行自我教育、自我管理和自我服务，调动学生的劳动积极性与主动性，发挥着重要作用。

社团不仅可以展示个人魅力，它也是团结合作平等友爱的舞台。社团的发展需要成员的共同努力，要利用学生支部的号召力和凝聚力，做好劳动教育的组织、协调和实施工作，在社团活动中营造正确的劳动观，树立集体意识，培养大局观。

“学校是我家，卫生靠大家”这句话是大家耳熟能详的。对于学校日常卫生环境的维护，一方面要能够为自己创造舒适整洁的环境，做到爱惜自己的劳动成果，进而养成良好的卫生习惯；另一方面，要在劳动中明确自己的责任，强化担当意识，在自己为集体做出贡献的同时，通过成员之间的相互理解，取长补短、各尽其职，使自己不断成长。

学生也可以根据自身的兴趣爱好和自我条件，尽可能地参加校内劳动，如食堂助厨、宿舍楼助管、图书管理等，使学生有机会投入到生产实践中去，把理论和实际联系起来，提高自身的实践技能，增强工作能力和创新能力，养成吃苦耐劳和坚韧不拔的品质，实现全面发展。

一滴水只有放进大海才不会干涸，一个人只有融入集体才能展现他的才华和生命价值，要在集体劳动中升华小我，努力练就过硬本领，勇敢担当，不断实现自我价值。

（三）在课堂实践劳动中学以致用

青年一代有理想有担当，国家就有前途，民族就有希望。时代新人不仅需要丰富的知识，还要练就过硬的技能，不断开阔眼界。大学生通过劳动实践来认识世界、改造世界，无论体力劳动还是脑力劳动，都能让自己增长能力和才干，不断拓宽实践的范围和视野，促使自己更加深刻地理解书本知识，提升从业本领，在社会实践教育中铸就理想信念。

《意见》对于大中小学如何安排劳动教育课程做出了明确指示，其中大学本科阶段不少于 32 学时，大中小学每年安排劳动周，高校也可安排劳动月。《意见》要求学校开齐开足劳动教育课程，统筹安排课内外劳动实践时间，结合学段特点和所在地区实际，规划好劳动教育课程内容，组织实施好劳动周，有序安排学生的集体劳动，加强对劳动教育的研究，提高教育效果。

劳动教育的综合性注定其是一项系统工程，在高校的专业课程中，到处都有劳动教育的资源，因此劳动教育应该渗透到各类专业课程当中。在理论课程上，高校专业课教师可以结合本专业内容对大学生进行劳动教育，比如文学教材中大量古代诗歌、文学作品都有关于劳动的描述，教师在对这些作品进行讲解分析的过程中，可以把劳动教育渗透进去。这样一方面可以提高学生对于作品的鉴赏能力，另一方面也可以让学生感受到劳动教育的魅力。哲学教材中除了马克思主义哲学有关劳动的论述，还有中国哲学有关劳动的论述，可以将劳动教育提升到哲学的境界，让学生去品味。除了文科专业外，理科专业也同样蕴含着劳动教育思想，可以用某一理论或某一实验艰辛探索的过程，教会学生吃苦耐劳、坚持不懈、勇于探索真理的劳动精神。在实践课程中，不同学院可根据自身专业特色，结合本专业实践课程，穿插劳动教育，如教育系可以组织学生去孤儿院义务担任教师，开展专业的调研；园艺设计系更是可以大胆地规划校园，让校园成为学生的主实验地；等等。

劳动教育课程作为课程体系的重要组成部分，要把劳动的理念和行为渗透到学习的各个环节中去，让学生通过劳动管理实践的亲身体验，认识自我、认识社会、体验生活的真谛，从而达到自我教育的目的。

实践活动

良好的劳动习惯是自律与高意志水平的体现。请仔细思考你认为值得养成的日常劳动习惯，制订好习惯养成计划，并按计划坚持21天。以短视频或朋友圈打卡等形式记录自己养成习惯的过程，总结因为坚持这些习惯所发生的积极改变。

活动目标：____

____

____

____

____

活动计划：____

____

____

____

____

活动结果：____

活动评价：

第三节 体验家庭劳动，奠定未来基石

一、家庭劳动概述

“耕读传家”“民生在勤，勤则不匮”等名言古训，深刻印证了勤劳是中华民族由来已久的传统美德，崇尚勤劳致富是中华民族的一贯主张。家庭劳动是人类社会最常见、最古老的基本劳动方式，它与市场经济中的生产劳动共同构成人类不断发展进步的重要组成部分。家庭劳动主要指人类社会中存在于家庭领域中的一种劳动形式。自从有了人类社会，家庭劳动就开始作为维持人类基本生活需要的重要手段而留存下来。

家庭劳动是一种以日常家庭生活劳动为主的劳动。家庭劳动的实施体现个体的自觉性和自理性，即个体是自觉从事劳动，能够实现个人生活自理。家庭劳动涵盖衣、食、住、行等多个方面。“衣”主要指清洗个人及家庭成员衣物、熨烫收纳衣物、为个人及家庭成员规划出席不同场合的搭配服装等；“食”主要指中式烹饪中的冷菜和热菜，能够为自己和他人做几道营养均衡、搭配合理的菜肴；“住”主要指生活物品的使用与日常维护、家庭生活环境布置与美化以及家庭劳动过程中的安全保护等，如常用家具、电器的使用与维护，水、电、煤气、灯具、网络的检测与维护，急救与安全保护等；“行”主要指家庭交通工具维护、家庭出行规划制订、家庭出行安全保护等，如自行车、汽车的维护，每日工作学习出行规划，短期出游规划，以及出行的安全保障等。

二、家庭劳动的意义

习近平总书记指出，“办好教育事业，家庭、学校、政府、社会都有责任”。家庭劳动具有独特的育人功能和价值。家庭是人生的第一所学校，家庭劳动是“人生第一课”。

（一）引导大学生树立正确的劳动态度

正确的劳动态度是学生热爱劳动、尊重劳动者、珍惜劳动成果、自觉参与劳动的基础和保障，也是把准劳动教育价值的出发点。让大学生在家庭生活中主动承担自己力所能及的家庭劳动，能够帮助其树立科学的家庭劳动观念，提高生活自理能力，自觉养成参与、坚持不懈地进行劳动的好习惯，增强大学生的独立性和劳动积极性。同时，家庭劳动能够使大学生在劳动过程中养成主动承担家务劳动的习惯，理解作为家庭成员所要承担的必要责任和义务，增进家庭团结，营造和谐气氛，减轻父母的劳动强度。

（二）奠定大学生素质全面发展的基础

马克思劳动理论认为，人的全面发展最根本的是人的劳动能力的全面发展。从个体维度看，美好生活最根本的要求就是体现人的主体性因素，把人的全面发展作为价值追求。家庭劳动着眼于解决个人生活自理问题，是实践劳动的最初场所和对劳动技能的基础性训练，为个体有序地投入生产劳动和服务性劳动奠定基础。家庭劳动可以让大学生学会珍惜时间和劳动成果，让生命潜能得到充分发展，提升大学生综合素质和劳动技能，让大学生充分认识到“幸福是奋斗出来的”，这是大学生健康成长、走向成功和实现梦想的根本途径。

（三）塑造大学生良好品质和健康人格

人的许多优秀品质在劳动中形成，掌握家庭劳动技能、养成家庭劳动习惯是个体学会生活、形成良好思想道德品质和健康人格的重要保障。家庭劳动实践可以培养大学生勤俭节约、艰苦奋斗的好作风，克服困难的坚强意志，勤快主动的工作态度，良好的社会适应力；同时培养大学生自立自强的独立生活能力和进取精神，使其逐渐养成对集体、对国家的义务感和责任心，在潜移默化中学会关心他人。家庭劳动可以培养大学生自己动手创造整洁环境的能力，明晰劳动是创造美好生活的源泉。

三、家庭劳动的途径

家庭是大学生成长的重要环境，家庭劳动是围绕个人日常生活展开的活动，所以学会营造和谐的家庭生活氛围，遇到问题知道怎样解决，勇于承担家庭责任，也自然成为个人生活中应习得的基本常识。

（一）家政学习

1. 收纳操作

收纳大体上可分为衣物收纳和空间收纳，这里重点介绍衣物收纳方法。衣服种类繁多，材质不同，如何妥善收纳是个问题。那么，该如何合理利用空间收纳衣服呢？

（1）挂

对于易皱、常穿的衣物，挂起来最合适，易收易取，节省空间。挂的时候，可按季节分类，每一季节又可按照颜色挂放，视觉上整齐有序。一些易有折痕的裤子，可以通过裤架来收纳。

（2）叠

剩下的小衣物可以叠起来，不过并不是叠放在格子里，那样的话每抽一件衣服，就会弄乱一格子衣服，抽屉式收纳箱就避免了这种情况的发生。抽屉式收纳箱好拿取，要比隔板方便很多，也是所有收纳里最简便易行的方式。抽屉式收纳箱的容量也比隔板收纳得更多，同时还可以通过分类功能，分别收纳。使用抽屉式收纳箱，到换季的时候也很方便，不用像隔板那样把衣服全部拿出来整理一遍，只需要把收纳盒做上下的调整就可以了。

（3）压

大物件，如换季后的被子、羽绒服、棉衣等，可以通过压缩的方式收纳。用压缩袋装起来后，抽干空气，变成薄薄一片，不但节省了柜内空间，还能密封不受潮。

2. 饮食健康

烹饪不仅要关注美味，还要做到营养均衡。均衡的膳食、合理的营养搭配不仅可以保证人体正常的生理需要，还可以提高机体的抵抗力和免疫力，有利于预防和控制某些疾病的发生与发展。根据中国营养学会编制的《中国居民膳食指南（2016）》，一般人群的膳食可遵循以下六个原则：

（1）食物多样，谷类为主

每天的膳食应包括谷薯类、蔬菜水果类、畜禽鱼蛋奶类、大豆坚果类等食物。平均每天摄入 12 种以上食物，每周 25 种以上。

每天摄入谷薯类食物 250—400 g，其中全谷物和杂豆类 50—150 g、薯类 50—100 g。食物多样、谷类为主是平衡膳食模式的重要特征。

（2）吃动平衡，健康体重

各年龄段人群都应天天运动，保持健康体重。

食不过量，控制总能量摄入，保持能量平衡。

坚持日常身体活动，每周至少进行 5 天的中等强度活动，累计 150 分钟以上。最好每天进行 6000 步的步行。

减少久坐时间，每小时起来动一动。

（3）多吃蔬果、奶类、大豆

蔬菜水果是平衡膳食的重要组成部分，奶类富含钙，大豆富含优质蛋白质。

餐餐有蔬菜，保证每天摄入 300—500 g 蔬菜，深色蔬菜应占 1/2。

天天吃水果，保证每天摄入 200—350 g 新鲜水果，果汁不能代替鲜果。

保证每天摄入相当于 300 g 液态奶的奶制品。

经常吃豆制品，适量吃坚果。

（4）适量吃鱼、禽、蛋、瘦肉

鱼、禽、蛋和瘦肉摄入要适量。

每周吃鱼 280—525 g、畜禽肉 280—525 g、蛋类 280—350 g，平均每天摄入总量 120—200 g。

优先选择鱼类和禽类。

吃鸡蛋不弃蛋黄。

少吃肥肉、烟熏和腌制肉制品。

（5）少盐少油，控糖限酒

培养清淡饮食习惯，少吃高盐和油炸食品。成人每天食盐不超过 6 g，每天烹调油 25—30 g。

控制糖的摄入量，每天摄入不超过 50 g，最好控制在 25 g 以下。

每日反式脂肪酸摄入量不超过 2 g。

足量饮水，成年人每天 7—8 杯（1500—1700 ml），提倡饮用白开水，不喝或少喝含糖饮料。

儿童、少年、孕妇、哺乳期妇女不要饮酒。

（6）杜绝浪费，兴新食尚

珍惜食物，按需备餐，提倡分餐不浪费。

选择新鲜卫生的食物和适宜的烹调方式。

食物制备生熟分开，熟食二次加热要热透。

学会阅读食品标签，合理选择食品。

多回家吃饭，享受食物和亲情。

传承优良文化，兴饮食文明新风。

3. 家庭保健

（1）家庭备药原则

①以非处方药为主

非处方药就是可以不需要医生开写处方，直接在药房或药店买到的药物。

非处方药分为甲类非处方药和乙类非处方药。

在安全性上来说，乙类非处方药>甲类非处方药>处方药。

不建议自备太多处方药，且服药应遵医嘱，不可擅自多服或少服。

②根据家庭成员具体情况选择药物

婴幼儿：常备布洛芬混悬液，万一孩子突然高烧（体温超过 38.5 ℃），可以用其帮助降温。

老年人：如果老人有心脏方面的疾病，家中要常备硝酸甘油或者速效救心丸。还有一些老年人晚上睡不着觉，镇静催眠药就能派上用场。

常运动的人：常备跌打损伤外用药。

孕妇或哺乳期妈妈：常备维生素、铁剂、钙剂等。

③根据季节选择药物

春季容易花粉过敏和感冒，要常备抗过敏药和感冒药。

夏季天气炎热，蚊虫肆虐，食物容易腐烂变质，宜储备防暑降温、止泻、治疗蚊虫叮咬类药品。

秋冬季节天气转凉，容易引发呼吸系统疾病，宜储备止咳化痰类药品。

（2）家庭用药注意事项

某些药物之间或者药物与食物之间会发生物理或者化学反应，应根据医生处方或药品说明书上的服用方法正确使用，并注意其禁忌与不良反应。

（二）日常维修技能

家用电器、家具等常常会随着使用频率、使用时间的增加而出现各种问题，对于其中一些小问题，完全可以自行修理解决，不必找专门的维修工人上门维修。

1. 冰箱不制冷

冰箱出现不制冷的情况时，应首先检查冰箱的电源插头是否牢固；若电源插头没问题，则可能是冰箱的内出水口堵塞或冰冻造成冰箱不制冷。此时，我们可以使用一根有一定硬度的细棍疏通冷藏室的后壁出水口。

2. 实木家具出现裂缝

实木家具如因热胀冷缩出现裂缝，可采用以下补救措施：①将旧棉布或破麻袋烧成灰，然后与生桐油搅拌成糊状，嵌补到木器的裂缝中，阴干后即可补平裂缝；②将撕碎的报纸加些明矾和清水煮成稠糊状，冷却后涂于木器的裂缝中即可将其补平。

3. 家用燃气灶打不着火

家用燃气灶打不着火很可能是火盖、火孔被堵塞或燃气灶电池没电造成的。遇到燃气灶打不着火时，可以先用牙签、抹布等清理火盖和火孔，清理完仍打不着火时可尝试更换燃气灶的电池。

（三）社区服务

社区是人们生活、学习、工作、休憩的最基本单元。作为当代大学生，社区生活中也有我们能够进行服务的项目。

1. 社区居民服务需求

社区居民服务需求主要包括以下内容：青少年、儿童课业辅导，老年人陪伴慰问，重病患者陪护，残疾人康复训练，法律咨询，心理辅导等。社区具有地域性特点，社区之间的服务需求也各有差异，因此要先对社区居民服务需求进行充分调查，再有针对性地提供服务。

社区服务需求调查是开展社区服务最重要的前期工作。一般来说，可以通过直接和社区服务中心沟通或发放调查问卷来了解社区需求，再结合自身能力和专业优势确定服务项目。参与社区服务形式主要有个人参与和团队参与两种。

2. 策划社区服务活动

以个人名义进行的社区服务只需要向社区工作人员申请，确定时间和工作内容即可。以团队名义进行的社区服务，除了要跟社区工作人员沟通外，还需要提前策划社区服务活动。这种社区服务的前期准备工作很多，如撰写计划书、人员招募、联系场地、准备物资等。

（1）活动准备

①撰写计划书：从活动目标、活动时间、活动地点、活动流程、活动评估、预计困难与对策、经费预算等方面详细展开。

②人员招募：线上线下双结合，在班级、院系或学校内多渠道招募志愿者。

③联系场地：活动场地与社区进行协调。

④准备物资：根据项目需求提前做好物资准备，如制作 PPT、购置各类用品等。

（2）活动过程

活动正式开始前，可通过热身游戏活跃气氛，营造轻松自然的活动氛围；活动过程中，酌情加入一些内容新颖、趣味性强的环节，引导在场的社区居民积极参与。

（3）活动后期

活动结束后，要及时反思并总结社区服务活动成效，包括社区居民参与度、目标完成情况、活动改进内容等，为再次开展活动积累经验。需要注意的是，应在活动结束的第一时间将活动场地打扫干净。

实践活动

整理收纳师是现代社会一个热门的职业。2021 年 1 月 15 日，人社部发布公告新增若干职业，其中，在“家政服务员”职业下增设“整理收纳师”工种。请你以整理收纳师的身份，对你家或宿舍的整理收纳出具相关设计方案并按计划实施。可在自己的微博记录整理收纳过程，将整理前和整理后的房间进行拍照对比。整理收纳完毕后可以和家人或舍友一起体验变化后的生活，记录每个人的感受，体验整理收纳带来的便利和生活品质的提升。

活动目标：______________________________

活动计划：______________________________

活动结果：______________________________

活动评价：______________________________

第四节　开展校园劳动，培养美好品质

一、校园劳动概述

马克思主义认为，劳动是人的本质活动，是推动人类社会进步的根本力量。一些研究者认为，校园劳动传统是一所学校在实施劳动教育过程中形成的、自成体系的、能体现学校劳动教育理念的典范性劳动教育模式，以及师生由此形成的热爱劳动、参与劳动的思想和行动自觉。校园劳动传统具有激发与培育学生劳动情感、审美人格和劳动素养的作用。学校可以通过加强劳动教育顶层设计、强化劳动课程建设、结合当地地域资源等路径培育校园劳动传统，通过建立形势分析机制、评优树先激励机制、与时俱进发展机制保障劳动传统在创新中持续发展。

二、校园劳动的必要性

（一）习近平总书记关于加强高校劳动教育的重要论述

党的十八大以来，习近平总书记和党中央高度重视青少年正确劳动观的养成，多次就大中小学加强劳动教育做出重要指示。习近平总书记在全国劳动模范和先进工作者表彰大会上的讲话中强调："要开展以劳动创造幸福为主题的宣传教育，把劳动教育纳入人才培养全过程，贯通大中小学各学段和家庭、学校、社会各方面，教育引导青少年树立以辛勤劳动为荣、以好逸恶劳为耻的劳动观，培养一代又一代热爱劳动、勤于劳动、善于劳动的高素质劳动者。"习近平总书记在庆祝中国共产主义青年团成立100周年大会的讲话中指出，"要立足党的事业后继有人这一根本大计，牢牢把握培养社会主义建设者和接班人这个根本任务"。习近平总书记重要讲话和党中央的系列指示，立足于新时代中国特色社会主义的基本国情、主要矛盾和根本任务，继承和发展了马克思主义劳动观——劳动"是人以自身的活动来中介、调整和控制人和自然之间的物质变换的过程"，形成了以劳动精神、劳模精神、劳动教育等为主要内容的新时代劳动观。学思践悟习近平"劳动观"，以习近平"劳动观"引领新时代高校劳动教育，就是要将劳动教育纳入高校人才培养全过程，充分激发劳动者自身的劳动意愿，提升劳动本领，通过劳动创造价值，进一步推动高校劳动教育发展，激发大学生矢志不渝地将实现"人民对美好生活的向往"作为自己的奋斗目标。

（二）国家的教育战略

从21世纪初国家将劳动与技术教育纳入综合实践活动课程，到2018年习近平总书记在全国教育大会上提出"培养德智体美劳全面发展的社会主义建设者和接班人"，

再到 2020 年《意见》的发布，国家对新时代的劳动教育进行了整体设计，不仅阐明了劳动教育的基本内涵和总体目标，而且对设立劳动教育课程提出了明确要求。

（三）学校现状的数据分析

一段时间以来，受各种因素的影响，一些中小学忽视劳动教育的现象不同程度地存在，致使部分学生接受劳动教育的机会日益减少，而劳动教育淡化所带来的各种问题也日益凸显。可以说，这在一定程度上就是校园劳动传统缺失造成的结果。一是学生参与劳动现状的调查。在某学校一次问卷调查中，全校学生中经常参与家务劳动的学生仅为 32%，从不参与劳动的学生将近 20%，由此可见儿童成长现状与时代发展要求之间的矛盾。二是学校乐享课程结构的分析。某学校初步实现了课程体系化建设，构建了乐享课程体系。但在乐享课程中，学科拓展类、科技创新类、艺术审美类等课程比重高达 87%，劳动教育类课程仅为 13%，且呈点状分布。课程比例失衡凸显了学校办学特色的再发展与城市学校发展现状之间的矛盾。

三、校园劳动的制度建设

校园劳动传统的形成不是一朝一夕就能完成的，需要长期坚持、久久为功，主要应把握好以下几点。

（一）加强劳动教育顶层设计

学校要结合教育主管部门的要求和学校劳动教育现状，从学校和师生长远发展的角度入手，对学校劳动教育的开展进行长期、总体的宏观规划，形成具有长期指导意义的、切实有用的顶层设计方案，助推劳动传统的形成。

构建劳动育人体系。以《意见》为指导，聚焦劳动育人的目标任务，因地制宜整合育人资源，丰富育人载体，拓展育人路径，将劳动教育不断融入学生价值引领、素质拓展、社会实践和创新创业，逐步形成“理论＋实操”“校内＋校外”“线上＋线下”的劳动育人体系。

将劳动教育融入学生价值引领。通过举办主题周、专题讲座报告等形式，开展劳动观念、劳动情感、劳动精神等方面的宣传教育，引导学生树立以劳为美、以劳为荣的价值观；开展文明宿舍、最美寝室、绿色公共空间等创建活动，倡导学生从个人卫生、内务环境、节水节电、垃圾分类、公益宣传等身边小事做起，固化劳动习惯，提升文明素养；组织学生积极参加校园清洁、小广告清理、植树护绿等义务劳动，划分责任区，实行包干制，进一步端正劳动态度，强化责任意识；与学校后勤党委开展党支部共建活动，聘请宿管、保洁、园林绿化等一线劳动者担任劳育导师，共建劳育基地，开展劳动技能培训，不断壮大劳育力量，丰富劳育内容和载体。

将劳动教育融入学生素质拓展。因材施教，根据学生兴趣爱好，组建盆栽、手工、插花、烘焙等多个兴趣小组，邀请专人予以指导，推动以点带面，扩大覆盖范围；因时而动，结合重要节日、节气，组织特色劳育活动，比如端午节包粽子，中秋节做月饼，冬至包饺子，教师节、母亲节编制花篮等，增强仪式感，体验劳动乐趣；因地制宜，活用校内资源，开辟绿植养护、蔬菜种植等劳育基地，引导学生实地操作，提升劳动技能；因势利导，针对突发疫情，由学院辅导员身先垂范，借助微信等新媒体平台，推出居家洒扫、美食制作、盆景养护、手工制作等“防疫情宅在家”系列视频、直播，开展线上劳育。

将劳动教育融入学生社会实践。充分发挥勤工助学的解困和育人作用，鼓励学生根据自身专长申报勤工助学岗位，可设立“书院小导师”“阅读大使”“书院园丁”“行政助管”“显影工作室”等特色岗位，根据服务质量和效果进行考核、发放工作补助，切实让学生劳有所长、劳有所为、劳有所得；利用寒暑假开展形式多样、丰富多彩的社会实践和志愿服务活动，重点围绕政策宣讲、国情社情考察、精准扶贫、科技创新、关爱服务等主题，引导学生深入基层、深入一线，向劳动人民学习，用双脚丈量祖国大地，用双手绘制美好蓝图，不断增强“四个正确认识”，砥砺爱国奋斗精神。

将劳动教育融入学生创新创业。以现实需求为导向，由导师全程指导，团队分工协作，以项目化的形式开展科技创新的训练与实践，有力促进学生利用专业所学、专业所长创造性地解决实际问题；依托学校定点扶贫工作，积极引导支持学生开展科创成果转化。

此外，在实践中，要充分发挥学校师生的主观能动性和创造力，对学校开展劳动教育的指导思想、总体思路、课程体系、实施策略等明确化，并在实践过程中不断查找问题，总结经验，从而在劳动教育的常态化实施中逐步形成学校的特有劳动传统。同时，学校和学生应注重全面发展，正确处理好劳动课程与其他课程的关系，确保劳动教育保质保量落实，形成劳动课程与其他课程合力育人的和谐局面。

（二）强化劳动课程建设

劳动课程是开展劳动教育的主渠道。学校要积极发挥主体责任，让学生在劳动中体会劳动的快乐，感悟劳动的真谛。同时，学校还要引导教师围绕劳动课程制订详细的年度教学计划和课时计划，适时总结教学经验和教训，提升劳动课程质量。

（三）结合当地地域资源

劳动教育要与生产劳动的具体实践相结合。在开展劳动课程和校内实践的基础上，学生还应积极接触、了解和参与一线劳动生产活动，进一步提升对劳动的认识与感悟。实践中，学校要因地制宜，积极联系当地特色经济产业，开辟劳动教育基地，让学生走进农田、工厂、特色工艺作坊，在亲身劳动中实现理论与实践的统一。这些活动与校内劳动课程紧密结合在一起，共同助力学校劳动传统的形成。

（四）建立完善的保障体系和机制

1. 建立传承形势分析机制

事物是始终处于动态发展过程中的，这就要求我们始终以发展的眼光来看问题。校园劳动传统的传承发展亦是如此。学生在传承校园劳动传统的过程中，要定期分析劳动课程和校内外劳动实践开展情况，分析查找倾向性问题，制订针对性整改措施，建立形势分析和问题整改的长效机制，推动劳动教育向深里走、往实处落。同时，学校要注重发挥学生在劳动传统传承中的主体作用，着重了解学生对学校劳动教育开展情况的总体评价和意见，积极吸纳家长、社区、基地等具有建设性的建议，助推学校劳动教育水平的持续提升。

2. 建立评先树优的激励机制

适当的竞争和激励机制是促进工作的有效手段，学校劳动传统的传承也要通过定期评价来规范发展。学校要建立过程性评价与终结性评价相结合的评价方式，发挥评先树优的激励性导向作用。过程性评价可以月份或季度为周期，主要通过听课了解、实地调研、问卷调查等方式，对各学院、班级劳动教育开展情况进行评价，评选一批月份、季度优胜学院、优胜班级，并在全校范围内组织开展经验交流介绍，树立起比学赶超的浓厚氛围。同时，学校要注重指导后进班级认真分析自身问题，学习先进经验，不断提高自身劳动教育开展水平。终结性评价主要是在过程性评价的基础上，综合各学院、班级全年劳动教育开展情况，结合学生投票、教师推荐等方式，每学期或每学年集中评选一批“传承示范班”“劳动之星”“劳动模范”，并将其纳入教师和学生综合素质评价体系。此外，学校可通过举办“劳动成果展”，创建“劳动成果纪念馆”，把历年来学生创作的典型劳动作品进行陈列，将其中的精神传承下去，切实调动师生参与劳动传统建设的积极性。

不以规矩，不能成方圆。学生校园劳动制度在请假、考核标准、部门职责及具体分工等方面均要做出详细的规定，并和原先的学生个人德育考评、班级集体考评相挂钩。明确规定个人德育考评的等级一般只能等同或低于学生校园劳动的考核等级，不合格者不予评定学期奖学金。同样，班级若出现考核不合格者，也要取消评定先进集体和先进团支部的资格。在考核内容上力求务实，奖惩、划等以综合考评为据。另外，在制度出台的同时，还可制定“三表一卡”（即劳动日历表、学生校园劳动登记表、学生校园劳动情况汇总表、学生劳动登记卡）制度，以便明确班级劳动日期、具体劳动内容和组织分工等，同时也便于考核和信息反馈，使校、系及时了解学生的劳动情况，适时调整和进行引导教育，使校园文明劳动与学生德育工作紧密衔接、有机结合。

该项制度还要求班主任到位，以便及时了解和掌握本班学生参与劳动的第一手材料，如实、准确地评价学生的劳动态度和表现，并帮助职能部门的带队教师解决一些临时性困难和问题，使制度得以顺利实施。

3. 建立与时俱进的发展机制

随着科学技术和生产力的不断发展，劳动方式和劳动形态也处于不断的发展之中。劳动教育的目的之一就是要让学生掌握现代劳动技能，这就要求学校在推进劳动传统项目的过程中坚持与时俱进的基本原则，不断丰富学校劳动教育的内容、形式和方法，引导学生掌握现代劳动理念和方法，成为适应时代要求且合格的社会主义建设者和接班人。比如，在新一轮科技革命和产业革命的进程中，劳动方式和形态变化的基本特征和主要标志是脑力劳动成为主要的劳动方式，借助机械化、智能化的设备开展劳动已经成为劳动的主要形态。“学校的劳动教育如果实现了体力劳动和脑力劳动的融合，也就彰显了劳动的精神、智慧和品质。”因此在开展劳动教育时应该关注这一趋势，在课程内容设置、实践方式选取等方面进行调整，实现劳动传统的与时俱进。

四、校园劳动的开展形式

（一）做垃圾分类的践行者

垃圾分类是通过将垃圾分门别类地投放，并通过分类清运和回收使之重新变成资源。从国内外各城市的垃圾分类方式来看，大致都是根据垃圾的成分构成、产生量，结合本地垃圾的资源利用和处理方式进行分类。2019 年 7 月 1 日，《上海市生活垃圾管理条例》正式实施，上海成为我国最早实行垃圾分类的城市，并在全国掀起了倡导垃圾分类的热潮。

大学校园的学生密集程度高，每日会产生大量的餐厨垃圾、宿舍区垃圾和教学区垃圾。分类回收垃圾能够有效减少生活垃圾的环境污染，防止化学实验产生的有毒物质对人体造成侵害，将废纸垃圾变废为宝，节约资源，循环利用。因此，开展校园垃圾分类的活动势在必行。

学校可以组织学生进行校园垃圾分类处理情况调查，使学生了解学校产出垃圾的现状、垃圾处理的方式和所面临的压力，通过发出倡议要求、组织学生活动的形式宣传垃圾分类，使垃圾分类的理念深入人心。大学生是参与校园垃圾分类劳动教育的主体，是践行垃圾分类的主力军。大学生要做垃圾分类的宣传员，在班集体、社团组织、网络空间里主动宣传垃圾分类知识，倡导垃圾分类的生活方式；大学生要做垃圾分类的实践员，在校园公共区域、教学区、食堂餐厅、公寓寝室里真正做到分类投放垃圾，保护环境卫生；大学生要做垃圾分类的监督员，成为垃圾分类的先行者，掌握垃圾分类技能，遇到未能做到分类投放垃圾的行为要及时制止并提供指导与帮助。

（二）做保护公共区域环境的倡导者

大学校园具有一定的开放性和公共性，校园环境的整洁优美是一所大学文化底蕴的体现，也是一所大学师生素养的风景线。校园环境影响着大学生人生观、价值观的树立，影响着校风、学风的形成。校园环境需要每一位在校师生的维护。

学校公共区域主要包括办公区、教学区、学生社区、学校操场及运动场地、绿化带、校园通道等。保护校园公共区域环境要从在校师生的意愿入手，要让大家具备校园环境保护的意识，进而变成自愿的行动。学校可以设置劳动教育学分，向各学院分配校园环境卫生打扫责任区，安排学生直接参与校园清扫工作。学校各相关部门可以组织节水宣传、垃圾分类倡议等活动，提高大学生保护公共环境的意识。除此之外，也可以在每年的 6 月 5 日前后开展“世界环境保护日”主题宣传活动，使学生的公共环境意识不断提升。

在社团活动丰富多彩的大学校园里，要广泛利用各种社团组织开展环境保护活动，使学生在参与活动中得到教育和启发。同时，要鼓励学生参与到保护和改善学校环境的具体行动中来，可以通过校园志愿者活动、公益活动等形式组织大学生走向户外，开展校园环境清扫与维护劳动。

（三）做文明寝室的维护者

学生寝室是学生在校生活的重要场所，是学习的第二课堂，是学校管理工作的重要关注对象。文明向上的寝室文化是存在于寝室成员之间的共同观念系统，指导着寝室成员形成相互协调、相互促进的学习与生活模式，因此建设良好的寝室文化是非常有必要的。维护寝室环境是建设文明寝室的重要方面，整洁清新的寝室环境有利于培养寝室成员之间和谐互助的风气，营造积极进取的氛围，提升寝室的生活品质。

为培养文明寝室的维护者，通过寝室劳动开展校园劳动教育，学校可以通过实行宿舍卫生检查制度、宿舍卫生星级评定制度，对学生寝室的生活劳动形成教育和监督，指导学生定期打扫寝室卫生、收纳寝室物品，保持寝室地面清洁、物品整洁和空气清新。学生处、公寓管理中心等部门可以组织学生开展寝室装饰比赛、寝室创意收纳比赛等活动，引导学生通过动手劳动美化寝室环境，彰显寝室特色和文化。大学生要遵守学校的住宿管理规定和学生社区文明行为公约，按照学校的制度要求和检查标准打扫寝室环境卫生，制定寝室卫生值日表，开展寝室生活劳动。大学生要积极响应国家和学校的号召，参与校园爱国卫生运动，参加寝室环境装饰比赛、文明寝室创建与评选等活动，通过活动倡议激发文明寝室的建设活力，团结寝室成员，形成和谐向上的寝室文化，维护寝室环境卫生清洁，提升寝室居住体验。

（四）做劳动基地的实践者

大学校园劳动基地是学校专门为学生开辟的劳动教育实践场所，其中劳动种植园是最为常见的场所。大学生作为劳动基地的参与主体，参与劳动基地的各项生产活动。在此过程中，大学生的劳动素养和劳动技能得到提升。

开辟劳动基地有利于帮助大学生丰富课余生活，培养大学生的动手实践能力，激发其热爱大自然、保护生态环境的意识，有利于绿色、低碳、节约的大学校园建设。我国作为一个农业大国，种植劳动教育对于大学生综合素质能力培养必不可少。大学校园劳动种植基地作为劳动教育的载体，能更好地激发大学生的劳动热情。通过实地学习种植劳动知识，与大自然接触，更有利于大学生感受劳动给人们带来的丰富物质成果，从而进一步坚定其劳动创造财富的精神信念。

学校通过实地考察、评估与建设，在校园内开辟劳动种植园等大学生劳动基地，开展种植实践活动，将理论与实践相结合，使大学生能够在实践中感受劳动的快乐，在劳动基地中培养大学生的创新精神、实践能力和终身学习的能力。学校的劳动基地应与学生生活紧密联系，推进学生对自然、社会和自我教育之间内在联系的整体认识和体验，发展学生的劳动创新精神、实践能力以及良好的个性品质。教师也要合理安排学生的劳动时间，充分尊重学生的兴趣爱好，为学生自主性的充分发挥提供广阔的空间。

（五）做精神文明的建设者

校园精神文明建设主要包含两个方面的内容，一是加强校园文化建设，二是提高学生文明素质。加强校园文化建设对培养学生德智体美劳全面发展具有深远持久、不可估量的作用。校园精神文明建设主要通过开展丰富多彩的校园文化活动、开设素质教育课程的方式实现。大学生具有强烈的求知欲望，对参与丰富多彩、格调高雅、健康向上的精神文明活动有强烈的需求。开展校园精神文明建设活动和素质文化教育有利于营造文明、现代、高雅的校园文化氛围，巩固和发展学生思想政治教育的校园阵地，丰富校园劳动教育的形式，培养学生高尚的道德情操和正确的价值观念，帮助学生养成良好的生活习惯和行为规范。

以劳动教育为主题的校园精神文明建设活动内容丰富、形式多样，围绕学生社区劳动，可以组织开展宿舍装饰大赛、宿舍风采展示大赛、宿舍安全卫生联查、学生社区文化广场以及节水、“光盘”、垃圾分类宣传等学生社区精神文明建设活动。学校还可以充分利用各种校园海报栏、网站、社团等校园传媒和各类宣传阵地，动员大学生主动参与精神文明建设，营造健康向上的校园文化氛围。

实践活动

学生宿舍是学生在校生活的重要场所，文明、向上的宿舍文化有利于和谐的宿舍关系养成，整洁、清新的宿舍环境有利于营造积极进取的宿舍氛围。为美化宿舍环境、凝聚宿舍文化、提升宿舍生活品质，营造温馨、典雅、时尚的宿舍氛围，展示同学们的艺术才能和文化修养，提高同学们的审美能力、创造能力和动手能力，请结合学校宿舍管理规定，借助学生团队力量，组织开展一次宿舍装饰大赛。请认真进行活动策划，并将其记录下来。

活动目标：____

____

____

____

____

活动计划：____

____

____

____

____

____

____

活动结果：____

____

____

____

____

活动评价：____

____

____

____

____

第五节　参与勤工助学，促进自我成长

在大学校园里，同学们不仅要学习专业课程，更要锻炼交往能力和工作能力。勤工助学是学校学生资助工作的重要组成部分，是资助家庭经济困难学生的有效途径，是实现全程育人、全方位育人的有效平台，是劳动教育的重要着力点，能够培养学生的工作能力和社会适应能力，全面提高学生综合素质。

一、勤工助学概述

（一）勤工助学

勤工助学是指学有余力的学生利用课余时间，通过自己的劳动取得合法报酬，用以改善学习和生活条件的社会实践活动。勤工助学活动以“立足校园，服务社会”为宗旨，按照学有余力、自愿申请、信息公开、扶贫优先、竞争上岗、遵纪守法的原则有组织地开展。学校提倡、支持并依法组织学生开展勤工助学活动，保护学生以合法劳动获得收入。

学校安排勤工助学岗位，应优先考虑家庭经济困难的学生。对少数民族学生从事勤工助学活动，应尊重其风俗习惯。不得组织学生参加有毒、有害和危险的生产作业以及超过学生身体承受能力、有碍学生身心健康的劳动。

（二）劳动报酬

学生参与校内固定岗位勤工助学，学校按月计酬，酬金原则上不低于当地政府或有关部门制定的最低工资标准或居民最低生活保障标准。学生参与校内临时岗位勤工助学，每小时酬金可参照学校所在地政府或有关部门规定的最低小时工资标准合理确定，原则上不低于每小时 16 元人民币。

学生参与校外勤工助学，酬金标准不应低于学校所在地政府或有关部门规定的最低工资标准，由用人单位、学校与学生协商确定，并写入聘用协议。

探究与分享

赵同学：我在学校担任兼职心理咨询员，每月薪酬是 200 元，我的工作是在心理中心值班、受理与咨询接待任务，并承担一定量的线上线下团体辅导工作。刚开始我是想挣点工资，补贴生活费，后来发现勤工助学更多的还是锻炼我的人际交往能力。

李同学：我通过学校的勤工助学管理部门获得了一份校外家教工作，每周上课 6 小时，每小时 50 元。我感觉在外做家教还是获得工资比较多的，同时也能增加自己的社会经验。但是需要外出，还是得注意安全。

（三）权益保护

学生在参与勤工助学活动前应与相关单位签订用工协议，以保护自己的合法权益。在校内开展勤工助学活动的，学生及用人单位须遵守国家及学校勤工助学相关管理规定。学生在校外开展勤工助学活动的，应当与代表学校的勤工助学管理服务组织、用人单位三方签订具有法律效力的协议书。协议书必须明确学校、用人单位和学生等各方的权利和义务，特别是勤工助学学生发生意外伤害事故的处理办法以及争议解决方法。签订协议书并办理相关聘用手续后，学生方可开展勤工助学活动。

在勤工助学活动中，若出现协议纠纷或学生意外伤害事故，协议各方应按照签订的协议协商解决。如不能达成一致意见，应按照有关法律法规规定的程序办理。

二、勤工助学目标

资助的根本目的在于育人，只有把资助工作与育人目标相结合，充分发挥学生的主体性意识，才能最终起到服务于人才培养大局的目标。

学校勤工助学秉承“帮困助学，实践育人，立足校园，服务社会”的理念，以资助育人为宗旨，以服务学生成长为目标，以增强学生的主体参与意愿为重点，通过提供与学生密切相关且力所能及的工作岗位，充分激发学生奋发进取的能动性，引导学生主动关注并参与学校事业发展。让学生在岗位锻炼中勤工助学、提高能力，在服务师生中尊重劳动、感恩回报，在职业体验中实现学校的减员增效。

三、勤工助学岗位设置

（一）设岗原则

学校应积极开发校内资源，保证学生参与勤工助学的需要。校内勤工助学岗位设置应以校内教学助理、科研助理、行政管理助理和学校公共服务等为主。勤工助学岗位既要满足学生需求，又要保证学生不因参加勤工助学而影响学习。学生参加勤工助学的时间原则上每周不超过 8 小时，每月不超过 40 小时。寒暑假勤工助学时间可根据学校的具体情况适当延长。

（二）岗位类型

勤工助学岗位分固定岗位和临时岗位。

固定岗位是指持续一个学期以上的长期性岗位和寒暑假期间的连续性岗位。

临时岗位是指不具有长期性，通过一次或几次勤工助学活动即完成任务的工作岗位。

探究与分享

某高校学生服务中心是承担服务全校学生工作职责的组织，中心下设学生事务服务工作站、学生资助服务工作站、学生心理服务工作站、学生社区服务工作站共四个组织。为充分发挥勤工助学的育人功能，该中心设立勤工助学固定岗位。以下为该中心岗位的设置及要求：

学生事务服务岗：主要工作是为学生办理各项事务。①负责管理学生事务接待室日常工作，及文件流转、报刊发放、设备借还和维护等；②负责学生证和乘车优惠卡相关业务的审核及办理、学生事务网上平台的维护管理等工作。

学生资助服务岗：主要工作是为学生办理各项资助业务，开展资助政策宣传和大学生诚信教育。①负责国家奖助学金、建档立卡、社会资助的政策解答、材料收取、卡号修改等工作；②负责勤工助学问题解答、发放表收取、补助汇总、信息修改等工作；③负责生源地、校园地助学贷款政策解答、回执录入、合同整理以及大学生诚信教育活动的组织筹备等工作。

学生心理服务岗：主要工作是管理心理咨询日常事务。①在心理中心值班，协助老师做好心理咨询预约和接待任务，并承担一定量的线上线下团体辅导工作；②负责心理健康知识、日常心理援助资源信息的宣传，以及各类心理健康活动的筹办等。

学生社区服务岗：主要工作是协助老师做好学生社区日常管理。①负责宿舍卫生的检查、安全隐患的排查、学生思想动态的观察等；②负责大学生社区文化节等学生社区活动的筹办工作。

如果你想参与校内勤工助学，你想申报哪个岗位呢?

四、勤工助学内容

（一）高校学生资助政策体系

国家在高等教育本专科阶段建立起国家奖学金、国家励志奖学金、国家助学金、国家助学贷款等多种形式有机结合的高校学生资助政策体系，有效保障了家庭经济困难学生入学前、入学时和入学后“三不愁”。学生入校后可持《家庭经济困难学生认定申请表》申请家庭经济困难认定，据此可办理相关资助项目。家庭经济困难认定一般每学年评定一次。

1. 国家奖学金

国家奖学金用于奖励特别优秀的学生。二年级及以上的学生可以申请，每人每年8000元。颁发国家统一印制的荣誉证书，并记入学生的学籍档案。

2. 国家励志奖学金

国家励志奖学金用于奖励资助品学兼优的家庭经济困难学生。二年级及以上的学生可以申请，每人每年5000元。高校将获奖情况记入学生的学籍档案。

3. 国家助学金

国家助学金用于资助家庭经济困难的学生。学生入学后可以申请，以解决在校期间的生活费用，平均每人每年3300元。

4. 国家助学贷款

家庭经济困难学生可申请办理国家助学贷款，以解决学费和住宿费问题，每人每年最高不超过8000元。在校期间利息由国家承担，还款期限原则上按学制加15年确定，最长不超过22年。国家助学贷款分为生源地信用助学贷款和校园地国家助学贷

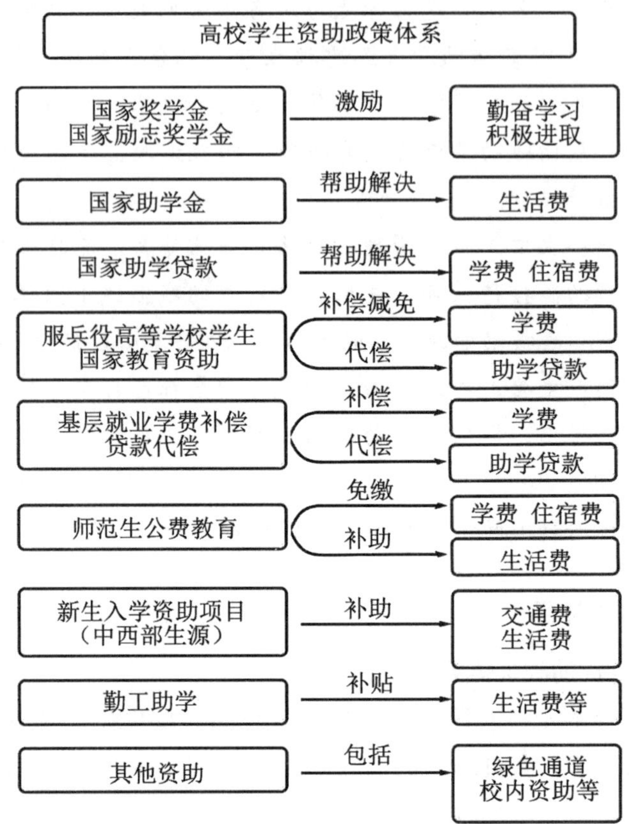

款，家庭经济困难学生可以向户籍所在地县（市、区）的学生资助管理机构办理生源地信用助学贷款，或向高校学生资助部门咨询办理校园地国家助学贷款。

5. 服兵役高等学校学生国家教育资助

应征入伍服义务兵役、招收为士官、退役后复学或入学的高校学生，可获得学费补偿、国家助学贷款代偿、学费减免。在读学生（含新生）服役期间，学校保留学籍（或入学资格），退役后如自愿复学（或入学），可获学费减免，每人每年最高不超过 8000 元。

6. 基层就业学费补偿贷款代偿

中央高校应届毕业生，自愿到中西部地区和艰苦边远地区基层单位就业，服务期达到 3 年以上（含 3 年）的，补偿学费或代偿国家助学贷款，每人每年不超过 8000 元。

地方高校毕业生学费补偿贷款代偿由各地参照中央政策执行。

7. 师范生公费教育

北京师范大学、华东师范大学、东北师范大学、华中师范大学、陕西师范大学和西南大学六所教育部直属师范大学的公费师范生，在校期间不用缴纳学费、住宿费，还可获得生活费补助。有志从教并符合条件的非师范专业优秀学生，在入学两年内，可按规定转入师范专业，高校返还学费、住宿费，补发生活费补助。部分省份高校也实施师范生公费教育政策。报考师范类专业的学生可向相关院校进行咨询。

8. 新生入学资助项目

中西部生源的家庭经济困难新生可申请入学资助项目，以解决入学报到的交通费和入学后短期生活费。就读本省院校的新生每人 500 元，就读省外院校的新生每人 1000 元。学生可向当地县级教育部门咨询办理。

中西部地区包括：河北省、山西省、内蒙古自治区、吉林省、黑龙江省、安徽省、江西省、河南省、湖北省、湖南省、广西壮族自治区、海南省、重庆市、四川省、贵州省、云南省、西藏自治区、陕西省、甘肃省、宁夏回族自治区、青海省、新疆维吾尔自治区。

9. 勤工助学

学生在学有余力的前提下，可以利用课余时间参加学校组织的勤工助学活动，通过劳动取得合法报酬，改善学习和生活条件等。

10. 绿色通道

家庭经济特别困难的新生如暂时筹集不齐学费和住宿费，可在开学报到期间，通过高校开设的“绿色通道”先办理入学手续。入学后，高校资助部门根据学生具体情况开展困难认定，并采取不同措施给予资助。

11. 校内资助

学校设立校内奖学金、助学金、困难补助、伙食补贴、校内无息借款、学费减免等，利用事业收入资金以及企业、社会团体和个人捐助资金实施校内资助。

（二）校企合作模式

校企合作模式是培养具有较高综合素质的技术型人才的必由之路，是一种双赢模式。校企合作人才培养模式是基于学校的人力和智力优势，与企业的资金和管理优势相结合，共同培养社会与市场需要的人才。校企双方互相支持、优势互补，是实现教育现代化、促进生产力发展并使教育与生产可持续发展的重要途径。

校企合作以市场需求为导向，通过建立实习基地、模拟岗前实训等方式打通学校和企业之间人才培养和人才需求的藩篱，提高学生的实践能力和综合素质，实现协同育人。

（三）面试准备与实习指南

1. 面试准备

任何面试都是面试者对求职者筛选的一个过程。面试者需要从你提供的信息中判断你是否适合当前的岗位。求职者也可以通过面试进一步了解要从事的岗位。作为求职者，无论面试何种岗位，都要注意基本礼仪，注重有效沟通，在短时间内充分展示自己的特长、个性、优势、能力等，给对方留下好的印象。

（1）基本礼仪

要提前5—10分钟到达面试地点，进门后向面试者主动问好致意。在面试官介绍情况时，要认真聆听，在此期间可以在合适的时机点头或提问、作答；作答时，口齿要清晰，音量要适度，回答要简练、完整；遇到无法作答的问题时，应如实告诉面试者。在整个面试过程中，举止要文雅大方，态度要谦虚谨慎。谈话时，眼睛要适时地注意对方。

（2）问题准备

准备面试时，可以从以下几方面着手：①请简单描述你的基本情况。②你认为此工作岗位应当具备哪些能力和素质？③你如何评价自己？④你觉得你性格上最大的优点和缺点分别是什么？⑤你为什么认为自己适合这份工作？

2. 实习指南

（1）学会自我调节

不少大学生利用课余时间实习时内心存在着各种心理障碍，对此，大学生要用积极的态度面对压力，尝试平衡学习和实习的关系，还可向父母和朋友倾诉，做喜欢的事情，适度转移和释放压力。

（2）学会人际交流

尊重并适应组织环境，根据组织的风格不断调整自己的脾气习性，慢慢融入。掌握与人交流的技巧，学会倾听，学会感谢、尊重他人。

（3）掌握安全知识

参加实习的同学，大多时候都需要走出校园，走入社会。如果没有在思想上对安全问题予以足够的重视，也许只是一个小小的意外，就会造成严重的后果。所以要提高安全和防范意识，了解和掌握必要的安全知识。

实践活动

请与同学结组，对你所在学校的学生参与勤工助学情况开展调研，制订调研计划，形成调研报告。

活动目标：____

____

____

____

____

活动计划：____

活动成果：

活动评价：

思考题：

1. 假设你是一名学生社团的负责人，你会组织一场怎样的学生活动来响应校园劳动的号召？

2. 高校学生资助体系包括“奖、助、贷、勤、补、减、偿、绿”，其中“勤”指的就是勤工助学。勤工助学一般分为校内勤工助学和校外勤工助学。学生参加勤工助学需要掌握必要的安全知识，你觉得参加勤工助学需要掌握哪些安全知识呢？

第四章　服务性劳动

本章要点：

1. 了解志愿服务活动的概念、特点与价值，树立正确的志愿服务观念。

2. 了解志愿服务活动的发展历程，领悟新时代志愿服务活动精神。

3. 领会社会实践劳动的概念、特点和功能，树立正确的实践劳动观。

4. 了解社会实践劳动的发展历程与现状，领会社会实践劳动的发展脉络。

5. 了解“三下乡”社会实践活动的基本原则与实践要求，领悟“青年红色筑梦之旅”的精神所在。

习近平总书记指出，志愿服务事业要同“两个一百年”奋斗目标、同建设社会主义现代化国家同行。志愿服务应立足新时代、展现新作为，弘扬奉献、友爱、互助、进步的志愿精神，继续以实际行动书写新时代的雷锋故事。社会实践是高校贯彻落实党的教育方针、提高学生思想政治素养的一个重要途径，有利于培养理论与实践兼备的高素质人才。大学生的社会实践在大学生思想成长和人格养成中起着至关重要的作用。本章主要从志愿服务的概念、特点、价值，社会实践的概念、内涵、发展历程，自主性社会实践活动和“三下乡”社会实践活动等几个方面展开论述。

第一节　志愿服务劳动

志愿服务是指人们在不求任何回报的前提下，奉献自己的时间和精力，为改善社会和推动社会进步而提供的服务。志愿服务与时代和社会环境相结合，经过不断丰富和完善，形成了自己独有的特点和价值。在新时代，志愿服务事业得到进一步发展。

志愿服务把服务带给社会的同时，也鼓励社会各界的人参与到志愿服务中来，参与志愿活动的人在志愿活动中实现爱心和文明的传递，也增加了人与人之间的交流。

志愿服务以其独有的特点和价值，在社会发展中发挥了重要作用。

志愿服务是社会文明进步的重要标志，是加强精神文明建设、培育和践行社会主义核心价值观的重要内容。党的十八大以来，以习近平同志为核心的党中央高度重视学雷锋志愿服务，广大志愿者、志愿服务组织、志愿服务工作者积极响应党和人民号召，弘扬和践行社会主义核心价值观，走进社区、走进乡村、走进基层，为他人送温暖、为社会作贡献，充分彰显了理想信念、爱心善意、责任担当，成为人民有信仰、国家有力量、民族有希望的生动体现。2022 年 4 月 8 日，在北京冬奥会、冬残奥会总结表彰大会上，习近平总书记指出："广大志愿者用青春和奉献提供了暖心的服务，向世界展示了蓬勃向上的中国青年形象。"

一、志愿服务的含义与价值

（一）志愿服务的含义与特点

1. 志愿服务的含义

我们可以把志愿服务一般地界定为：公民个体或社会群体基于普遍的社会道义精神，自觉实施或自发组织实施的，向公共社会或者社会他者无偿奉献时间、精力，甚至财力的援助性服务和责任承诺。①

这一概念主要包含三个方面。一是动机。志愿者提供服务不是以取得回报为目的，或者即使得到了报酬，但也不会超过成本。例如某学校每年选派志愿者助力马拉松比赛。在此过程中，志愿者会学到医疗卫生和体育竞赛方面的知识，同时也会得到一些补助，例如食物、路费等，但从动机来说，参与志愿服务主要缘于个人的无私奉献。二是付出成本。从事志愿服务，不管是基层社区，还是大型赛事，都需要志愿者投入时间和精力，如果只是口头说说，而没有付出行动，那么便不能称之为志愿服务。三是效果。志愿服务从根本上来说，是一种服务他人、服务社会的行动。从效果上来看，志愿服务必须有为他人带来便利、促进社会进步的作用。

2. 志愿服务的特点

（1）自愿性

"志愿"一词意为志向和愿望；有志于并情愿。参与志愿服务首先是自愿，如果被强行拉入服务队伍，其实就已经背离了志愿者服务的宗旨了。同时，志愿服务本身也需根据志愿者的专业特长安排，否则不仅达不到服务的目的，还可能会给被服务对象带来一定的麻烦。

---

① 参见万俊人《志愿服务的现代意义》，《精神文明导刊》2010 年第 8 期，第 9 页。

（2）无偿性

志愿者参与志愿服务不是为了获取报酬。志愿者在志愿服务中付出时间、劳动、智力等，但不以获取报酬为目的，为此付出的成本，可由志愿服务组织、服务对象或企业通过补贴的方式为志愿者分担，也可通过提供保险、培训学习等方式给予志愿者一定的回报或保障。志愿服务成本既可由志愿者组织方、志愿者、志愿服务对象独自承担，也可由多方共同承担。

（3）服务性

志愿服务本身是为他人提供便利和帮助，志愿者的素质和态度是影响服务效果的重要因素。

（4）公益性

志愿服务最关键的就是公利为主，拒绝私利。《中国志愿服务大辞典》关于“志愿服务”的定义中，明确提出“服务于非近亲属”。如果是近亲属，就会带有感情色彩，很难做到真正的拒绝私利。

（5）组织性

随着全国志愿者的大幅度增加，有组织的志愿服务成为发展趋势。一个具有良好管理能力和组织能力的团队可以有效提升志愿服务的效果。对于个人来说，加入志愿者组织也有利于及时了解并参加志愿活动。志愿服务的组织性还有利于推动志愿服务的制度化、专业化发展，比如规范志愿者招募和培训等，更有助于志愿服务事业持续健康发展。

（二）志愿服务的价值和作用

1. 个人层面的作用

（1）对于服务对象而言，有帮扶和抚慰的作用

志愿服务可分为物质方面的帮助和心理上的温暖两种类型。在物质帮扶上，被帮扶者的生活质量得到改善，生活水平相对提高。例如向西部山区捐赠衣物、书籍等物品。在心理方面，志愿者一句关心的话语就可能给他人带来无尽的温暖，起到抚慰心灵的作用。服务对象收到了善意和关爱，把这一份友善继续传递下去，这样会形成更大的效应，帮助更多的人，从而促进整个社会的稳定与和谐。

（2）对于志愿者而言，有成长和学习的作用

参加志愿活动，大多要求志愿者外出活动，与人交流，这就在不知不觉中提高了志愿者的沟通能力和组织能力；在整个社会提倡“奉献他人，提升自己”的氛围下，志愿者参与志愿活动会得到一种“赠人玫瑰，手留余香”的幸福感，这对志愿者个人提高道德修养有着重要的作用。同时，参与专业性的志愿服务，志愿者可在培训或实践过程中学到各种类型的专业知识。例如在大型赛事中，志愿者的体育专业知识和医

疗卫生技能会得到提升。除此之外，主办方或者组织者一般对志愿者有物质上的补助，这对志愿者来说也是重要的激励方式。

2. 社会层面的作用

志愿服务以各志愿者为主体，但它不仅仅是公民个人的行动，更是一个组织、一个社会的集体活动，是社会生活和社会建设的重要方面。志愿服务的开展能有效促进社会稳定、社会和谐和社会进步。这主要体现在三个方面：

一是创造良好的经济效益。志愿服务的开展大多是社会团体集资或者志愿者无偿付出，很少有政府财政干预，但志愿服务在各方面的作用，比如完善基础设施、绿化清洁街道等，在一定程度上减少了财政资金的运用，提高了资源配置效率，促进了经济的发展。

二是有效服务和保障弱势群体。我国虽然建立了较为完善的社保体系，但在现实情况中，无论是市场还是政府，都有他们无法解决的问题。市场是趋利的，一些弱势群体的需要无法被市场满足，而当前政府也无法全面覆盖，这时候志愿服务可以为这一群体提供必要的帮助，填补社会保障的空缺。

三是促进社会和谐稳定。志愿服务的动机来源于志愿者对个人价值的追求和志愿者精神的信仰。在志愿服务中，他们有着共同的价值追求和目标选择，帮助他人的同时也在传递友爱，这有利于培育和践行社会主义核心价值观，传播正能量，促进社会的和谐稳定。

二、志愿服务的发展及走向

志愿服务起源于 19 世纪初，已经存在和发展了两百年左右，时至今日，仍在蓬勃发展。在新时代，习近平总书记对志愿服务寄予期望，他勉励志愿者和志愿服务组织、志愿服务工作者要立足新时代、展现新作为。①

（一）志愿服务的发展历程

1. 西方志愿服务的起源与发展

（1）萌芽阶段

西方志愿服务精神可以追溯到欧洲古老的宗教慈善观念。1869 年，英国为了协调政府与民间各种慈善组织的活动，避免重复服务对资源的浪费，在伦敦成立了“慈善组织会社”，简称 COS。COS 的工作内容包括：联络协调、调查访问、直接服务、员工训练。

曾经在北美大陆，一群因宗教迫害从欧洲移民到那里的人们，在困难的生活中互

---

① 参见《习近平时间｜志愿服务是社会文明进步的重要标志》，新华网，2019 年 12 月 4 日。

相帮助，逐渐养成了帮助别人的群体精神，这种精神被当作美德而保存下来，一大批心怀慈善的各阶层人士就成为最早的志愿服务人员。

（2）发展壮大阶段

从第一次世界大战到 20 世纪 50 年代，欧洲在慈善组织的基础上诞生了第一批志愿者组织。当时，由于战争给各交战国造成了巨大破坏以及交战国人民之间的敌视，这些志愿者组织主要是参与国家重建和加强各国人民之间的理解和沟通。

19 世纪末及 20 世纪初，欧美等国先后通过了一系列有关社会福利方面的法律法规。这些社会福利方案的实施需要动员和征募大量的志愿人员。在这种时代背景下，政府开始重视鼓励和发展志愿服务活动，培养志愿者，志愿服务队伍也因此发展壮大。

（3）规范化阶段

第二次世界大战以后，志愿服务工作进一步规范化，而且扩大成为一种由政府或私人社团所举办的广泛性的社会服务工作。志愿服务工作的重心不仅限于调整被救助者的社会关系和改善他们的社会生活，更在于调整整个社会结构与社会关系。从此，志愿服务工作逐渐制度化、专业化。

2. 我国志愿服务的起源及发展历程

（1）中国志愿服务的起源

在我国，虽然使用“志愿者”这一词汇的时间不长，但志愿精神却源远流长。早在春秋战国时期，儒家学派就提出“仁爱”的思想；墨家有“兼爱”“非攻”的学说。人人为我，我为人人，这就是早期的志愿服务思想。在这样一种助人为乐的文化背景下，古时的富足人家会开仓放粮，济弱扶贫，有“义仓”“义粮”之称，有时也会当街施粥，这些都是具有志愿服务精神的活动。

1979 年，第一批联合国志愿者来到中国偏远地区，在多个领域提供志愿服务。“志愿者”一词进入中国后，产生了南北不同的两个叫法，北方叫“志愿者”，南方叫“义工”，其实都对应一个英文单词——volunteer。

（2）中国志愿服务的发展

20 世纪 80 年代，国家号召社区志愿服务，我国建立起第一批社区志愿者组织。广东省是当代中国志愿服务的发源地之一，1987 年，全国第一条志愿服务电话热线在广州诞生；1989 年，全国第一个正式登记的志愿服务社团在深圳成立；1999 年，中国第一部地方性志愿服务法规《广东省青年志愿服务条例》颁布实施。

1993 年底，共青团中央决定实施中国青年志愿服务。同年 12 月，2 万多名铁路青年率先打出了“青年志愿者”的旗帜。1994 年 12 月 5 日，共青团中央成立了中国青年志愿者协会。

2000 年，已初步形成了由全国性协会、36 个省级协会和 2/3 以上的地（市）级协会及部分县级协会组成的志愿服务组织管理网络。

2008 年，北京奥运会举办，成千上万经过层层选拔和培训的志愿者们忙碌在奥运会的台前幕后。自此，我国的志愿服务更加规模化、品牌化。

到 2013 年 11 月，全国规范注册的青年志愿者人数已达到 4043 万，为社会提供了 6.9 亿小时以上的志愿服务。

2022 年，北京冬奥会和冬残奥会赛会志愿者用辛勤付出、坚强毅力、巨大勇气，以强烈的责任感、使命感、荣誉感，出色完成了各项工作任务，创造了无愧于祖国、无愧于人民、无愧于时代的光辉业绩。

（二）志愿服务的发展走向

志愿服务组织主要分为两大类，一类是由社区（村）居民工作者、事业单位工作人员等组成的志愿服务组织，另一类则是社会公益性的志愿服务组织。

就志愿服务现状来看，各地的志愿服务组织还处于初级发展阶段，数量不足，形式单一，志愿者的行为理念与能力等方面还应继续提高加强。

志愿服务的发展分为两方面。一方面是政府制定完善的政策体系以促进志愿服务组织的发展，为志愿服务人员提供保障，大力弘扬志愿服务精神，鼓励广大群众参与志愿服务活动。这样不论社会公益组织还是社区（村）居民工作者、事业单位工作人员等组成的志愿服务组织，其社会知名度都会相应提高，社会认同并理解志愿服务，也可以促使广大人民群众自发加入志愿服务组织或自我进行志愿服务活动。这不仅有益于社会，对志愿服务者本身也是一种自我升华。政府部门的重视与支持可以使志愿服务更加受欢迎，慢慢成为生活中的一种常态，从而更好地解决志愿服务在社会上理解性不高、志愿工作者数量不足等问题。另一方面是志愿服务组织自身水平不断提高。志愿服务组织应更大程度上加强管理，进行专业培训或者专题讲座等，以此方式提高志愿者们的专业能力，从而使志愿者更加专业，服务类型更加明确，志愿服务整体专业化水平更高。

志愿服务组织将成为一支志愿者人数庞大、社会服务形式多样化、志愿者行为理念专业化、社会高度评价的服务队伍。青年志愿者“奉献，友爱，互助，进步”的精神，也是所有志愿者们应具备的精神。而且志愿服务更能体现中华民族的传统美德，这是我们宝贵的精神财富。志愿者的爱像阳光一样让社会充满温暖，它超越国界、职业和贫富差距，没有文化差异与民族差异。

志愿服务将逐渐成为国家战略，国家会建立相应的法规政策体系。另外，志愿文化将呈现多样化，志愿者将从青年到全民，志愿服务将从社区到社会，志愿服务组织将分层发展，志愿服务项目将分类实施，“邻里守望志愿服务”将成为国际品牌。

（三）新时代下的志愿服务

党的二十大报告提出，要“完善志愿服务制度和工作体系”，这为未来中国志愿服务事业的发展指明了方向，提供了遵循。新时代新征程推动志愿服务事业高质量发展，必须深入学习贯彻习近平总书记关于学雷锋志愿服务系列讲话精神和党的二十大精神，关键要在中国特色志愿服务体系建设上下功夫见成效，这就要求必须立足顶层设计，推进地方实践，努力探索具有中国特色的志愿服务事业发展模式。

在中国志愿服务联合会第二届会员代表大会召开之际，习近平总书记发来贺信，向大会的召开表示热烈的祝贺，向广大志愿者、志愿服务组织、志愿服务工作者致以诚挚的问候。习近平总书记在贺信中谈道：“志愿服务是社会文明进步的重要标志。党的十八大以来，广大志愿者、志愿服务组织、志愿服务工作者积极响应党和人民号召，弘扬和践行社会主义核心价值观，走进社区、走进乡村、走进基层，为他人送温暖、为社会作贡献，充分彰显了理想信念、爱心善意、责任担当，成为人民有信仰、国家有力量、民族有希望的生动体现……各级党委和政府要为志愿服务搭建更多平台，给予更多支持，推进志愿服务制度化常态化，凝聚广大人民群众共同为实现‘两个一百年’奋斗目标、实现中华民族伟大复兴的中国梦贡献力量。”

而志愿服务作为社会活动的重要分支，其发展也进入新的阶段。新时代下的志愿服务作为精神文明建设的重要内容，是人类文明的重要标志，在新时代实现“两个一百年”奋斗目标，创造人民的美好生活进程中，志愿服务发挥着越来越重要、越来越积极的作用。

党和国家如今高度重视志愿服务的发展，具有中国特色的志愿服务活动也在不断发展，不断完善。在过去的几十年里，社会生活的整体环境发生了巨大变化，一方面，人们在物质财富空前增长的条件下，拥有着前所未有的物质和精神形态。同时，大众体验着互联网思维，形成了独具特色的社会心理。另一方面，随着时代的变化，社会的价值观与大众的思维方式发生着全方位的改变。因此，志愿思维、志愿模式也在不断发展完善。一是新时代的志愿服务已经成为中国共产党治国理政、建设中国特色社会主义的重要组成部分，已经被纳入国家经济社会发展规划，其在社会发展中的作用越来越受到重视。二是志愿服务制度化建设迅速发展，我国已经制定了许多关于志愿活动的相关标准。三是志愿服务法制化进程稳步推进，2017 年 12 月 1 日《志愿服务条例》实施，2019 年 6 月《中华人民共和国慈善法》开始实施，法律细则越来越完善。四是志愿服务活动在新时代深入人心，表现为志愿者人数和志愿服务组织的数量不断增加，并且更具规模。在党中央的领导下，多边志愿服务机制逐渐完善。

通过学习习近平同志及党中央的计划部署，我们可以将志愿服务的发展方向归纳为五个方面的内容：一是志愿服务事业要同“两个一百年”奋斗目标、同建设社会主义现代化国家同行；二是明确中国特色志愿服务的根本目标是提高人民思想觉悟、道德水准、文明素养，提高全社会文明程度；三是明确志愿服务在中国特色社会主义建设事业中发挥促进社会公平、推动社会融合的独特作用；四是概括中国特色志愿服务的实践特点，并从国家、民族发展的高度定位志愿服务的实践意义；五是明确中国特色志愿服务的发展方向和要求是制度化。我们要谨记“奉献，友爱，互助，进步”的志愿精神，并在青年一代中将其发扬光大，发挥志愿服务文化在社会文化中的精神引领作用。

因为新时代的志愿服务更多从青年人当中兴起，面向年轻人招募，因此新时代中特别强调青年在志愿服务中的作用。我们一直鼓励青年在志愿服务中找到生活意义、自我价值和人生目标，丰富精神世界，追寻人生意义；在志愿精神中深入理解以民为本的思想，志愿服务的奉献性与党全心全意为人民服务的关系，以及志愿服务的利他性与满足人民日益增长的美好生活需要的关系；在志愿活动的实践中全面提升自我，实现个人发展，进而推动社会发展，促进中国特色社会主义伟大事业的完成。

志愿者事业要同“两个一百年”奋斗目标、同建设社会主义现代化国家同行，这是习近平总书记对志愿者事业的谆谆嘱托。①

三、志愿服务体系

（一）志愿服务的基本类型

1. 助学型志愿服务

国家或社会通过某种形式来帮助贫困学子完成学业，需要志愿者牺牲个人时间与利益去参与如核查贫困学子的个人信息资料等内容是否属实、整理留存贫困学子的档案、宣传助学活动并募集资金为学子提供支持、跟进后续的助学工作、为受助学子答疑解惑等志愿活动。诸如此类的服务可以降低贫困学子就学的困难，减轻学子背后家庭的负担与压力，促进社会和谐发展。

2. 助残型志愿服务

助残志愿活动通过宣传平等对待残疾人、帮助残疾人学习基本的生活技能、为残疾人开展心理辅导等志愿活动，为众多残疾人提供了切实的帮助，大大减少了残疾人与大众的交流障碍，同时也让助残理念更加深入人心，有力地推动了残疾人事业的发展。

3. 助老型志愿服务

助老志愿服务主要对老年人，特别是一些孤寡老人、空巢老人、独居老人及特困

---

① 参见《着力健全青年志愿服务体系》，人民网，2019 年 11 月 26 日。

老人进行帮扶。助老志愿服务通过入户拜访、电话拜访、“寸草心”关老等形式给予老人情感上的关怀，为老人做一些力所能及的事情。例如，大学青年志愿者服务团经常开展为老人投放电影、老少同堂趣味运动会、教老人使用智能手机、暑期关老社会实践等助老志愿活动，弘扬了“老吾老，以及人之老”的传统美德。

4. 关注弱势群体型志愿服务

此类志愿服务主要包括贫困重症患者的募捐救助、流浪人员的物资关怀，同时，单亲家庭青少年关爱、问题家庭青少年关爱、孤儿关爱、家庭暴力干涉等也需要志愿者们采取相关的帮扶行动。此类志愿活动的开展有利于激励社会中更多的人去关注弱势群体，践行体会“奉献，友爱，互助，进步”的志愿精神。

5. 教育型志愿服务

教育型志愿包括教育指导、爱心帮教、志愿辅导、支教援教、医疗卫生扶持等活动，通过发挥志愿者的知识特长、理论积累为学校、社区、相关团体组织的大规模活动提供培训讲座等服务。同时，也为困难家庭子女和问题少年提供学习帮教，向边远贫困地区输送支教团进行教育援助等。例如，某高校每年开展“西部计划”，向六个边远贫困地区输送人才支教一年，充分弘扬了志愿者精神。

6. 社会公益型志愿服务

这项志愿服务包括：公共场所的志愿服务，即维持公共场所的秩序与卫生，营造良好的社会公共环境；健康医疗社会服务，即设立健康医疗服务点，宣传健康知识，为群众进行简单的医疗检查；政策法规宣传与普及；应急救援服务，即在自然灾害、重大事故和疫情防控期间，需要志愿者进行灾害现场帮助、医疗卫生服务、防控疫情出行等一系列服务，例如新冠肺炎疫情期间的志愿服务。

7. 社区公益型志愿服务

这项服务包括：社区生活服务，如志愿者开展禁黄、赌、毒知识宣传，消防安全知识的普及；社区文化服务，如社区文艺活动节等志愿活动。

8. 植绿护绿型志愿服务

顾名思义，这项志愿活动就是组织志愿者开展义务植绿、协助护绿等系列环保活动。如义务植树、捡拾垃圾等。

9. 创卫创模型志愿服务

这项活动包括：环保宣传，如节能减排、防治污染、保护物种等志愿宣传活动；城市净化美化，如清洁街道、种花种草等志愿活动；资源循环利用，常见的如对旧手机、电脑回收再加工等。

10. 治安维稳志愿服务

通过参与维护交通秩序、矛盾调解等志愿活动，保障社会稳定。

（二）志愿服务的体系建设

1. 志愿精神——价值体系基础

志愿精神与中华优秀传统文化一脉相承，与社会主义核心价值观相契合。中华民族有着助人为乐的优秀文化传统，“奉献、友爱、互助、进步”的志愿精神温暖、激励着每个人。志愿服务也是现代社会文明程度的重要标志。随着人类社会的文明进步，人们在物质生活水平提升的同时，更多地追求精神上的满足。这不仅体现在个人需求层面，还更多地表现为对社会所承担的共同责任和义务上。志愿服务精神是新形势下时代精神的集中凝聚，志愿服务活动是群众参与精神文明创建的有效途径。大力普及志愿理念、弘扬志愿精神，积极为人们关爱他人、奉献社会搭建平台，吸引和感召更多的人加入志愿服务行列，对于大力推进社会主义核心价值体系建设，不断提高公民文明素质和社会文明程度，具有重要的理论价值和实践意义。

（1）人类文明和民族精神的时代凝结

志愿精神是基于人类的道德和良知，以自愿和不图物质报酬的方式，为他人和社会提供服务的一种奉献精神。体现这种精神的志愿者行动成为人类文明的重要组成部分，在世界范围内从事志愿服务的千百万志愿者为人类和平与发展做出了积极贡献。

联合国前秘书长科菲·安南对志愿精神实质曾做如下阐述：“志愿精神的核心是服务、团结的理想和共同使这个世界变得更加美好的信念。从这个意义上说，志愿精神是联合国精神的最终体现。”以“奉献，友爱，互助，进步”为核心的志愿服务精神超越了地域、民族和文化界限，为世界各个国家、各个民族、各种文化所广泛认同，体现了人类对美好生活的共同向往和追求，是人类精神文明的结晶。

“奉献，友爱，互助，进步”的志愿精神与中华民族扶贫济困、助人为乐的传统美德具有一致性。中国传统文化儒、墨、道、佛思想中与人为善、助人为乐、家国融通、善济天下的仁爱伦理蕴含着丰富的志愿理念。当代志愿精神是传统美德、人类文明和时代精神的有机结合。它既是对中华民族团结友爱、助人为乐精神的继承和光大，也是社会主义本质要求在新时期的体现和弘扬。

（2）社会主义核心价值体系的实践载体

志愿服务反映了一个国家的文明程度，其精神理念与社会主义核心价值体系是完全契合的。在马克思主义指导下，具有中国特色的志愿服务精神，将促使更多的人加入到志愿服务的队伍中来，并促进社会主义核心价值体系中民族精神和时代精神的进一步构建。

“团结互助”是志愿行为的立足点，体现了社会主义核心价值体系的本质要求。因此，志愿服务是践行社会主义核心价值体系的有效载体。

志愿服务搭建了道德实践社会化的平台。它把个体的为善愿望变成群体的为善行为，显示出群体服务的优越性，发挥出组织的优势。一方面，这种活动平台，畅通了为人民服务的途径，在为善群体和需要服务的群体之间架起了一座爱心传递的桥梁。另一方面，也把自发的为善行为上升为自觉的为善行为。

志愿服务夯实了核心价值大众化的基石。没有广泛的群众基础，核心价值体系就难为广大群众所掌握、所接受。志愿服务以其公共性、公众性、公益性属性，充分激发了社会大众道德实践参与热情，使人们在平凡工作和生活中获得对于“崇高”的感悟和体验。

志愿服务作为善的精神，并没有高低贵贱之分，善行不论事大事小。“凡人善举”深得百姓喜爱，可敬、可亲、可学，也正因此才使爱心活动在广大群众中充满感召力，使道德追求成为广大人民群众的实际行动。

2. 志愿行为——社会创新实践

志愿服务是以利他为基本前提，不期望以任何形式索取经济回报的资源活动的统称。①

近年来，在团中央的号召下，中国大学生的志愿服务活动蓬勃发展，活动内容更加丰富，活动方式也更加多样。习近平总书记多次强调，创新是一个民族进步的灵魂，是一个国家兴旺发达的不竭动力。这就要求我们在进行志愿服务的时候，既要秉持着“奉献，友爱，互助，进步”的志愿精神，也要兼具创新意识，让志愿行为同社会一起进步，始终保持年轻、充满活力。

志愿服务作为社会文明发展程度的标志，对推动人类社会的进步和发展具有十分重要的意义。传统的志愿服务内容有探访老人、打扫社区卫生、指挥交通、集体募捐等，这些服务永不过时，永远是志愿服务的方向。但我们在进行志愿服务时，应与时俱进，顺应时代的要求，在人民群众有需要时挺身而出，如 2020—2021 年抗击新冠肺炎疫情时，无数青年志愿者投身抗疫事业，为人民的安全和社会的稳定做出了巨大贡献；此外，还有很多应时应景的志愿服务，如协助社区进行人口普查、治污降霾环保知识宣讲、老年人智能手机使用培训等。只有结合人民群众的实际需求，才能使志愿服务发挥更大的作用。

作为志愿服务事业的活跃力量，大学生群体具有年轻、有活力、有想法的特点，所以整合各高校的志愿资源，让大学生志愿者充分发挥其作用就显得尤其重要。我们期待高校在进行志愿服务实践时做到以下几点：

---

① 参见万巧《地方高校志愿服务体系构建与思政元素融合创新研究》，《黑龙江教师发展学院学报》2021 年第 4 期，第 13 页。

（1）发挥团组织力量，构建长效服务体制

高校共青团委应对大学生志愿服务活动进行指导，成为其有力后盾；对大学生志愿者及志愿者团体进行培育，为大学生志愿服务组织走向社会创造条件，实现志愿服务活动可持续发展。同时，按照项目化运作方式，把志愿者来源、服务内容、服务方式、服务对象、工作目标具体化，确保工作务实高效。尝试建立“大学生志愿服务专项基金”，实现对志愿服务工作的长期资金支持，解决志愿服务经费难的问题。

（2）整合资源，创新志愿服务形式

高校作为大学生志愿服务的重要依托，在大学生志愿服务过程中应整合内外部资源，发挥自身特色，不断创新志愿服务的形式，找到更丰富、更有效的志愿服务形式和载体，将大学生自我实现与社会发展结合起来。

（3）运用新兴媒体，搭建网络平台

手机、互联网作为信息传播的载体，其开放、快捷、互动、平等、自由的特征与青年学生年轻、活跃的内在特点相互结合，深受大学生欢迎。大学生志愿者利用QQ、微信公众号、微博等新媒体，为社会志愿服务受众与大学生志愿者的互动创造条件，使大学生志愿者了解服务受众的切实需求，也使社会及时了解高校志愿服务发展的新动态。同时，新兴媒体和网络平台也为各高校志愿组织凝聚共识、搭建平台，提升了大学生志愿服务新模式的有效性和影响力。

（4）针对服务需求，提升志愿服务质量

在了解服务受众需求的基础上，将志愿服务与大学生专业知识相结合，提高服务质量，着重发展以就业为导向的志愿服务项目，既可以对受众进行专业的志愿服务，又能通过志愿服务让用人单位了解志愿者、聘用大学生，有效促进大学生的整体就业。①

习近平总书记指出：“中国青年志愿者事业，是我们党领导的共青团在新的历史条件下创新工作领域、服务社会需求的一大创举。”我国青年志愿服务的起始与发展，与改革开放的推进同向同步。经过不断的努力，青年志愿服务已经发展成为青年广泛参与、社会影响深远的共青团青年工作品牌，是在社会主义市场经济条件下开展社会主义精神文明建设的重要实践与成果。② 志愿者们勤于实践、勇于创新，我国的志愿事业也将在一代又一代青年志愿者的传承下走向更光明的未来。

---

① 参见赵晶《高校大学生志愿服务创新模式研究》，《山东省农业管理干部学院学报》2012年第5期，第86页。

② 参见《青少年志愿服务发展与创新研究》，《新生代》2021年第2期。

3. 志愿组织——民主参与途径

(1) 志愿组织的类别与特点

首先需要明确什么是志愿组织，志愿组织是指以一定数量的志愿者组成，以开展或推广志愿行为、传播志愿精神为业务范围的群体、团队、组织和机构。

①志愿组织的类别

由于我国志愿组织大致在1978年建立，而国外志愿组织已经较为成熟，所以西方学者克雷默等人对志愿团体和志愿活动的研究分类对我国志愿组织有一定启发性。参考他们的研究并结合我国国情，我们将志愿组织分为正式和非正式两大类。正式志愿组织为政府承认且已经备案的志愿组织，他们的活动资金和项目绝大多数都来源于政府的支持和要求。而非正式的志愿组织未在政府登记备案，政府也未正式批准成立，这类志愿组织广泛存在于民间，大多是小组或小团队的规模，独立性较强，也更能发挥志愿作用。但由于民间资金和精力的限制，活动项目的规模较小，组织性和协调性不足，比较松散。

②志愿组织的特点

志愿服务组织是以开展志愿服务为宗旨的非营利性社会组织，是汇聚社会资源、传递社会关爱、弘扬社会正气的重要载体，是形成向上向善、诚信互助社会风尚的重要力量。志愿服务几乎是每个文明社会不可缺少的一部分，它是指任何人自愿贡献个人时间和精力，在不为物质报酬的前提下，为推动人类发展、社会进步和社会福利事业而提供服务的活动。这一概念既包括地方和国家范围内的志愿者行为，也包括跨越国境的双边的和国际的志愿者项目。志愿服务为发达国家和发展中国家福利的提高和社会进步做出了重要贡献。它是各国和联合国进行人道主义援助计划、技术合作、改善人权、促进民主与和平的重要组成部分。志愿服务突出地表现在非政府组织、专业协会、工会和其他民间组织的活动中。许多社会运动，比如在消除文盲、免疫和环境保护等领域，都主要依靠志愿者的帮助。

志愿性。志愿服务的精神是奉献、友爱、互助、进步，如前所述，“志愿服务是指任何人自愿贡献个人时间和精力，在不为物质报酬的前提下，为推动人类发展、社会进步和社会福利事业而提供的服务”。因此，志愿性是区别志愿组织与其他组织的首要特点。

半官半民性。由于我国志愿组织近些年刚刚兴起，目前较为大型的志愿组织都有着各级政府的支持或由其负责。

正规性。2016年7月，中共中央宣传部、中央文明办、民政部、教育部、财政部、全国总工会、共青团中央、全国妇联印发《关于支持和发展志愿服务组织的意见》。政府对志愿服务的内部体制的建立、管理进行了规划和指导。

（2）志愿组织建设与管理

①志愿组织建设、管理的基本原则

自愿原则。志愿者为自愿进行社会公共利益服务而不获取任何利益的活动者。通过内心真实意愿加入志愿者团队并参与志愿服务活动的志愿者能够以非功利的心态奉献自我、服务社会，其参与度更高、志愿服务效果更好，因此参与者及志愿服务团队组织管理都应遵循自愿原则。

能动原则。在志愿组织建设中，根据团队服务类型与受众，招募者应该充分发挥主观能动性，结合实际考虑团队内部组织结构，并有针对性地选择合适的人员组建一支协调优质的志愿服务团队；在志愿组织管理中，管理者应结合组织结构划分权力等级，进行合理有效的总体统筹与内外协调，进行团队日常运营与实践活动管理。

核心原则。在志愿服务团队组建中，需要领导者明确团队组建基本理念，保障招募者依据相应的选拔标准吸纳一批优质人才作为志愿者后备军；在志愿组织管理中，明确组织结构与权利关系，为维持志愿者团队秩序及良性发展提供制度保障。

平等原则。在志愿服务团队组建与日常管理中，要认识到招募者与被招募者之间、管理者与被管理者之间在工作指导外都是平等的关系，彼此之间平等互助，在双方受到充分尊重的前提下一同为志愿活动的顺利开展与团队有效管理贡献力量。

②志愿组织建设基本规划

组织框架划分。志愿组织框架原则上应综合考虑志愿服务功能与活动的策划、实践、宣传等流程，在保障各部门全面完善、相互协调的基础上进行部门职能分类，以精简、高效为原则对部门进行优化与整合。如某高校青年志愿者服务团，共设团长、副团长五人，下设秘书处、事务部、组织部、宣传部、网络部与关老委志愿者办公室六个部门，各部门设正副部长与干事若干。

志愿团队组建。设定志愿服务团队组织框架后，可以通过初试、复试等环节对面试者的志愿服务热情与态度、志愿服务经验、个人性格与能力等方面进行综合考察，再结合实际需要对面试者进行筛选，最后组建成一支高质量、多元化的志愿服务团队。

③志愿组织管理方式

团队文化培养。团队文化是团队各成员精神气质与团体灵魂所在，在团队日常管理中，要加强对志愿服务精神的强化，使团队成员对待志愿服务时真正做到“不忘初心”，对待工作严谨踏实、认真负责，同时也要注重培养团队内部的文化理念，根据成员实际情况建立和谐友爱又不失个性化的沟通交流氛围，增强志愿服务团队的凝聚力。

服务活动管理。在志愿服务管理中，组织者与领导者要以全局的眼光批判地看待活动整体流程，对外与所协助的活动主办方做好沟通协调工作，对内合理划分活动场地、分配人员，在活动中做好服务人员调度与服务质量监督等工作，确保志愿者高效地进行志愿服务活动。

服务活动总结。在每一次志愿服务活动结束后，领导者与参与者都需要对活动流程与活动内容进行总结与反思。可以通过团体会议等方式分享服务活动经验，并针对活动的不足提出意见或建议，将总结出的经验教训灵活运用到后续志愿服务活动中，以此实现志愿服务水平的逐步提升与志愿服务团体的逐渐进步。

4. 志愿人员——公民角色认同

(1) 志愿者的含义与特征

①志愿者的含义

志愿者的确立可追溯至第二次世界大战后福利主义抬头，但志愿者本身则自古以来就已存在，古时候的赠医施药者可被视为志愿者的雏形。志愿者的确立，是为了弥补政府对社会支援的不足，结合政府、商界及民间的力量为社会上有需要的人士服务。

联合国将志愿者定义为“自愿进行社会公共利益服务而不获取任何利益、金钱、名利的活动者”，具体指在不为任何物质报酬的情况下，能够主动承担社会责任而不获取报酬，奉献个人时间和助人为乐行动的人。

就中国的具体情况来说，志愿者是这样定义的：“在自身条件许可的情况下，参加相关团体，在不谋求任何物质、金钱及相关利益回报的前提下，在非本职职责范围内，合理运用社会现有的资源，服务于社会公益事业，为帮助有一定需要的人士，开展力所能及的、切合实际的，具一定专业性、技能性、长期性服务活动的人。”

②志愿者的特征

时代性。志愿者行动顺应了时代发展的要求，它着眼于为建立社会主义市场经济体制创造良好的社会环境，在建立和完善多层次社会保障体系方面有所作为；它弘扬新风正气，是新时期动员志愿者参与群众性精神文明建设活动的有效途径；它上为政府分忧，下为百姓解愁，帮困扶贫，救急救难，促进了社会发展和稳定；它引导当代青年在服务社会的实践中成长成才，具有鲜明的时代特征。

自愿性。志愿者行动以激发道义良知、同情心和公民社会责任感等为主要动员手段。组织者公开招募，参与者自愿报名，充分尊重了当代青年平等参与的意识。志愿者行动以自愿参加为前提，参加行动的动力来自参与者本身，因而参与者更具有积极性和责任感，有利于活动的持久和深入。

群众性。由于符合愿望和社会的需求，志愿者行动具有强烈的社会感召力和广泛的群众基础，是一项以青年为主体、全社会广泛参与、充满生机与活力的群众性活动。它已超越了空间、时间、职业等方面的局限，深入社会生活的各个方面，在全社会形成了强烈的辐射效应。各地、各条战线、各个行业的团组织结合自己的实际开展活动，使志愿服务从内容到形式都呈现出多样性。志愿者行动的参与面、发动面和服务面都比较广泛。

实践性。青年志愿者行动是一种生机勃勃的群众性社会实践活动，它既是实实在在的社会服务活动，又包含着深刻的思想政治教育内容，是两者有机的结合，具有帮助他人、完善自己、服务社会、弘扬新风的功能。青年志愿者实实在在的服务实践，使服务的主体和客体都发生深刻的变化。

开放性。志愿者行动立足现实，着眼未来，服务社会，教育青年，是一个开放的动态的系统，无论是内容还是形式，都具有丰富的内涵和极强的吸纳能力。志愿者行动是一项面向社会、面向世界、面向未来、充满勃勃生机的事业。它鼓励人们大胆探索，勇于实践，不断创造、丰富和完善它的内容和形式；它充分尊重和大力倡导各地各类志愿者组织在志愿服务方面的自主性和创造性，形成丰富多彩、富有特色的志愿服务活动和模式。

社会性。从发展目标来看，志愿者行动要逐步成为社会成员的一种日常行为，成为全社会广泛参与的一项社会事业。就推进手段而言，志愿者行动从组织发动、开展服务到机制建设，都十分注重开发和利用社会资源，调动社会各方面的积极性，形成合力，共同推进。

事业性。各地都坚持以办事业的精神和方式推进志愿者行动，积极探索使青年志愿者行动持续发展的途径、方式或机制。在开展活动的同时注意健全组织、稳定队伍、建立基金、形成项目，并创造和完善了使活动经常化、规范化的“一助一”“包户”“结对”“三定三包”等志愿服务形式以及在志愿者招募、使用、管理、培训、评价、奖励等方面逐步形成较为规范的制度，努力使志愿者行动成为一项跨世纪的事业。

（2）我国志愿者发展概况

中国志愿活动的兴起缘自政府自上而下的倡导和推动，并伴随城市社区建设和青年志愿者活动发展起来。

①初期的志愿者

当代中国最早的志愿服务莫过于“学雷锋”。毛泽东同志于 1963 年发出了“向雷锋同志学习”的号召，此后，全国范围内掀起了“学雷锋”的热潮。“学雷锋”活动可以说是新中国成立初期最具有志愿服务色彩的行动，为以后志愿服务事业在中国的发展打下了良好的基础。到了 20 世纪 90 年代，我国开始采用国际社会对公益活动的通用表述——“志愿服务”，其间经历了大概 30 年的时间。

20 世纪 80 年代，每年 3 月 5 日，为纪念雷锋和发扬雷锋精神，学生、青年人都会主动参与这项活动。此举在一定程度上引导了人们乐于助人的风尚。

1990 年，新华社以《谁说雷锋没户口，唐山雷锋月月有》为题编发通稿，向全国宣传推广河北省唐山市“月评学雷锋十佳事迹”活动，在国内外引起强烈反响。在唐山，"雷锋"不是三月来、四月走的"过客"，而是化身为每天都会给市民带来感动的身边好人。日常化的学雷锋评比探索出公民道德建设的新路径，使唐山有了"留住雷锋的城市"的美誉。

20 世纪 80 年代末，位于我国改革开放最前沿的一些南部城市，如广州、深圳等地，走在改革浪潮的前列，为帮助外来新移民尽快实现创业或安居梦想，开始有了借鉴香港、澳门等地从事志愿服务事业的"义工组织"。他们将学到的优点同我国内地的"学雷锋"活动相结合，互相取长补短，打开了我国志愿服务的新局面。

②发展中的志愿者

1987 年广州市开通全国第一条志愿者服务热线电话——"中学生心声热线"3330564，用粤语说就是"心中的情你尽诉"。

1990 年 4 月，深圳市义工联合会注册成立，它是中国第一个正式注册的志愿者团体。到 1993 年底，它已经成长为拥有 400 多名个人会员，具有一定影响力的社会代表性团体。1999 年注册义工达到 3 万人，已发展壮大为社会各阶层积极参与、拥有相当服务力量、服务社会各个领域的社会群众性团体。

1989 年 3 月 18 日，天津市和平区成立了我国第一家志愿者协会。1988 年，和平区新兴街朝阳里社区 13 名党员自发组织开展邻里互助活动，天津市和平区委、区政府对此给予了大力支持，并积极向全区推广新兴街社区志愿者服务的做法，全区 12 个街道办事处都相继建立了社区服务志愿者协会组织。不久之后，社区志愿者服务这种做法经民政部迅速推广到全国各地。

经过基层群众创造，政府部门大力推广，志愿服务事业于 20 世纪在全国范围广泛铺开。"志愿者"不再仅仅是一种称呼，而日渐成为公民的一种精神内涵和生活方式。

1993 年 12 月 19 日，在共青团的号召下，2 万余名青年亮出"青年志愿者"旗帜，在京广线开展为旅客送温暖志愿服务，标志着中国青年志愿者行动正式启动。2013 年 12 月 2 日，国务院新闻发布会发布《中国青年志愿者行动 20 年报告》，截至 2013 年 11 月底，在全国各省（区、市）、主要行业系统以及所有市（地、州、盟）、2763 个县（市、区、旗）和 2000 多所高校建立了青年志愿者协会，并建立了 13 万个志愿服务站（基地），形成了比较完善的志愿服务组织体系；经过规范注册的青年志愿者达 4043 万名。

中国社会工作协会成立于 1991 年 7 月，它下设志愿者工作委员会，在全国范围内开展社区志愿者的建设，成立中国最大的志愿者门户中国社区志愿者网站，搭建中国志愿服务支持平台，为志愿服务发展募集社会资源。

截至 2010 年，全国社区志愿者组织已经达到 28.9 万个，每个社区至少有三支以上的社区志愿服务队伍，社区志愿者人数达 2900 万人，其中注册社区志愿者达到

599.3万人，参与社区志愿服务活动超过5000多万人次，服务小时数达1500万小时。北京、上海、天津、山西已全面推行志愿者注册登记制度。

志愿事业与社会文明、人文精神的传播有密切的关系，在社会主义精神文明建设中具有越来越重要的作用。部分地区采取依托精神文明建设委员会领导与推动的方式，也取得非常好的效果。由于各地区精神文明建设委员会是党政领导担任主要负责人，各相关部门领导作为成员，具有较大的社会影响力，有利于推动志愿事业的进一步发展。

③新世纪的志愿者

2001年被联合国确定为“国际志愿者年”，外经贸部、团中央共同发起成立了“中国2001国际志愿者年委员会”，中国志愿服务事业开始为世界所了解。志愿服务活动向多元化、规范化、法制化发展。

同时，党和国家以“国际志愿者年”为契机加快推进志愿服务事业的发展，党员志愿者、社区志愿者、职工志愿者、青年志愿者、巾帼志愿者、老年志愿者、扶残助残志愿者等各类志愿服务队伍十分活跃。由此，我国进入了包含党群组织、社区组织、企业组织以及个人自愿参与的中国志愿服务事业的多元化发展的年代。2006年4月，国务院下发了《关于加强和改进社区服务工作的意见》，《意见》指出：“积极组织开展社区志愿服务活动。培育社区志愿服务意识，弘扬社区志愿服务精神，推行志愿者注册制度。”该文件的颁布，使我国社区志愿服务开始进入规范化建设阶段。

2006年10月11日，中国共产党第十六届中央委员会第六次全体会议通过《中共中央关于构建社会主义和谐社会若干重大问题的决定》，首次提出了建立社会志愿服务体系，并指出要“以相互关爱、服务社会为主题，深入开展城乡社会志愿服务活动，建立与政府服务、市场服务相衔接的社会志愿服务体系”。

2007年10月，党的十七大报告指出，要“完善社会志愿服务体系”，进一步强调了要为社区志愿服务提供制度保障。

党的十八大以来，习近平总书记多次就志愿者工作做出重要指示，并且给志愿者群体回信。在习近平总书记关心鼓励下，新时代的中国青年豪情满怀，把理想转化成行动的力量，带着知识和本领到西部、到基层、到祖国最需要的地方去，把边疆和基层作为最好的课堂，在磨砺中经风雨、长才干、壮筋骨。习近平总书记指出，志愿服务是社会文明进步的重要标志，是广大志愿者奉献爱心的重要渠道。志愿者事业要同“两个一百年”奋斗目标、同建设社会主义现代化国家同行。

（3）志愿者的法律保障与支持资源

志愿服务是现代社会文明进步的重要标志，是加强精神文明建设、培育和践行社会主义核心价值观的重要内容。近年来，志愿服务组织和志愿者在社区建设、扶贫济困、环境保护、大型赛会、应急救援等领域，开展了形式多样的志愿服务活动，对推进精神文明建设、推动社会治理创新、维护社会和谐稳定、增进民生福祉发挥了重要作用。但与此同时，我国志愿服务事业也存在活动不够规范、权益保障不够有力、激励机制不够完善等问题。

2017 年 8 月，国务院颁布《志愿服务条例》，在法律层面明确规定了志愿服务相关主体的合法权益。

在法律保障层面，《志愿服务条例》规定：开展志愿服务，应当遵循自愿、无偿、平等、诚信、合法的原则，不得违背社会公德、损害社会公共利益和他人合法权益，不得危害国家安全。志愿服务组织招募志愿者应当说明有关信息以及在志愿服务过程中可能发生的风险；志愿服务组织安排志愿者参与志愿服务活动，应当与其年龄、知识、技能和身体状况相适应，并提供必要条件，解决其在志愿服务过程中遇到的困难，维护志愿者的合法权益；需要专门知识、技能的志愿服务活动，应当对志愿者开展相关培训；志愿服务组织应当如实记录志愿者的志愿服务情况等信息，无偿、如实为志愿者出具志愿服务记录证明；志愿服务组织、志愿服务对象应当尊重志愿者人格尊严，未经志愿者本人同意，不得公开或者泄露其有关信息，不得侵害志愿服务对象个人隐私，不得向志愿服务对象收取或者变相收取报酬。任何组织和个人不得强行指派志愿者、志愿服务组织提供服务，不得以志愿服务名义进行营利性活动；任何组织和个人发现志愿服务组织有违法行为，可以向民政部门、其他有关部门或者志愿服务行业组织投诉、举报。民政部门、其他有关部门或者志愿服务行业组织接到投诉、举报，应当及时调查处理；对无权处理的，应当告知投诉人、举报人向有权处理的部门或者行业组织投诉、举报。

在支持资源层面，《志愿服务条例》规定：政府应当根据经济社会发展情况，制定促进志愿服务事业发展的政策和措施，合理安排志愿服务所需资金；政府及其有关部门应当为志愿服务提供指导和帮助，可以依法通过购买服务等方式支持志愿服务运营管理，对有突出贡献者予以表彰、奖励，采取措施鼓励公共服务机构等对有良好志愿服务记录的志愿者给予优待；鼓励有关单位、组织为开展志愿服务提供场所和其他便利条件，在同等条件下优先招用有良好志愿服务记录的志愿者，将学生参与志愿服务活动纳入实践学分管理。

志愿者的组织建设与社会的良性发展离不开对志愿者权益的保障与支持。通过对志愿者的权益进行保障与支持，能够了解并满足志愿者的需求，对志愿者进行科学管理，完善志愿者组织结构与制度发展；激发志愿者潜能，在实现志愿者自身价值的同时，也促进了志愿组织整体目标的实现。同时，这些保障与支持也能够鼓励更多的人员参与到志愿服务活动中来，壮大志愿者队伍，实现志愿服务的可持续发展。

大学生志愿者作为当代志愿者当中的活跃群体，在志愿服务中发挥着重要的作用。与其他志愿者群体相比，大学生志愿者社会经验较少、看待事情较为理想化，部分大学生志愿者缺乏对志愿服务的正确认识，把志愿服务当作一种慈善活动，在服务过程中不懂得维护自己的合法权益。同时，某些志愿服务机构也存在着将大学生志愿者当作免费劳动力、缺乏对大学生志愿者基本的尊重、忽视保障志愿者权益的现象。基于此，大学生志愿者应积极学习志愿者法律保障的相关条例，明确自身的角色定位，增强法律意识与维权意识，增强自我保护能力，正确使用法律武器维护自己在志愿服务活动中的合法权益。在志愿服务当中，大学生志愿者也应该合理争取与利用相关支持资源，在提升自己价值的同时，将志愿服务活动效率效果最大化。

（4）志愿者的个人素养与能力

作为一名志愿者，我们应该严格要求自己。我们代表的不仅仅是我们自己，而是志愿者这个群体，所以我们更应该注重培养个人素养与能力。

①个人素养

培养乐观向上的生活态度。志愿服务本身便是志愿者以饱满的热情全心全意地去帮助那些需要帮助的人。只有志愿者们保持乐观向上的生活态度，才能将自己的生活态度传递下去。

树立诚实守信的品格。志愿者在志愿活动中要做到诚实守信，不虚报参加过的志愿活动与参加志愿活动的时长。

发扬团队精神。团队精神是大局意识、协作精神和服务精神的集中体现，它的核心是协同合作。首先，每一名志愿者都应树立大局观，要以大局为重，要站在整个活动的角度去考虑问题，不能因为自己的一些状况而影响整个活动。其次，要有协作精神。俗话说，“单丝不成线，独木不成林”，我们每一次志愿活动都是通过和其他志愿者合作完成的。当一个活动以团队的形式进行的时候，就一定要有协作精神，一定要学会通过团队合作的方式解决问题。正如《淮南子·兵略训》中所写：“千人同心，则得千人力；万人异心，则无一人之用。”只要大家心往一块想，劲往一处使，朝着一个共同的目标前进，我们的志愿活动就会向着更好的方向发展。最后，要有服务精神。志愿活动本身就是一种服务，每一名志愿者也都在用实际行动践行着服务精神。

学会尊重。在一个志愿者组织里，要学会尊重老师、学长学姐以及自己的搭档们。老师会给予方向，学长学姐们会将他们所掌握的技能倾囊相授，搭档会为我们分担一部分工作，每一个人都在为我们顺利地完成工作、活动默默地提供支持。另外，要学会尊重他人的劳动成果，尊重他人也是尊重自己。

学会包容。在志愿活动中，要善于沟通、善于交流、善于倾听，能够包容搭档们的不同想法。

要守时守纪。“没有规矩，不成方圆。”一个好的志愿者组织机构一定会有严明的纪律，而每一名志愿者需要做的就是守时守纪。做到志愿服务不迟到不早退，更不应无故退出志愿服务。要遵守志愿者组织机构的各项规章纪律，更要遵守法律法规和校规校纪。

具备基本的文明礼仪。作为一名志愿者，在志愿服务中难免会和其他人接触，在此过程中，应该注意着装整洁、言谈举止得体等基本文明礼仪。

②能力

学会思考。作为一名志愿者，首先要学会思考。思考什么样的人需要帮助、要通过什么方式开展志愿活动等一系列问题。只有勤于思考，我们才能够更顺利地开展志愿服务活动。

学会沟通。良好的沟通能力不是命令其他人去做某些事情，而是用心去交流。良好的沟通既能让彼此互相熟悉，又方便工作的开展。

有耐心。在志愿活动中，我们难免会遇到一些重复性的工作，这个时候就需要志愿者保持耐心，只有沉下心来去做，才能保证志愿活动能够顺利完成。

热爱生活。热爱生活的人往往拥有一颗善良的心。保持对生活的热爱，用心去感受生活中的美好，同时把自己对生活的热爱转化成对志愿活动的热情。将这份爱、这份美好、这份热情运用到每一次志愿活动之中。

持续学习。每一名志愿者都应该不断地提高自己的个人素养与能力，找到自己的不足，并及时改正。努力做到最好，让自己成为一名优秀的志愿者。

（5）志愿者的培育

志愿者作为高校的一项重要资源，是高校公益服务的主要力量。目前，志愿服务正朝专业化、职业化方向快速发展，但与此同时，志愿服务也存在着志愿者服务质量不高、志愿服务价值难以体现、志愿者服务动力不足等问题。

基于上述问题，在培育综合性优秀志愿生力军、激发志愿者活力、促进志愿服务发展等方面，我们提出以下建议：

①组织集体课程，构建志愿者知识体系

通过各种渠道招募到的志愿者，能力、志愿认知、意愿等各不相同，因此为其开展统一的志愿服务课程很有必要。课程内容包括志愿者基础知识、专业服务价值、服务对象特征、服务方法与沟通技巧、志愿者团队管理、志愿者注册登记、志愿者服务管理、志愿者能力建设等方面。课程学习可以丰富志愿者的知识体系，深化志愿者对于志愿服务的认知，进而提升其服务能力，为接下来的公益服务创造更大的价值。

②提供丰富的志愿活动，搭建更广阔的志愿平台

目前，各高校志愿者服务团的志愿者人数较多，但在注重志愿者数量扩张的同时，

却忽略了志愿者服务岗位的提供，以及优秀志愿活动的开展。志愿者需要有发挥能量的平台，这恰恰是各高校志愿者服务组织所应努力的方向之一。对此，各高校志愿者服务团应制订详细的志愿者发展管理计划，尤其是在志愿者服务项目设计方面，多开展一些富有实践意义、志愿特色，可提高志愿组织影响力的新式活动。同时，服务团还可以整合外界资源，通过多种志愿服务为志愿者发挥作用创造机会。比如，收集个人及志愿者团队的服务意愿和需求，针对高校志愿服务进行需求分析和梳理，再结合志愿者个人能力及优势，形成志愿者内部的资源库，然后有针对性地链接外界资源并进行匹配，从而更好地开展公益服务项目。

③加强督导跟进，推动志愿者自主发展

志愿者在开展服务的过程中，或多或少会遇到一些自己无法处理的问题，此时，我们就需要给志愿者开展督导工作，推动志愿者实现个人能力的提升，进而促进整个团队的成长。可通过个别督导、团体督导、志愿者表彰和服务授权等方式，实现志愿者及志愿者组织的自我管理、自我服务及自我发展，充分体现赋权与自主相结合的发展过程。在此过程中，我们只需要扮演好督导者、教育者、组织者、协调者、资源整合者等角色，充分相信志愿者，授权给志愿者，使志愿者的综合服务能力得到提升，进而有能力、有信心、有意愿参与到长期的志愿服务中。

④注重关怀，增强志愿者的集体归属感

各高校志愿服务团可以开展属于自己的“家”文化，让志愿者们感受到服务团的温暖与舒适，给予志愿者们更多的关怀，为志愿者们的服务活动提供更佳的后勤保障，从而提升其对服务团的归属感和责任感。

⑤让志愿精神成为内心的一种高尚情怀

情怀是人内心深处的一种精神力量。那些真正发自内心热爱公益的人士基本都拥有仁爱精神，不为外界名利所动，只为自己内心的诗和远方。让志愿精神升华为一种情怀，需要时间的历练，需要外界的认同，更需要自己心路历程的考验。无愧于他人，更无愧于自己的良心，才是一个纯粹的志愿者。

培育优秀的青年志愿者任重道远，这不仅需要志愿者服务团本身乃至各大高校的努力，更需要整个社会齐心协力。希望志愿者遍地开花，为整个社会增添更多的温暖与关爱。

新时代的志愿服务已经成为促进我国社会健康发展的结构性因素。要敢于实践、勇于探索、善于创新，力争让中国特色志愿服务体系的顶层设计更为系统、内容架构更为成熟、运行机制更为顺畅。未来的志愿服务发展要扎根基层、立足社区，创新理念、创新思路、创新手段，处理好服务与治理、传统与现代、专业化与社会化的关系。新时代新征程，中国特色的志愿服务体系必将日益完善，志愿服务事业也将获得更高质量的跨越式发展，为全面建设社会主义现代化国家贡献更大力量、发挥更大作用。

实践活动

请与同学结组，对你所在学校退休老教师的生活情况进行调研，制订调研计划，形成调研报告，并组织开展志愿服务活动。

活动目标：______________________________

活动计划：______________________________

活动结果：______________________________

活动评价：______________________________

第二节　社会实践劳动

一、大学生社会实践概述

习近平总书记指出："要坚持知行合一，注重在实践中学真知、悟真谛，加强磨练、增长本领。"坚持向实践学习，对于大学生的成长成才至关重要。新时代的社会实践活动对于深刻领会党的二十大的主题，深刻领会过去 5 年的工作和新时代 10 年的伟大变革，深刻领会开辟马克思主义中国化时代化新境界，深刻领会新时代新征程中国共产党的使命任务，深刻领会中国式现代化的中国特色和本质要求，深刻领会社会主义经济建设、政治建设、文化建设、社会建设、生态文明建设等方面的重大部署，深刻领会教育科技人才、法治建设、国家安全等方面的重大部署，深刻领会国防和军队建设、港澳台工作、外交工作等方面的重大部署，深刻领会坚持党的全面领导和全面从严治党的重大部署具有重要意义。

（一）大学生社会实践的含义及特点

大学生社会实践是大学生在学校和老师的指导下，利用自己的课余时间，针对自己感兴趣的话题或者社会热点，结合自身的专业知识与技能，走出校门，步入社会，深入实际，用心观察，用心思考，用心感受，将理论与实践相结合，提高自身能力，树立正确价值观，完成课题研究的过程。

就目前来看，大学生社会实践活动有以下几个显著特点：

1. 关注社会热点，紧跟时代前沿

随着科技的进步，信息传播速度加快，大学生对社会热点的关注度和了解度也越来越高，社会热点话题为大学生社会实践的选题提供了鲜明的导向。在校大学生的社会实践选题方向往往是将自己所学的专业知识与社会热点相结合，将自己在课堂上所学的书本知识实践于社会，紧跟时代前沿，进行研究、探索与社会调查。

以某高校为例，多支理论普及宣讲团以讲座、朗诵、演讲等形式走进基层，紧跟时代热点，参与乡村振兴战略实施；多支美丽中国实践团通过深入基层，对社会经济的转型升级以及保护环境、建设美丽中国做出了自己的贡献。新冠肺炎疫情期间，对于"关于疫情下旅游景点的恢复与发展的实践""疫情后河北省重点行业复产复工及保障情况调研暑期社会实践"等疫情后经济的恢复发展相关课题开展调查。为迎接冬奥盛会，对"基于居民感知的大型赛事对城市发展的影响研究——以 2020 年冬奥会为例""冬奥会效应下张家口市文化产业发展影响调研"等人们所关心的冬奥会及相关问题进行实践活动，关注社会热点，立于时代前沿。

2. 重视新媒体技术应用

近年来，新媒体行业发展迅速，新媒体在信息传播及推广上具有成本低、速度快、影响大等特点。微信、微博、抖音等新媒体应用软件越来越深入人们的生活，大学生在社会实践活动中对新媒体的应用也逐渐增多。在疫情防控的大背景下，很多高校学生利用新媒体技术，通过线上实践的方式开展社会实践，既满足了疫情防控的要求，又在最大程度上保证了社会调研的实践性和宣传性。

3. 团队协作，效率较高

社会实践活动对学生的集体协作能力有着较高要求。调查显示，多数大学生在参加社会实践活动时以团队为单位进行报名，集体完成课题调研。团队成员需要克服合作时出现的问题，相互配合，展现各自优势。团队要通过合理的分工，使团队里的每个人都能够最大限度地发挥自己的长处，从而更高效地完成任务。

4. 类型多样

大学生社会实践活动类型丰富多样，如以革命传统教育为主题进行的社会实践活动、以考察社情为主要内容开展的社会实践活动、以关爱为主题开展的社会实践活动等，大学生可以根据自身的实际情况选择。

（二）大学生社会实践的功能和意义

大学生社会实践活动的功能和意义主要体现在以下两个方面：

1. 了解国情，提高学生思想政治素养，增强社会责任感

习近平总书记说，我们这一代是生逢盛世，更应当肩负重任。社会实践活动会让大学生们离开单纯的学术研究领域，将关注点放到社会生活中去，放到我国国情里去，让青年们增强自身的社会责任感，为社会贡献出自身的一份力量。提高学生的思想政治修养，让青年在实践活动中深刻体会到中国共产党在社会主义现代化建设中的领导地位，弘扬以伟大建党精神为源头的中国共产党人精神谱系，用好红色资源，深入开展社会主义核心价值观宣传教育，深化爱国主义、集体主义、社会主义教育，使得青年学生们早日成为中国特色社会主义事业的建设者和接班人。

2. 提高将理论知识应用于社会问题的能力

社会实践活动可以将学生们的理论知识转化为实践能力，让学生们走入社会，走到群众中去。锻炼学生们解决社会问题的能力，真正做到理论与实践相结合。

（三）大学生社会实践的发展历程与现状

1. 大学生社会实践的发展历程

大学生社会实践活动一直处在不断发展的过程中，主要包括以下几个阶段：

第一个阶段是社会实践活动恢复发展时期。20 世纪 80 年代，国家希望大学生们可以走出学术的象牙塔，更多地去了解国情现状，积极投入到社会主义现代化建设中去，

各大高校积极响应。这一时期的社会实践活动以义务劳动、社会调查为主要形式。

第二个阶段是社会实践活动蓬勃开展时期。到了20世纪90年代，大学生社会实践活动推出了两个重点工程，即“青年志愿者”活动和“大学生科技文化服务”活动，这两个重点工程成为当时大学生们参与社会实践活动的主要形式。

第三个阶段是21世纪前十年，大学生社会实践活动得到创新发展。这一时期的社会实践活动更加注重对大学生创新能力的提升，与当时的时代背景紧密结合，主要围绕科学发展观、西部大开发、迎奥运等展开实践调研。

第四阶段是2010年至今。习近平总书记指出，要加快推进教育现代化，建设教育强国，培养勇担民族复兴大任的时代新人。各大高校加强对大学生思政教育的培养，不断强化以践行社会主义核心价值观为要求的社会实践活动，让社会主义核心价值观在日常生活中广为传播。

2. 大学生社会实践活动的现状

大学生社会实践活动作为高校教育链中的重要一环，正在不断发展进步。首先是学生参与度较高，数量颇丰，以某高校为例，每年参与社会实践的团队数量都在数百支，参与人数数千人；其次是在选题上呈现出多样化的特点，项目选题涉及疫情防控、冬奥会、传统文化、红色基因、城乡发展、乡村振兴、医疗下乡、留守儿童、脱贫攻坚等众多主题内容。但当前我国大学生的社会实践活动仍有不足之处，存在形式主义、认识不够深刻等问题。

二、“三下乡”社会实践活动

大学生“三下乡”活动是指“文化、科技、卫生”下乡。1996年始，由中央宣传部、中央文明办、教育部、科技部、司法部、农业部、文化部、卫生部、国家人口计生委、广播电影电视总局、新闻出版总署、共青团中央、全国妇联和中国科协14部委联合开展。此活动旨在引导广大青年学生在深入社会、了解国情、接受锻炼的过程中培育和践行社会主义核心价值观，扎根中国大地了解国情民情，坚定理想信念、站稳人民立场、练就过硬本领、投身强国伟业，进一步增强“四个意识”、坚定“四个自信”、做到“两个维护”。活动分为立项组队社会实践和自主返乡社会实践两部分。

（一）立项组队社会实践

立项组队社会实践以师生组队为主要形式，可以跨地区、跨校区及跨学院和专业进行组队。根据本年度实践主题，发展传统项目，打造特色实践品牌。通过组队安排、选题立项、策划准备、实施执行与成果展现等方式开展，一般包括重点项目团队和一般项目团队。

1. 实践开展基本原则与要求

坚持育人为本。让大学生在实践中增长才干，坚持实践出真知的理论，将社会主义核心价值观教育融入实践全过程，使大学生树立正确的世界观、人生观、价值观。

坚持理论联系实际，将课内与课外相结合，将个人技能与社会实践相结合，将“学”与“用”相结合。将学到的知识运用于社会实践，加深知识的理解，实现知行合一。

坚持整合资源。在社会实践的过程中，将资源分门别类，有序整合，可以为后续的工作节省时间和精力，也可调动学生参与的积极性。

2. 分类形式与运作模式

大学生立项组队社会实践形式包括理论普及、依法治国、科技支农、教育关爱、文化艺术等众多团队形式。主题包括脱贫攻坚、科技创新、发明创造、科普宣传、创业训练与实践等，围绕社会主义核心价值观开展调查研究，提出问题、发现问题、分析问题、解决问题，通过科学的研究论证，最终形成一定的调研成果。

运作模式呈现多样化特点，如某高校社会实践采用“项目化”运作模式，将大学生社会实践活动按照科研项目申报立项的方式进行规划指导和管理。在国家全面实施素质教育、着力提升高等教育质量、实现内涵发展的新形势下，进一步加强社会实践育人工作，引导青年学生在社会实践中深入基层、认识国情，培养科学研究意识，是一种有利于提高实践能力和创新能力的育人新模式。

3. 流程与内容设计

(1) 选题立项篇

社会实践的开展并不是从大学生走出校门那一刻才开始，而是在大量的前期准备工作时就已开始。在选题时要注意认真查阅实践选题所涉领域的法律法规，深入了解相关国家政策。比如，大学生要到农村去普法，就要先学好宪法以及农民生活中常用的法律，还要学习国家相关惠农政策和乡村振兴计划等。

根据团中央和教育部门的相关安排，组建团队的种类和主题丰富多样，举例如下：

理论普及宣讲团：重点围绕习近平新时代中国特色社会主义思想和相关时代精神，开展宣讲报告、学习座谈、调查研究、政策宣传等形式的社会实践活动。

依法治国宣讲团：重点围绕实施主题普法规划，开展法律法规宣传、法治建设宣讲、法治成果展示等形式的社会实践活动。

科技支农帮扶团：重点围绕脱贫攻坚和乡村振兴，开展农技培训推广、农业科普讲座、金融知识下乡、乡村规划引领、乡风文明宣传等形式的社会实践活动。

教育关爱服务团：重点围绕青年志愿者关爱农村留守儿童志愿服务项目和“情暖童心”关爱保护农村留守儿童工程，坚持扶贫与扶志扶智相结合，开展学业辅导、亲情陪伴、自护教育、素质拓展、敬老孝亲等形式的精准关爱志愿服务活动。

文化艺术服务团：重点围绕培育和践行社会主义核心价值观，开展艺术创作、惠民展演、全民阅读、文化普及等形式的社会实践活动。

爱心医疗服务团：重点围绕健康中国战略开展健康普查、巡回医疗、流行性疾病防治、基本医疗卫生知识普及，或者按照相应主题开展社会实践活动，如助力疫情防控和复工复产（以学生专业技能为依托，在科学精准有效的防控措施保障下，鼓励学生参与社区防控排查、社会秩序维护、疫后心理疏导、医护子女辅导、便民利民服务、关爱留守儿童、参加生产劳动、典型事迹宣讲等实践活动）、投身打赢脱贫攻坚战（在疫情低风险地区可以开展政策解读、实地调研、技能培训、医疗扶持、电商带货、就业服务、资源对接、信息服务、志智双扶等活动，帮助贫困地区群众解决实际问题，在参与打赢脱贫攻坚战中凝聚力量、贡献智慧）、参与乡村振兴战略实施（鼓励在乡大学生投身乡村振兴，开展基础教育、医疗卫生、服务三农、青年工作、基层社会治理等领域的实践活动，帮助发展乡村产业，改善基础设施，美化乡村环境，促进公共服务，提升乡风文明，促进基层团的工作）等。

各高校探索“云”组队实践方式，充分利用互联网实现实践目标，结合已有实践基础、实践基地等深挖品牌，延续传统；结合专业特色、专业教师特长等开展实践，力求实践有效果，有成果；结合大学生创新创业竞赛、挑战杯竞赛等学生竞赛开展实践。

立项阶段需要以学院为单位进行立项申报，由学校团委统一组织开展评审活动，准予团队立项之后，会下发各项目立项书。评审主要是对理论与实践相结合情况进行评价。

前期评价。在社会实践开始之初，对组队情况、方案策划、宣传准备等影响实践活动操作过程中的可行性，活动的初步影响和能否顺利开展等因素进行评价。同时，以此项目是否能对学生本人接触社会、了解国情、提高能力、奉献社会等有所帮助为评价标准之一。

中期评价。重点评价是否如期开展实践，以及实践过程中展现的创新能力、合作能力、表达能力、解决问题能力和活动报道等。

后期评价。从完成实践情况、宣传效果、产生社会影响等方面按照等级邀请权威专家进行评价，并且参考学生自评、团队自评等进行评价。

（2）策划准备篇

第一步，组建实践团队。实践团队是大学生进行社会实践的最佳单位，大学生可以在团队建设中多分享、多交流，提升自己的思维能力和实践能力。一个团队需要有好的指导教师，好的指导教师能引导实践团队朝着优秀的方向发展；要有组织能力和协调能力强的队长，队长主要负责全队的组织和工作的整体协调和把控；要有不同技能的队友，如技术型、社交型、宣传型、生活型等多种多样的人才。根据自身特点安排写稿、安排日常生活、与外界联系、经费管理、拍照摄影等实践工作，每个队员的闪光点都可以得到体现。应塑造独特的团队文化，通过彼此间的沟通、交流、分享，加强理解与信任，增强集体荣誉感，形成凝聚力和战斗力。

第二步，制订计划和方案。科学、严谨、详细的计划和方案是准备阶段最重要的环节，它决定了整个社会的实施方向。计划方案要在学校的总体安排下，进一步明确实践的主题、目的与意义、内容和形式、预期成果行程安排等，要有明确的实践主题和思路，要对实践的任务目标、参与形式、成果体现等各方面进行全方位规划，并且要制订可靠的安全预案，杜绝安全事故。

第三步，参加培训会。各个团队应积极参加由学校组织的培训会，内容主要包括社会实践总体流程培训、“三下乡”新闻稿写作培训、照片拍摄培训、礼仪培训、安全培训等。

【社会实践总体培训（以某高校为例）】

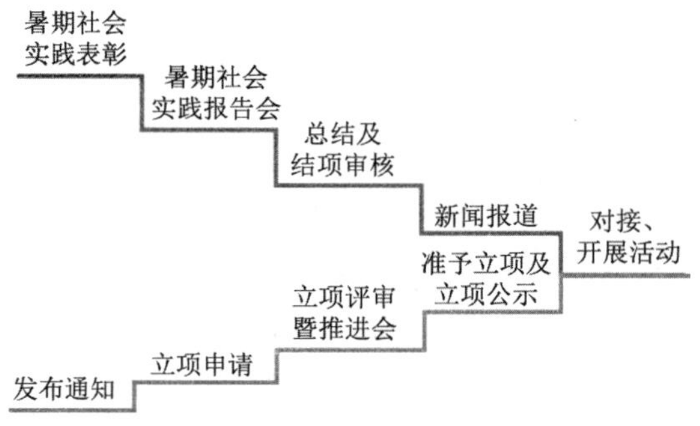

【“三下乡”新闻稿写作培训】

第一，选准一个“镜头”（包括选准一个片段、一个情节），加以“放大”。

第二，要抓住人物和事物的特点。

第三，要抓生动的形象，捕捉人物、事物的动态、动势。

第四，要抓有感情色彩的东西。情能感人，要善于把人的不同情感恰到好处地表达出来，让情融于事中，使情满而不溢。

第五，要抓取新闻事件的高潮部分。

第六，要运用较多的描绘手法，把已逝的情景写得栩栩如生，但必须严格遵守新闻真实性的原则，不能夸张、虚构，更不能合理想象。

【照片拍摄培训】

姿势技巧：左手托住相机底部，右手放在相机右侧，两只胳膊形成一个稳定的三角形，拍摄瞬间一定保证机身不抖。如果用手机，也一定要注意保持平稳。

取景技巧：镜头框及手机屏里看到的景象会稍有弯曲，注意左右高度一致，有时肉眼比较难分辨，正式拍摄前可试拍几张。抓拍精彩瞬间或动作镜头一定要连拍，之后在其中挑选出最好的照片。

【礼仪培训】

进行社会实践时，着装要自然得体大方。如果是出席正式活动，大学生应着正装；如果是到野外或需要体力劳动，则不宜穿着太华丽，而应当穿运动装或休闲装，并带好相应徽章或者旗帜。

进行社会实践之前，要与实践地事先联系，如果是第一次联系，要主动报上自己的姓名和单位，带好立项书，对于拜访事由、具体人数、所需时间以及需要了解的问题等都应提前描述清楚。

在外住宿时，要遵章守纪，互相尊重，互相关心，团结友爱。

在交谈时，要互相倾听，不要心不在焉地东张西望或是看书看报，或者不耐烦地伸懒腰、打哈欠等。谈话过程中，保持合理、适当的谈话距离也是一种礼貌。表情要自然，手势要适当，态度要诚恳谦逊。谈话全程必须围绕实践主题，准确地表达自己的思想和意图。真诚实在，实事求是，不要口若悬河、夸大其词，不给他人说话的机会。根据谈话对象和场合等因素，把握好谈话的分寸和时间。

参观实践企业，了解企业的生产过程、操作流程、经营理念等，是大学生社会实践中常见的重要内容。在参观前，务必事先了解并坚决遵守参观场所的规定，要严格遵守操作规程。凡不准拍照的设施和物品，不要私自拍照或摄像。个人要服从集体，每个人都要听从指挥，不得随意脱离团队，要时刻保持安静，不要高声谈笑。

【安全培训】

注意交通安全。大学生参加社会实践，应当乘坐合法的营运车辆，严格遵守各项安全乘车规定，服从工作人员的管理。

注意财物安全。大学生外出完成社会实践任务，要将贵重物品妥善存放，并留心看管好。

注意身体健康。若出现对新环境不适应、感冒、中暑等情况，要及时按照医嘱服药，必要时及时就医。在疫情防控常态化的形势下，以保证学生健康安全为首要前提，严格遵守当地疫情防控要求，中、高风险地区不得组织开展社会实践活动，低风险地区在条件允许的情况下开展。活动开展前，要充分研究形势，做好安全预案。根据地方疫情形势动态调整工作部署，如遇突发状况，应立即暂停相关地区的活动，妥善做好有关安排，杜绝麻痹思想、侥幸心理。各学院团队出征前，要签订好安全承诺书。

在出发前，大学生应先了解当地的风土人情和生活习惯，以便在进行社会实践活动时能够遵守当地的礼节，尊重当地特有的风俗习惯、宗教信仰，避免出现不适当的言行，引发尴尬甚至冲突。另外，当个人在实践地单独活动时，要注意不随意接受陌生人的食物和饮料，不轻易答应陌生人的邀请约会。

注意人身安全。若出现事故，应积极配合当地相关部门处理事故，并在第一时间将具体情况告知学校、老师和家长，以便学校及时、妥善处理。学校在假期应安排值班人员，帮助大学生处理社会实践过程中遇到的各种问题。

（3）实施执行篇

动员环节。动员环节可以激发师生参与实践的兴趣，调动双方的积极性、主动性和创造性，提供精神动力和支持。组织启动仪式或授旗仪式还可以增强指导教师和大学生的使命感和荣誉感，起到较好的感召作用。一般情况下，高校会将宣讲、报告、路演等“动态”渠道和网络、新媒体等“静态”渠道相结合，进而营造浓郁的社会实践氛围。

行动环节。各团队开展实践，团队应每天召开团队会议，认真记录和整理实践材料并明确第二天的任务安排。

上报实践成果。各团队应按日期记录每天的实践任务，记清任务的完成情况。撰写实践报告，通过抖音、微博等方式实时分享、宣传实践成果，并积极参与各平台组织的评选、记录等类型活动。

（4）成果转化篇

学校应通过收集各个团队上交的材料，了解抽查各团队开展情况，并进行评奖评优工作。秉承“项目化”模式运作的理念，由各学院团委针对本学院社会实践团队进行推选，学校团委进行审核评奖。通过将成果转化为暑期社会实践视频、暑期社会实践专刊，组织巡回报告团分享感悟与经验等方式进行宣传、展示与记录。

（5）后续跟进篇

学生完成暑期社会实践返校并不是实践的结束，学校应组织跟进各社会实践项目的推进。如科技支农帮扶类项目，应关注理论与知识的应用情况和项目开展进度，确认是否对实践地的发展有所帮助并进行改进。

（二）自主返乡社会实践

自主返乡社会实践是指大学生假期返乡开展以政务实践、企业实践、公益实践、兼职锻炼、历史调研、支农关爱等为主要方式的实践活动。在校期间，学生可进行线上远程工作，有条件地配合完成项目对接、校地对接等，助力地方招才引智与发展，服务地方的建设和工作，在加强志愿服务中增强责任感和使命感，在社会实践中受教育、长才干、做贡献。学生不必依赖于学校与老师，而应发挥自己的主观能动性，抓住身边的机会，发挥自己的才干，开展实践活动。

自主返乡社会实践主要以个人自主返乡为主，还包括寒暑假的亮点特色活动。如某高校在寒暑假布置给每位同学“四个一”的作业，也是以自主返乡的形式开展，通过网络展示提交。

2019 年某高校寒假社会实践“四个一”作业内容为：

“家务劳动我做主。”“大扫除”是每家每户过新年的重要准备过程，请在筹备过程中完成一次家务劳动。

“我是年夜饭大厨。”每年的年夜饭都是辞旧迎新的团圆饭，也是全家齐动员的集体跨年盛宴。请亲手制作或烹饪一道年夜饭菜肴。

“晒晒创意全家福。”铭记阖家欢乐时刻，春节期间拍摄一张创意春节全家福。

“敲起锣来打起鼓。”请走访或记录一项家乡春节的特色民俗活动。

2020 年某高校暑假社会实践“四个一”作业内容为：

“采访一位老党员。”2021 年是中国共产党成立一百周年，采访身边的一位老党员，可记录其作为党员参加过的重要活动，也可记录普通党员为党和人民奉献青春和汗水的故事。在采访过程中，拍摄照片 3—5 张。

“参观一处红色教育基地。”结合家乡实际，实地或通过网上观展的方式，参观一处红色爱国主义教育示范基地，充分感受新中国成立发展的艰辛历程和中国共产党的初心使命。发扬好红色传统，传承好红色基因，讲好中国故事，讲好中国共产党故事，讲好新时代中国特色社会主义故事，并撰写观后感。

“记录一段家乡的发展变化。”2020 年是全面建成小康社会，实现第一个百年奋斗目标的决胜之年。实现这一战略目标，是中国特色社会主义理论和实践伟大胜利的重要标志，也是中国梦征程上的重要里程碑。请以照片（3—5 张）和文字的形式记录家乡的发展变化。

“读一本四史书籍。”选择一本关于党史、新中国史、改革开放史、社会主义发展史的书籍，认真阅读。着力培养爱国情、强国志、报国行，使爱国主义成为自我成长的坚定信念、精神力量和自觉行动。结合自身体会撰写读后感。

1. 准备篇

确定主题。在进行社会实践之前，同学们要明白此次社会实践的目的，根据自己的兴趣选题、结合自身职业生涯规划，找准发展方向，对将来就业进行探索、就近实践等。个人自主返乡不同于团体实践，团体的成员之间可以相互照顾，解决一些小的突发事件，所以个人实践时最好不要选择陌生的地方，安全是第一要位。

安排计划。想要实践能够安全、有条不紊地进行，要事前做好实践的计划安排，与实践地或实践单位达成各方面共识，包括实践时间、实践内容等，并做好思想准备及相关资料和必备物品的准备。确定主题与安排计划后，开展社会实践，形成本人自主返校社会实践成果。

2. 行动篇

实践开始行动后，要重点考虑人身财产安全、资料收集和实践宣传等问题。

安全是第一要位。同学们在参与社会实践前，要征得家长同意，做好充分准备，认真阅读有关出行安全、社交安全等书籍资料；注意防骗、防窃、防疾病；面对突发状况，不要惊慌，要沉着应对。

资料收集。进行社会实践时，注意收集与实践主题密切相关的资料，为后续撰写实践报告、总结交流等积累原始材料（包括实践中的照片、录像、录音和相关文字材料等）。最好每天做好总结工作。

实践宣传。为了让更多人了解大学生的实践活动并展示宣传本人的实践成果，需要做好宣传工作，可以向报纸、网络、电视、广播等媒体投稿，不仅成本相对较低，而且传播范围广；也可以通过竞赛、路演等方式来提升自我价值，增加关注度。

实践收尾。在实践的最后留下点睛之笔，总结好相应材料，交接好相应工作。

3. 总结篇

实践结束后，根据自己在实践过程中的小结和基础材料汇总整理，并将整理成果上交。

三、青年红色筑梦之旅

习近平总书记在给参加第三届中国“互联网＋”大学生创新创业大赛“青年红色筑梦之旅”的大学生的回信中说：“实现全面建成小康社会奋斗目标，实现社会主义现代化，实现中华民族伟大复兴，需要一批又一批德才兼备的有为人才为之奋斗。艰难困苦，玉汝于成。今天，我们比历史上任何时期都更接近实现中华民族伟大复兴的光辉目标。祖国的青年一代有理想、有追求、有担当，实现中华民族伟大复兴就有源源不断的青春力量。希望你们扎根中国大地了解国情民情，在创新创业中增长智慧才干，在艰苦奋斗中锤炼意志品质，在亿万人民为实现中国梦而进行的伟大奋斗中实现人生价值，用青春书写无愧于时代、无愧于历史的华彩篇章。”

（一）活动由来：“青年红色筑梦之旅”星火燎原

“青年红色筑梦之旅”活动发轫于第三届中国“互联网＋”大学生创新创业大赛，是大赛的同期实践活动，旨在将创新创业教育与思想政治教育相融合，鼓励广大青年学生扎根中国大地了解国情民情，接受革命传统教育，用创新创业实践成果助力精准扶贫脱贫、服务乡村振兴国家战略，走好新时代青年的新长征路。

2017 年，“青年红色筑梦之旅”活动正式启动。两批参赛团队分赴延安，通过大学生创新创业项目对接革命老区经济社会发展需求，助力精准脱贫。实践团围绕“青春之歌”“红色记忆”“筑梦踏实”三个主题，通过寻访梁家河、走访“八一”敬老院、参观革命旧址、聆听专题辅导、开展青年乡村创客沙龙、举办乡村创客高峰论坛，实地了解老红军、下乡知青们伟大而艰辛的青春“创业”史，为创业青年提供了弘扬延安精神、提高创业能力、坚定文化自信的精神盛宴。2018 年，为全面贯彻落实习近平总书记重要回信精神，教育部以“红色筑梦点亮人生 青春领航振兴中华”为主题，开始在更大范围、更高层次、更深程度上实施“青年红色筑梦之旅”活动，一堂全国最大、最有温度的国情思政课落地生根。2020 年，第六届中国国际“互联网+”大学生创新创业大赛全面聚焦 52 个未摘帽贫困县实际需求，引导青年学生掀起了一场以“电商直播带货”为主基调的扶贫战役。自 2017 年活动启动以来，全国累计有 302 万大学生参加“青年红色筑梦之旅”活动，他们走进革命老区、贫困地区和城乡社区，了解国情民情、接受思想洗礼、锤炼意志品质，同上一堂“红色大课”、同上一堂“国情思政课”。从延安到古田、从井冈山到西柏坡、从小岗村到闽宁镇、从嘉兴南湖到大庆油田，春秋四载，“青年红色筑梦之旅”活动已成星火燎原之势。

（二）活动意义：创新创业教育改革“创新发展”

1. “青年红色筑梦之旅”活动是创新创业教育与思想政治教育深度融合的重要抓手

活动紧扣创新驱动发展、乡村振兴国家战略，引导广大青年学生把个人理想融入党和国家的前途命运，将个人成长成才与时代发展同频共振、与人民群众血脉相连，以“青春梦”“创新创业梦”托起伟大的“中国梦”。“青年红色筑梦之旅”不仅是一堂“双创”实践课，也是一堂生动的思政课。各地大学生创新创业团队走进延安、井冈山、西柏坡、古田等革命老区，追寻革命前辈伟大而艰辛的创业史；走进安徽小岗村、黑龙江大庆、宁夏闽宁等地，感受不畏艰辛、敢为人先的奋斗精神。

2. “青年红色筑梦之旅”活动是创新创业实践与乡村振兴国家战略精准融合的重要平台

活动建立了国家、省、校三级组织机制，通过各级教育、农业、乡村振兴等多部门的协同联动，广泛动员大学生创新创业团队结合专业优势、项目特点，深度调研乡村振兴、巩固脱贫攻坚成果需求，实现项目转化落地的精准对接。在往期活动中，来自理工、农林、医学、师范、法律、新闻等各专业的大学生以“科技中国小分队”“健康中国小分队”“幸福中国小分队”“教育中国小分队”“法治中国小分队”“形象中国小分队”“政策宣讲小分队”等形式，走进革命老区、基层社区以及广大农村地区，在质量兴农、绿色兴农、科技兴农、电商兴农等多个方面取得了积极成效，为乡村振兴注入了新动能。例如，浙江大学“渔米香”团队奔赴江西、湖南、贵州、宁夏等地开展技术帮扶；云南“彩云本草”团队针对乌蒙山区干旱缺水、土地贫瘠问题研究开发了绿色环保保水剂，带领乌蒙山区老百姓种植千亩中药材，农户年均收入大幅提高。

四、成果展现

（一）志愿关爱篇

以爱之名，情系常庄——某高校萌芽义教服务团

2020 年 7 月，为响应学校“坚持以促进学生全面成长成才为目标，以时代主题为引导”的号召，某高校“萌芽义教”服务团积极参与并获准立项。2020 年 7 月 25 日至 8 月 2 日，“萌芽义教”服务团一行 10 人到河北省邢台市威县常庄中学，开展了为期 9 天的“七彩假期”暑期实践活动。

实践队员奉行“爱心、耐心、热心”的原则开展支教活动。为保障活动的顺利进行，威县常庄中学校长与“萌芽义教”队员共同探讨孩子们的教育活动，给了队员们许多建设性意见，并为队员们提供了方法与方向上的指导。队员们认真倾听了校长的建议，收集了经验和方法，给孩子们带去知识和关爱。实践队员结合常庄中学的办学方向，确立了此次支教活动的教学重点，为之后的教学做好了准备工作。

1. 汲取知识，青春绽放

“萌芽义教”服务团的支教工作于 2020 年 7 月 27 日正式开始。此次支教活动对威县常庄中学四年级共 24 名儿童开展学习教育、心理教育、理想教育等方面的教育活动。日常的教学帮助孩子们巩固知识，实践队员利用自己的专长分别教授不同课程，分别有语文、数学、英语、地理、音乐等。同时为学生专门打造特色课堂，包括中医、法律、经济等课程，增长学生们的见识，多方位、有重点地传授新知识。

2. 快乐暑假，打造特色课堂

“萌芽义教”队员为拓宽学生们的视野，考虑学生们的理解程度，确保学有所思、学有所悟、学有所获，有针对性地开展了特色课堂，该课堂涉及了中医、法律、经济等课程。中医课程让学生们认识部分草药、中医穴位、四季养生知识、针灸、推拿以及了解中医历史。法律课堂让学生们了解法律的起源和含义，争做遵纪守法小公民，学会用法律武器保护自己。经济课堂主要讲述货币的起源、货币的合理使用、货币数字常识以及生活中的各种经济学现象。

3. 心理游戏辅导，认识团体自我

心理健康是留守儿童面临的一个十分重要的问题。考虑到常庄中学的学生情况，实践队员开展了心理团队辅导项目。项目以团体游戏为主，在游戏中让学生们体会到认识自我、接纳自我、信任自己和他人、团结协作、敢于认错、知错就改的良好德行。开展的游戏包括：①“桃花朵朵开”（大家围成一个圈，向左或者向右跑起来。老师说“桃花桃花朵朵开”，队员问“开几朵”，老师报出一个数字，比如“5”，那么队员必须快速地 5 个人在一起，不能多也不能少。多人、少人的队伍和没有抱团的人都需要先

自我介绍，再选择表演节目或者做大象鼻子转 5 圈）；②“有错你就说”（现场所有同学分两组，并排站成两列，用手搭前者的后肩。用数字代替方向，如 1 代表向左、2 代表向右、3 代表向前、4 代表向后。由主持人喊口令并监督队伍行进情况，犯错的同学需主动举手示意，并大声对组员说声：“对不起，我错了！”）；③“幸福与痛苦”（大家先围成一个大圈，然后伸出右手，再伸出左手大拇指，接着把张开的右手放于右手边的人的左手的大拇指上。指导员会随机地喊数字，每当听到“4”的时候就要以自己最快的速度用右手抓住站在右边的人的左手大拇指，同时收回自己的左手，尽量不要被自己左边的人抓住）。通过游戏感受精神品质，把行动放在脚下，把感动留在心里。

4. 传承红色革命精神，争做新时代好队员

为增强学生们“爱国家、爱家乡”的意识，“萌芽义教”服务团结合当地的旅游资源，从爱国主义教育角度出发，通过“爱国主义教育”主题宣讲以及威县历史博物馆和威县城乡规划馆研学活动，激发学生们的爱国主义热情，学习社会主义核心价值观，让孩子们了解家乡的未来规划，增强孩子们对自己家乡的荣誉感和归属感。

5. 七彩假期，伴你我成长

在活动最后一天的下午，服务团开展了“七彩假期，情暖同心”主题班会。在班会上，实践队员对这几天的学习生活做了详细的汇报，并带领学生们回顾了这几天以来实践队员和学生之间的点点滴滴。“七彩假期”将伴随孩子们成长，在这条道路上，将有无数志愿者砥砺前行。

（二）文化调研篇

驻足冰雪塞外，但见发展常新——某高校寻文冰雪塞外小分队

此次实践采用特别的“云实践”方式——在实践活动中采取线上线下融合的方式，以历史文化遗产丰富的蔚县和冬奥会冰雪体育赛事举办地崇礼为主要调查地点、张家口其他地区为辅助进行调查，深入了解张家口的文化底蕴和生态环境，发掘冬奥会带来的文化产业链问题。

实践小队分为线上和线下两个小组。第一步，实地考察前，线上小组在网上查阅相关资料，包括论文、文献、新闻报道等，整理了 2015 年以来张家口市文化产业发展官方数据。线上小组充分利用研究资料，初步了解到 2015 年成功申请冬奥会以来张家口文化产业（包括冰雪产业、旅游业、基础设施建设等）的发展变化，并与小队成员共同探究总结疫情对于冬奥会举办以及张家口市冰雪旅游行业的影响。

第二步，线上小组根据实践内容设计出两套调查问卷。一份针对张家口当地居民，一份针对除张家口之外地区的群众，两相对比后，发现在冬奥会效应下张家口市文化产业发展中出现的问题，分析这些问题并针对问题提出解决措施。接着，线上小组成员连线了几位张家口当地居民。通过线上咨询采访，了解当地人对于张家口发展的所

见所闻，以及他们对于冬奥会的真实感受。此外，小组成员又线上咨询采访了几位从事体育行业、旅游行业的相关人员，从专业人员口中进一步了解冬奥会对于张家口冰雪文化产业发展的影响预估等。

第三步，在进行问卷调查以及线上采访时，线下小组成员结合线上调研过程需求，在保证自身安全的情况下进行实地考察。实践小队前往具有代表性的崇礼区、蔚县以及张家口其他市区进行调研采集图片信息，并且及时撰写实践日志，保证信息准确及时，能够反映当地真实文化产业发展以及相关传统文化保护、传承状况。

最后，实践小队全体成员结合线上问卷调查、线上咨询、线下走访等调研结果进行问题分析，并根据查阅资料以及指导老师相关建议，为张家口市文化产业如何跨越疫情难关、获得持续发展提出切实可行的建议。

（三）脱贫攻坚篇

小土豆，大产业——某高校承“德”而行小分队

为深入了解围场满族蒙古族自治县邢家营村的马铃薯种植现状以及遇到的问题，某高校暑期社会实践承“德”而行小分队来到了地处内蒙古高原与冀北山地过渡地带的河北承德围场，就当地地理标志产品马铃薯的种植和生产开展了调研活动。

1. 相识·了解

2019 年 8 月 10 日，承“德”而行小分队一行六人分别从河北秦皇岛、河北唐山等地出发，前往围场。团队到达邢家营村后，首先与当地村民进行了交流，了解当地的土豆种植情况。从交谈中队员们得知，现在的土豆种植由于面积比较广，机械播种和收割已经取代了人工播种收割，这在一定程度上降低了人工成本，提高了产量。当地很早就建立了马铃薯种植研究机构，能及时帮助当地村民解决马铃薯生长中遇到的问题，同时不断研发新的品种和更加优秀的马铃薯种子。围场马铃薯种植专家丁明亚介绍：“这里高纬度、高海拔，昼夜温差大，光照充足，土壤都是壤土和沙壤土，而种植马铃薯最好的土壤就是沙壤土。围场的马铃薯最大的特点是‘面’，面就是淀粉含量比别的地方高，全国各地都比较认可围场的马铃薯。”

2. 相遇·实践

了解完当地马铃薯的种植情况后，团队成员开始分工进行土样的收集。当地种植的马铃薯品种多样，同时通过实施新技术、健全扩繁体系，为全县及其他省、市提供优良种薯。立秋过后，围场的天气逐渐转凉，但是这并没有阻挡团队成员们的热情，队员们参观了种植基地的土豆秧苗长势，开始投入到实践中，取土、装袋、贴标签，一气呵成。

3. 相知·感悟

与当地村民做了短暂告别后，小分队成员随老师们回到了住处并进行一天的收获

总结，马铃薯的种植和运输可以成为带动围场经济发展的重要项目。围场的马铃薯，无论是大小和产量，还是口感和运输，都比其他地方略胜一筹，这是与当地的地理环境分不开的。围场平均海拔 1500 米，四季分明、雨量集中、水热同季、昼夜温差大，且县内土壤土质疏松，适合培育优质的马铃薯品种。

通过实地走访和土样采集，队员们在学习了关于土豆种植的一些情况后更加体会到农忙的紧张劳作，感悟到了“粒粒皆辛苦”的真正含义。此次暑期社会实践让队员们体验到机械化生产带给村民的便利，同时队员们向当地技术人员表达了自己的见解，响应国家精准扶贫的政策，为当地村民宣讲国家对于落实精准扶贫的方针。小土豆里蕴含着大产业，青少年的内心也藏着巨大的能量，只有珍惜现有的学习机会，不断钻研，不断实践，才能学有所成，为社会做出贡献。

（四）红色筑梦之旅篇

“野生黑枸杞全产业链综合扶贫项目”

1. 项目简介

“野生黑枸杞全产业链综合扶贫项目”起源于 2013 年的国家级大学生创新创业训练计划项目，创始人为某大学艺术设计专业 2013 届毕业生黄俊科。

黄俊科的家乡甘肃省民勤县自然条件恶劣，荒漠化土地超过 94.5%，是沙尘暴策源地之一，经济作物同质化严重。一次偶然机会，他发现售价几千元一斤的黑枸杞，正是他们家乡长在戈壁滩上、当地人俗称的“紫果”。随后他了解到，黑枸杞是花青素含量最高且活性最强的植物，经济价值、药用价值极高。经过充分的市场调研，他发现黑枸杞产业刚起步，国内商家不超过 5 家，而市场规模巨大，在 2013 年就已经超过 100 亿元。更重要的是，黑枸杞是他家乡的原生植物，民勤县的农业劣势正好是黑枸杞生长的优势，不但能节水，还能有效利用盐碱沙地，改善生态环境。黄俊科认定，黑枸杞将会成为帮助家乡致富的产业“良药”。

2013 年毕业后，他放弃了留在大城市就业的机会返乡创业，创立了甘肃集创生态农林科技有限公司，带领乡亲们脱贫致富。但人工种植需要一个漫长的过程，要反复实验、调整方案。此外，民勤县恶劣的自然环境也成了黄俊科的“拦路虎”。在母校的帮助下，黄俊科始终坚守、不忘初心，带领核心团队经过 5 年多奋斗，打通了黑枸杞的品种繁育、人工种植、生产加工为一体的全产业链，拥有 7 项国家发明专利、3 项产业化突破技术，建成万亩野生黑枸杞保护基地，成功培育出耐旱、耐盐碱的“漠杞 1 号”和“漠杞 2 号”两个人工种植品种，并攻克了稳定黑枸杞中游离态花青素的难题，使他的公司成为国内屈指可数的可以稳定黑枸杞中游离态花青素的企业。

2. 所获荣誉

该项目在第四届中国“互联网＋”大学生创新创业大赛中斩获“青年红色筑梦之

旅”赛道金奖。

3. 社会价值

黄俊科团队探索出以就业直接扶贫、基地共建扶贫、生态联动扶贫为主要内容的三级扶贫模式，建设产业扶贫车间 12 600 平方米，提供就业岗位 83 个；带动 416 户农户年增收 3 倍以上；种植 38.4 万株梭梭树，压沙 200 多万平方米，未来可减少碳排放约 687 吨；带动和保护肉苁蓉、锁阳、红枣等 7 个涉农产业的蓬勃发展。在黄俊科的影响和带动下，越来越多的年轻人回到家乡和黄俊科一起创业。

党的二十大报告指出，广大青年要坚定不移听党话、跟党走，怀抱梦想又脚踏实地，敢想敢为又善作善成，立志做有理想、敢担当、能吃苦、肯奋斗的新时代好青年，让青春在全面建设社会主义现代化国家的火热实践中绽放绚丽之花。新时代大学生在读好书本的同时，还要利用各种机会，走出校门、走向社会，深入基层、深入生活、深入民众百姓，在新时代社会大课堂中认识新时代的伟大成就和伟大变革，了解国情民意，进而坚定理想、淬炼意志、增长才干。用眼睛观察中国发展、发现中国精神，自觉当中国精神的信仰者、传播者和践行者。厚植人民情怀，站稳人民立场，主动深入人民群众当中，拜人民群众为师，用耳朵倾听人民的呼声，在为人民利益的不懈奋斗中书写壮丽的青春华章。

实践活动

结合家乡实际，实地或通过网上观展的方式，参观一处红色爱国主义教育示范基地，充分感受新中国成立发展的艰辛历程和中国共产党的初心使命。发扬好红色传统，传承好红色基因，讲好中国故事，讲好中国共产党故事，讲好新时代中国特色社会主义故事，并撰写观后感。

活动目标：________________

____

____

____

____

活动计划：________________

____

____

____

____

活动结果：________________________________

____

____

____

____

活动评价：________________________________

____

____

____

____

思考题：

1. 假设你是一名社会实践活动的负责人，将会组织一场怎样的学生活动来响应开展社会实践劳动的号召？

2. “青年红色筑梦之旅”旨在鼓励广大青年学生扎根中国大地了解国情民情，接受革命传统教育，用创新创业成果服务乡村振兴战略、助力精准扶贫脱贫，走好新时代青年的新长征路。请就此谈谈青年人如何在创新创业中实现人生价值与社会价值的统一。

第五章　生产劳动

本章要点：

1. 掌握生产劳动的内涵，了解教育与生产劳动相结合的背景、意义、目的。

2. 了解、用好大学生就业创业相关政策，树立正确的择业创业观。

3. 了解职业素养的含义及构成，提升就业求职能力。

4. 了解创造性劳动的含义以及创新创业能力评价方法，重视新知识、新技术、新工艺、新方法的运用。

5. 了解实习实训的概念、意义、类型，提高在生产实践中发现问题和创造性解决问题的能力。

马克思和恩格斯在《德意志意识形态》中指出："人们为了能够'创造历史'，必须能够生活。但是为了生活，首先就需要衣、食、住以及其他东西。因此第一个历史活动就是生产满足这些需要的资料，即生产物质生活本身。""生产物质生活本身"就是物质生产，就是劳动。马克思指出："劳动是人以自身的活动来中介、调整、控制人和自然之间的物质交换的过程。"他将劳动分为体力劳动和脑力劳动，简单劳动和复杂劳动，物质生产劳动和精神生产劳动，生产性劳动和服务性劳动。

第一节　生产劳动概述

一、生产劳动的概念

生产劳动一般是指劳动者借助劳动资料，使自己的劳动作用于劳动对象，按照预定的目的生产某种产品的活动。在《中国大百科全书·哲学卷》中，"劳动"被定义为"人类特有的基本的社会实践活动，也是人类通过有目的的活动改造自然对象并在这一活动中改造人自身的过程”；生产则是指“人类从事创造社会财富的活动和过程，包括物质财富、精神财富的创造和人自身的生育，亦称社会生产”。事实上，随着社会经济的发展，“生产劳动”的内涵和外延也在不断地发生变化。例如在农业社会，生产劳动主要指体力劳动，而在后工业化社会和信息化社会，科技劳动、创造性劳动等脑力劳动在生产生活中则越来越重要。因此，结合劳动教育的整体目标，本章所指生产劳动为广义的概念，即为利用物质生产资料或通过知识、技能、方法、工艺的运用，参与社会分工或生产实践，产出或创造物质财富、精神财富等有价值的劳动成果的劳动行为。

二、教育与生产劳动相结合

（一）思想发源

教育和生产劳动相结合的思想发源于文艺复兴以后资本主义孕育和发展时期。托马斯·莫尔、托马斯·康伯内拉、卢梭、裴斯泰洛齐、罗伯特·欧文等一批教育思想家开始关注生产劳动的教育意义，并把教育和生产劳动相结合作为促进人的全面发展的手段提了出来。同时，威廉·配第、约翰·贝勒斯、亚当·斯密等一些经济学家也开始关注教育对于生产劳动的意义。

（二）马克思主义唯物史观下的生产劳动与教育

19 世纪中后期，马克思在《资本论》中指出，“生产劳动同智育和体育相结合，它不仅是提高社会生产的一种方法，而且是造就全面发展的人的唯一方法”，科学地解释了教育与生产劳动相结合的重要意义。马克思非常重视劳动的革命性作用，他在《哥达纲领批判》中还指出，在合理的条件下，“生产劳动和教育的早期结合是改造现代社会的最强有力的手段之一”。

（三）劳动教育在中国

在我国，“劳动教育”一词并不陌生。新中国成立后，毛泽东同志就教育与生产劳动的关系问题提出了“教育必须同生产劳动相结合”。根据这一精神，“教育与生产劳动相结合”首次被写进了党的教育方针。1978 年，邓小平同志在全国教育工作会议上的讲话中指出，“现代经济和技术的迅速发展，要求教育质量和教育效率的迅速提高，要求我们在教育与生产劳动结合的内容上、方法上不断有新的发展”，理论与实践、知识与生产的结合进入科学发展阶段。1993 年，党中央发布《中国教育改革和发展纲要》，提出要坚持教育与生产劳动、社会实践相结合，强调劳动技术教育和社会实践，更加关注学生的全面发展和健康成长，从素质教育的角度对教育与生产劳动的结合提出了新的要求。1999 年全国教育工作会议提出：“坚持教育为社会主义为人民服务，坚持教育与社会实践相结合，以提高国民素质为根本宗旨，以培养学生的创新精神和实践能力为重点，努力造就‘有理想、有道德、有文化、有纪律’的，德育、智育、体育、美育等全面发展的社会主义事业建设者和接班人。”重申了教育要与生产劳动和社会实践相结合的原则。

（四）新时代的劳动教育

2018年，习近平总书记在全国教育大会上发表了重要讲话，提出“培养德智体美劳全面发展的社会主义建设者和接班人”的总体目标——“要在学生中弘扬劳动精神，教育引导学生崇尚劳动、尊重劳动，懂得劳动最光荣、劳动最崇高、劳动最伟大、劳动最美丽的道理，长大后能够辛勤劳动、诚实劳动、创造性劳动”，在注重教育与生产劳动相结合这一教育的大政方针基础上，首次将劳动教育纳入新时代“培养什么人”这一教育的首要问题之中。劳动教育的地位和意义上升到了前所未有的高度。“创造性劳动”成为生产劳动和劳动教育的新内涵。

三、目标和要求

2020年7月，教育部印发《大中小学劳动教育指导纲要（试行）》，对普通高等学校开展劳动教育提出了明确要求，即强化马克思主义劳动观教育，注重围绕创新创业，结合学科专业开展生产劳动，积累职业经验，培育创造性劳动能力和诚实守信的合法劳动意识，使学生“重视生产劳动锻炼，积极参加实习实训、专业服务和创新创业活动，重视新知识、新技术、新工艺、新方法的运用，提高在生产实践中发现问题和创造性解决问题的能力，在动手实践的过程中创造有价值的物化劳动成果”。

四、大学生参与生产劳动锻炼的途径

（一）实习实训

实习与实训是对大学生进入社会工作之前的职业训练，强调在生产劳动情境下的实践体验。“实习”是指学生到企事业单位、社会团体及其他社会组织机构等职业场所进行的教学实习、生产实习等综合职业练习，一般是高校按照专业培养目标和教学计划的要求，组织学生进行的实践教学活动，包括观察和学习专业技能、亲身体验职业工作等，其实质是将理论知识应用到实际工作中，培养学生实践能力，形成职业能力与职业素养的一种教学活动。“实训”侧重对学生进行单项技能、专业知识、综合技术应用能力的模拟训练，可在校内实训基地进行，也可在校外企事业单位进行。

（二）创新创业

“创新创业”是指基于技术创新、产品创新、商业模式创新、组织创新、渠道创新等方面的创业活动。对大学生而言，“创新创业”可以广义地理解为通过对新知识、新技术、新工艺、新方法的运用，打破思维定式，创造性地解决问题、创造价值的开创事业的活动和行为。党的十八大明确提出“科技创新是提高社会生产力和综合国力的战略支撑，必须摆在国家发展全局的核心位置”，强调要坚持走中国特色自主创新道路、实施创新驱动发展战略。当前，高等学校创新创业教育改革已经成为服务国家战略、提高人才培养质量的重要突破口。创业是将科技创新转化为社会生产力的有效途径。近年来，国内高校纷纷成立创新创业指导中心等专门性机构，开设创新创业课程，组建“双创”师资队伍，建设创业孵化基地/众创空间，部分高校在产教融合的背景下不断完善政校企协同育人机制，着力培养大学生创新精神、创业意识和创新创业能力。一般来说，大学生可以通过创业实训、创业实践、学科竞赛及创新创业竞赛、“青年红色筑梦之旅”活动等开展创新创业活动。

第二节　培树择业就业创业观

一、就业创业的内涵与政策

（一）就业创业的基本知识

1. 就业概述

就业是劳动者与生产资料相结合，从事一定的社会劳动并取得劳动报酬和经济收入的活动。是否就业有两个标志：就业必须是较长时间连续进行某项工作，偶尔参加某项工作不算就业；从事某项工作并得到社会的承认，否则也不算就业。

就业是谋生的手段，就业是个人才能发挥和自身发展的需要，就业是为社会做贡献的途径，就业是促进社会经济发展必不可少的条件。

就业主要有正规就业和非正规就业两种形式。正规就业主要包括劳动者在各类经济组织从业，且所签的合同在 6 个月以上的就业形式，以及在国家机关，参照公务员管理的事业单位和社团组织从业的就业形式；非正规就业包括非全日制职工、季节工、短期工、临时工、计时工、轮换工以及弹性工作制等。

我国在就业政策方面，通过大力发展教育培训事业提高劳动者素质，鼓励自谋职业和创业，强化劳动就业服务体系，帮助下岗职工和其他就业困难的群体实现就业。

2. 创业概述

创业就是指创业者对自己拥有的资源或通过努力能够拥有的资源进行优化整合，发现和识别商业机会，成立活动组织，创造出产品和服务，从而创造出更大经济价值或社会价值的过程。

创业过程中，创业机会、创业团队和创业资源是不可缺少的要素。创业机会就是创业者可以利用的商业机会。从创业过程的角度来说，创业机会是创业的起点，创业过程就是围绕创业机会进行识别、开发、利用的过程。创业团队是指在创业初期，由一群才能互补、责任共担、愿为共同目标而奋斗的人组成的特殊群体。创业资源是指新企业在创造价值的过程中需要的特定资产，包括有形资产和无形资产。它是企业创立和运营的必要条件，主要表现为创业人才、创业资本、创业技术和创业管理等。

创业一般情况下起源于一个好的创意想法，当创业者发现这种创意能够带来商业机会、获得利润时，就可以着手创业了。从产生创业的想法，到创建新企业或开创新事业并获得回报的整个过程，可大致划分为机会识别、资源整合、新企业的创办、新企业的管理四个主要阶段。创业者如果能够理解、遵循并执行这四个阶段的基本步骤，就可以提高创业的成功率。

机会识别。识别创业机会是对可能成为创业机会的各种事件的分析和对创业预期结果的判断。其核心活动包括创新并勾画愿景、进行市场分析与研究、竞争评估、商业模式开发等。

资源整合。资源是创业的基础性条件，整合资源是创业者开发机会的重要手段。其核心活动包括流程与技术调研、确定价格、市场与营销模式、保障启动资本、管理资金、制订成长期资金计划、投资谈判等。

新企业的创办。创建新企业需要进行大量的准备工作，其核心活动包括创业计划、创业融资、注册登记等。

新企业的管理。企业管理是创业过程中的重要环节，确保新创建的企业能够生存是创业者必须要面对的挑战，但是创业者对于企业不能仅仅考虑生存，同时还要考虑成长。其核心活动包括制订企业发展规划、寻找合作联盟、出售或并购、继续管理或退出等。

3. 就业与创业的关系

从创业与就业之间的关系看，创业与就业之间是相互依存的。但是，创业是主动的，就业是被动的；创业是就业的前提，就业依赖于创业。

从解决社会就业的角度看，创业者不但解决了自己的就业问题，而且还提供了解决他人就业的工作岗位，从而为国家解决就业问题排忧解难；而就业者只能依靠创业者来解决就业问题，在社会劳动力供大于求的情况下，无形中增加了社会整体就业压力。

从自主权和才华施展的角度看，创业者的自主权大，才华可以得到充分展现。这是因为企业是属于创业者自己的，创业者有权对自己的企业进行自主经营管理。在这种条件下，创业者的能力和才华可以在企业这个平台上充分施展出来。而就业者的自主权就比较小了，才华的施展往往会受到很大的限制。这是因为企业不属于就业者，就业者没有权利按照自己的意志对企业进行自主经营管理，只能在企业分工的狭小岗位上发挥自己有限的作用；就业者在经营管理方面，虽然也有很多好点子，但是由于种种原因不能被别人认同和采纳，就业者的知识和才华往往无用武之地，这种情况在家族企业里表现得尤为突出。

（二）就业创业相关政策

1. 就业援助政策

高校毕业生求职补贴。对在毕业年度有就业创业意愿并积极求职创业的，所在家庭为贫困残疾人家庭、建档立卡贫困家庭、正在享受城乡低保家庭、烈士家庭子女，本人正在享受国家助学贷款以及本人残疾、特困人员中的高校毕业生，给予一次性求职补贴。补贴标准为每人2000元。

高校毕业生就业见习补贴。离校2年内未就业高校毕业生、国家和省级贫困县及少数民族县离校2年内未就业中职学校毕业生参加就业见习，用人单位按月足额发放其基本生活费的，按当地最低工资标准给予就业见习补贴，所需资金由见习单位和当地政府共同分担。分担比例由各地确定。对见习期满留用率达到50%以上的单位，可将补贴标准提高10%。见习补贴期限最长不超过12个月。

2. 自主创业政策

免收行政事业性收费。毕业2年内高校毕业生从事个体经营（除建筑业、娱乐业以及销售不动产、转让土地使用权、广告业、房屋中介、桑拿、按摩、网吧、氧吧等）的，自取得营业执照起3年内免收管理类、登记类和证照类等有关行政事业性收费。

自主创业税收优惠。在人力资源和社会保障部门公共就业服务机构登记失业半年以上的人员，零就业家庭、享受城市居民最低生活保障家庭劳动年龄内的登记失业人员以及毕业年度内高校毕业生等人员自主创业的，以每户每年9600元为限额依次扣减其当年实际应缴纳的营业税、城市维护建设税、教育费附加、地方教育附加和个人所得税。纳税人年度应缴纳税款小于上述扣减额的，以其实际缴纳的税款为限；大于上述扣减额的，应以上述扣减额为限。补贴期限为3年。

个人创业担保贷款。高校毕业生（含大学生村官和留学回国学生）创业可申请创业担保贷款，额度最高不超过10万元。对符合条件的借款人合伙创业或组织起来共同创业的，贷款额度可按照人均不超过10万元、总额度不超过60万元确定贷款规模。贷款期限最长不超过3年。贫困县全额贴息，其余地区第一年全额贴息，第二年贴息2/3，第三年贴息1/3，可以展期1次，展期期限不超过1年，展期期限内贷款不贴息。

初次创业社会保险补贴。毕业5年内高校毕业生初次创业（包括从事个体经营、创办小微企业和在民政部门注册的社会组织，国家限定行业除外）并缴纳社会保险费的，按其实际缴纳的社会保险费给予补贴。补贴期限不超过3年。

高校毕业生社会保险补贴。毕业2年内未就业的高校毕业生申报灵活就业，办理就业登记并缴纳社会保险费的，按不超过其实际缴费额的 2/3 给予补贴。补贴期限不超过 2 年。

一次性创业补贴。毕业 5 年内高校毕业生初次创业并正常经营 6 个月以上的，按每人 5000 元给予一次性补贴。

小微企业场地租金补贴。毕业年度高校毕业生初次创办小微型企业（不包括入驻创业园区和创业孵化基地的），且租用经营场地和店铺的，自创办之日起 3 年内，可向创业所在地人社部门申请租金补贴。补贴标准为：租赁场地面积 100 平方米以下的，每年不超过 3000 元；100 平方米以上的每年不超过 5000 元。实际租金低于上述标准的，据实补贴。补贴期限最长不超过 3 年。具体补贴标准由各设区市、财政直管县确定。

创业孵化基地房租物业水电费补贴。毕业年度高校毕业生自主创业，对提供低成本、便利化、全要素创业服务的创业孵化基地（含创客空间、创新工场等新型孵化模式）和入驻高层次人才、高技能人才创业园中的科技型小微企业，自入驻之日起给予最长不超过 3 年的房租物业水电费补贴。对发展前景好、带动就业多的入驻企业和创业项目，可延长孵化期限 1 年。具体补贴办法由各设区市、财政直管县制定。创业园区、创业孵化基地和入驻项目均要经过当地人社部门、财政部门认定批准。

3. 职业培训政策

技能培训补贴。贫困家庭子女、毕业学年高校毕业生、城乡未继续升学的应届初高中毕业生、农村转移就业劳动者、城镇登记失业人员按每人最高不超过 2200 元，紧缺急需职业（工种）培训补贴标准不超过 2500 元给予补贴，具体标准由各地确定。每人每年只能享受一次职业培训补贴。

企业在职职工岗位技能培训。对企业新录用的贫困家庭子女、毕业学年高校毕业生、城乡未继续升学的应届初高中毕业生、农村转移就业劳动者、城镇登记失业人员，签订 1 年以上期限劳动合同，并于签订劳动合同之日起 1 年内参加由企业依托所属培训机构或政府认定的培训机构开展岗位技能培训，培训后取得职业资格证书或职业技能等级证书、专项职业能力证书、培训合格证书的，给予职工个人或企业一定标准的职业培训补贴。具体标准由各地确定。每人每年只能享受一次职业培训补贴。

创业培训补贴。贫困家庭子女、毕业学年高校毕业生、城乡未继续升学的应届初高中毕业生、农村转移就业劳动者、城镇登记失业人员、创业三年内的小微企业主，按每人不超过 1200 元给予补贴。每人每年只能享受一次职业培训补贴。

创业实训补贴。贫困家庭子女、毕业学年高校毕业生、城乡未继续升学的应届初高中毕业生、农村转移就业劳动者、城镇登记失业人员创业培训后到创业实训基地安排实训，可按每人每月 300 元的标准，给予创业实训基地不超过 3 个月的创业实训补贴。

劳动预备制培训补贴。贫困家庭子女、毕业学年高校毕业生、城乡未继续升学的应届初高中毕业生、农村转移就业劳动者、城镇登记失业人员，按每人最高不超过当地技工学校相同培训时间的学费实际收费标准给予职业培训补贴。其中农村学员和城市居民最低生活保障家庭学员，在其受训期间给予一定标准的生活费补贴，补贴标准由各地按照中等职业学校国家助学金标准确定。每人每年只能享受一次职业培训补贴。

家庭手工业培训补贴。贫困家庭子女、毕业学年高校毕业生、城乡未继续升学的应届初高中毕业生、农村转移就业劳动者、城镇登记失业人员，结合各地家庭手工业发展状况，由各地根据手工业培训难易程度、时间长短、培训成本等实际情况，在省规定的职业技能培训标准范围内，合理确定相应手工业项目培训课时及质量标准，加强培训监管与考核，按规定给予职业培训补贴。每人每年只能享受一次职业培训补贴。

职业技能鉴定补贴。贫困家庭子女、毕业学年高校毕业生、城乡未继续升学的应届初高中毕业生、农村转移就业劳动者、城镇登记失业人员通过初次技能鉴定并取得职业资格证书或专项职业能力证书的，可一次性给予职业技能鉴定补贴。技能鉴定补贴具体标准由各地确定。

4. 特岗教师

特岗教师是中央实施的一项对中西部地区农村义务教育的特殊政策。聘期为3年，通过公开招聘高校毕业生到中西部地区“两基”攻坚县、县以下农村学校任教，引导和鼓励高校毕业生从事农村义务教育工作，创新农村学校教师的补充机制，逐步解决农村学校师资总量不足和结构不合理等问题，提高农村教师队伍的整体素质，促进城乡教育均衡发展。

（1）报考条件

报考主要有学历、思想政治、年龄、教师资格证、普通话水平等要求，各省要求并不一致，以具体通知为准。

（2）优惠措施

①执行国家统一事业单位工资等标准，绩效工资不足的部分由地方财政解决。

②有机会推荐免试攻读教育硕士。

③聘期视同“农村学校教育硕士师资培养计划”要求的3年基层教学实践。

④服务期满后，在报考党政机关公务员中享受优惠政策。

⑤三年聘期结束，考核合格，按照规定办理编制、核定工资。

⑥三年聘期结束，考核合格，3年内参加全国硕士研究生招生考试的，初试总分加10分，同等条件下优先录取。

（3）报名方式

每年6月前后，各省教育厅网站公示公告栏会发布特岗教师报名通知，在规定时间内报名即可。

(4) 考试内容

考试分为笔试和面试两部分。笔试内容主要为教育法律法规、中小学教师职业道德修养基本要求、教育学、教育心理学、新课程理念等。面试内容为课堂试讲。

5. “三支一扶”

“三支一扶”是指大学生在毕业后到农村基层从事支农、支教、支医和扶贫工作。计划的政策依据是《关于组织开展高校毕业生到农村基层从事支教、支农、支医和扶贫工作的通知》(国人部发〔2006〕16 号)。“三支一扶”志愿者服务期限一般为 2 年，其目的在于为高校毕业生向基层单位落实就业问题提供具体的指导和保障。一方面，它吸引了更多优秀的毕业生到基层服务，提升了基层从业人员的整体素质，更有利于促进农村经济、教育、卫生等事业的发展；另一方面，它拓宽了毕业生的就业渠道。

(1) 报考条件

报考主要有毕业时间、户籍、学历、专业、思想政治等要求，以具体通知为准。

(2) 优惠措施

①服务期间，每人每月享受一定额度的生活补贴和一次性安家费，并按有关规定为志愿者办理服务期内的养老、医疗、工伤保险。

②服务期满且考核合格的本科毕业生，三年内报考硕士研究生，初试总分加 10 分。已被录取为研究生的应届高校毕业生参加“三支一扶”计划，学校应为其保留入学资格。

③服务期满且考核合格的志愿者，根据有关规定，可参加公务员定向招录、事业单位定向招聘；符合选调生条件的可参加当年的选调生选拔；在县(市、区)及以下事业单位有空编、单位需要的前提下，经考核合格可招聘为事业单位工作人员。

④服务期满且考核合格的志愿者，在省内各类企业吸纳就业、自主创业、落户、升学、公共就业人才服务等方面享受应届高校毕业生同等政策待遇(部分地区享有更多政策支持)；报考农村义务教育阶段学校教师特设岗位计划的，笔试成绩加 5 分。

⑤服务期满 1 年且考核合格的志愿者，可按规定参加职称评定。

⑥志愿者服务期满就业后，根据实际服务年限和养老保险缴费情况计算工作年限。服务期经历计入基层工作经历。

(3) 报名方式

各地报名时间不相同，一般在每年 5—7 月。各省人力资源保障厅发布“三支一扶”专栏通知，在规定时间内报名即可。

(4) 考试内容

考试分为笔试和面试两部分(部分地区无笔试或无面试)。笔试内容多为“职业能力测试”和“综合知识”，主要围绕政治理论、时事政治、法律常识、公文写作、科技人文知识展开。面试以结构化面试为主，围绕社会各界热点展开。

6. 大学生村官（选聘高校毕业生到村任职）

大学生村官工作是十七大以来党中央做出的一项重大战略决策，主要目的是培养一大批农村建设骨干人才、党政干部队伍后备人才、各行各业优秀人才。选聘的高校毕业生在村工作期限一般为2—3年，经组织考核合格、本人自愿的，可继续聘任，岗位性质为“村级组织特设岗位”，系非公务员身份，其工作、生活补助和享受保障待遇应缴纳的相关费用由中央和地方财政共同承担。

（1）报考条件

各省报考条件不相同，但普遍要求本科及以上学历，部分地区限制户籍及政治面貌。

（2）优惠措施

①聘任期满、考核合格及以上的大学生村官报考研究生考试，初试总分加10分，同等条件下优先录取，其中报考人文社科类专业研究生的，初试总分加15分。聘任期满、考核合格以上的离岗大学生村官3年内继续享受报考研究生加分优惠政策。

②比照本地乡镇从高校毕业生中新录用公务员试用期满后工资水平确定工作、生活补贴标准。在艰苦边远地区工作的，按规定发放艰苦边远地区津贴。补贴、津贴按月发放。参加养老社会保险。

③在村任职期间，办理医疗、人身意外伤害商业保险。

④符合国家助学贷款代偿政策规定、聘期考核合格的，其在校期间的国家助学贷款本息由国家代为偿还。

⑤在村任职2年以上，具备“选调生”条件和资格的，经组织推荐，可参加选调生统一招考。

⑥在村任职2年后报考党政机关公务员和事业单位的，同等条件下优先录用，部分地区享受放宽报名条件、增加分数等优惠政策。

⑦被党政机关或企事业单位正式录用（聘用）后，在村任职工作时间可计算工龄、社会保险缴费年限。

⑧可申请免试成人高等教育本科。

⑨免费参加职业培训。

⑩专设工商管理硕士、农业推广硕士、公共管理硕士等专业招收名额。

（3）报名方式

部分地区已与选调生并轨，未合并地区全年均会由各级政府及人社部门网站发布招聘公告，在规定时间内网上报名即可。

（4）考试内容

考试分为笔试和面试两部分。笔试内容为“公文写作”“行政职业能力测验”“公共基础知识”等，具体考试内容由各地区主管部门确定。面试以结构化面试为主，围绕社会各界热点展开。

7. 大学生志愿服务西部计划

大学生志愿服务西部计划，是团中央、教育部根据国务院常务会议、《国务院办公厅关于做好2003年普通高等学校毕业生就业工作的通知》（国办发〔2003〕49号）和2003年全国高校毕业生就业工作电视电话会议精神的要求而实施的，财政部、人社部给予相关政策、资金支持。西部计划服务期为1—3年，按照服务内容分为基础教育、服务三农、医疗卫生、基层青年工作、基层社会管理、服务新疆、服务西藏7个专项。

（1）报考条件

当年普通高等学校应届毕业生或在读研究生可报名。

（2）优惠措施

①服务2年以上且考核合格的，服务期满后3年内报考硕士研究生的，初试总分加10分，同等条件下优先录取。

②参加西部计划项目前无工作经历的志愿者服务期满且考核合格后2年内（研究生支教团志愿者自研究生毕业时开始计算），在参加机关事业单位考录（招聘）、各类企业吸纳就业、自主创业、落户、升学等方面可同等享受应届高校毕业生的相关政策。

③志愿者服务期满2年且考核合格的，报考公务员等享受相关优惠政策。

④服务期满且考核合格的，按规定符合相应条件的，可享受相应的学费补偿和助学贷款代偿政策。

⑤服务期满且考核合格的，依实际服务年限计算服务期及工龄（参加工作时间按其到基层报到之日起算），并在服务证书和服务鉴定表中体现。

⑥服务期满1年且考核合格后，可按规定参加职称评定。

⑦出省服务和在本省服务的志愿者享受同等优惠政策。

⑧中央财政按照西部地区每人每年3万元（南疆四地州、西藏每人每年4万元）、中部地区每人每年2.4万元的标准给予补助。

⑨各地按照全国项目办有关要求，为每名西部计划志愿者（含研究生支教团志愿者）购买重大疾病、人身意外伤害等商业保险。

（3）报名方式

每年5月前后，应届毕业生可登录西部计划官方网站和中国志愿者网站查看有关情况，填写“西部计划报名登记表”进行报名。

（4）考试内容

考试分为笔试和面试两部分，由学校组织安排，综合考察报名学生的思想政治素质、学习成绩和志愿服务经历等情况。

8. 参军入伍

（1）经济待遇

1 名本科毕业生服义务兵役 2 年经济补偿约 16.9 万元，如果选择到新疆、西藏艰苦地区服役，将达到 18.9 万元。义务兵服役期间，在部队的吃穿住行及就医等全部免费。

（2）大学毕业生士兵提干条件

①大学本科毕业是取得本科学历和学士学位且服役期间表现特别优秀的毕业生；研究生毕业必须是取得全日制研究生学历的毕业生。

②截至提干当年 1 月 1 日，本科毕业生年龄不超过 26 周岁，研究生毕业的年龄不超过 29 周岁；荣立二等功以上奖励、被战区级以上单位树为重大典型、表彰为英模人物的，在驻国家三类以上艰苦边远地区、少数民族聚居区部队服役且为少数民族的，年龄可放宽 1 岁。

③截至提干当年 6 月 30 日，入伍 1 年半以上，且在推荐提干的旅团级单位工作半年以上。

④中国共产党党员（含预备党员）或入党积极分子，被评为优秀士兵或被团级以上单位评为先进个人。

（3）退役后考研

①普通高校应届毕业生退役后 3 年内参加全国硕士研究生招生考试，初试总分加 10 分，同等条件下优先录取。

②设立“退役大学生士兵”专项硕士研究生招生计划。从 2021 年起，扩大“退役大学生士兵”专项硕士研究生招生规模，由目前的每年 5000 人扩大到 8000 人，专项计划重点向“双一流”建设高校倾斜。

③在部队荣立二等功及以上奖励的退役人员，符合研究生报名条件的可免试（指初试）攻读硕士研究生。

（4）退役后就业

①高校毕业生士兵退役后一年内，可视同当年的应届毕业生，凭用人单位录（聘）用手续，向原就读高校再次申请办理就业报到手续，户档随迁（直辖市按照有关规定执行）；退役高校毕业生士兵可参加户籍所在地省级毕业生就业指导机构、原毕业高校就业招聘会，享受就业信息、重点推荐、就业指导等就业服务。

②依照国家和省有关政策，退役大学生士兵纳入“服务基层项目”公务员定向招录计划。

③教育部将在“24365”校园招聘服务活动中开辟退役大学生士兵岗位专区，畅通求职就业渠道。

④大学生退役士兵优先录用为基层专职人民武装干部，各地每年按照不低于当年招录计划30%的比例录用大学生退役士兵。

⑤符合当年选聘条件的大学生退役士兵，参加大学生村官招聘，在笔试成绩中加5分，同等条件下优先录用；参加“特岗教师”招聘，在笔试成绩中加5分，面试环节同等条件下优先聘用；参加“三支一扶”志愿者招募的，在笔试成绩中加5分，同等条件下优先录用；大学生西部计划志愿者选拔对大学生退役士兵实行单独招录，比例不超过全省总名额的20%；列入范围的大学生退役士兵也可参加其他非单独招录的西部计划志愿者招录，同等条件下优先录用。

⑥退役后可以免费参加安置地县级以上地方人民政府组织的职业教育、技能培训，经考试考核合格的，发给相应的学历证书、职业资格证书并推荐就业。

二、择业就业观养成

（一）择业就业观含义

就业观就是个体选择职业时的倾向在其脑中的映射，是世界观、人生观、价值观在其职业选择中的具体体现。

大学生就业观是指大学生在面对就业问题时所体现出来的就业理想、动机、心理、标准以及对不同职业的评价取向等，是大学生对就业相对稳定的看法和态度。胡维芳教授认为就业观是“人们在选择职业和从事特定职业劳动过程中所形成或持有的价值取向”，“是个人对就业的一种反应性倾向”。①

综上所述，大学生就业观的形成是一个过程性结果，是大学生主观因素对客观经济环境、就业市场、职业选择的综合性评价结果的表现，具有客观性和主观性两大特征。

（二）大学生就业观的内容

大学生就业观的内容包含广泛，下面主要介绍的是大学生的自主择业观、职业平等观、竞争就业观和多种方式就业观。

1. 自主择业观

自主择业观是劳动者进入劳动力市场，根据自身条件和岗位需求，通过各种渠道自谋职业。20世纪90年代，我国不断强化市场在资源配置中的作用，不断完善市场经济体制，大学生就业政策也及时调整，由原来的统包统分逐步发展为完全以市场为导

---

① 胡维芳：《后危机下“90后”大学生就业观的特点、成因与对策研究》，《青海社会科学》2010年第6期，第72页。

向的自主择业方式。经过 20 多年的发展，我国基本上建立起比较完善的就业市场体制和机制，大学生能够结合市场需求和自身专业特点在劳动力市场寻找适合自己的工作。2014 年李克强总理发出“大众创新、万众创业”的号召，并于 2015 年出台相应鼓励政策，不仅鼓励大学生自由地选择职业，还积极鼓励有想法、有能力的大学生自主创业，实现多元化就业，大学生自主择业进入一个新阶段。

目前，在校大学生以“00 后”为主，这一代大学生个性化特征明显，生活水平和质量明显提高，他们在择业就业时更具有独立择业、自我负责的自主意识。在就业过程中利用自己的文化水平、学习能力、勇于探索创新的优势，在市场经济体制中不断实现自我价值，同时创造更多的社会价值。

2. 职业平等观

习近平总书记在 2019 年新年贺词中特别提到了快递小哥、环卫工人、出租车司机，称他们是新时代的追梦人，是他们用实际行动证明，一切美好的东西都能通过辛勤劳动创造出来。这一贺词深刻体现了对劳动的尊重，也是马克思劳动平等思想的精髓。

因社会分工不同，职业有行业差别，但无高低贵贱之分，社会主义制度下各种职业的劳动者地位是平等的，各行各业的劳动者都是财富的创造者，都为社会主义现代化建设做出了应有的贡献。正所谓“三百六十行，行行出状元”，大学生在求职择业时应该摒弃天之骄子的心态，树立职业平等观念，追求职业理想，到祖国需要的地方建功立业，为国家建设贡献自己的力量。大学生应该胸怀干一行、爱一行、专一行的理念，即便在平凡的岗位上也要做出不平凡的贡献。树立职业平等的观念，在工作中脚踏实地，兢兢业业，有利于更好地实现自己的个人价值。

3. 竞争就业观

随着社会发展和产业结构的升级调整，岗位需求不断变化，我国正在从劳动密集型产业向技术和资本密集型产业转化，加之人工智能的大力发展，传统岗位需求不断减少。而我国目前的劳动力供给规模较大，2020 年高校毕业生总数达到 874 万，2021 年高校毕业生总数更是高达 909 万，再加上往届毕业生未就业人数和农民工就业人数，劳动力市场因此出现供过于求的局面。我国目前发展社会主义市场经济体制，竞争性是市场经济的重要特征。上述事实要求大学生必须树立竞争就业意识，积极主动参与求职竞争，在校期间学好专业知识，全方位提升技能和素质，争取更多就业机会。

4. 多种方式就业观

随着科学技术、网络技术的高速发展，市场择业就业的平台更广阔、需求更多元，新兴行业在经济领域中异军突起，特别是我国进入大众创新、万众创业阶段，大学生择业就业有了更多的选择和去向。未来，职业的界限将会变得模糊，一人可以同时从事多种职业，“斜杠青年”将越来越多地出现在各行各业中。因受到创业政策和创业教育的影响，目前的大学生思想更加开放和自主，敢为天下先的创新意识不断提高，越来越多的大学生选择自主创业和多种方式就业。

（三）大学生就业观存在问题

习近平总书记指出，“青年兴则国兴”。大学生是社会主义现代化建设的主力军，肩负着实现中华民族伟大复兴的历史重任，但从目前调查和了解到的情况来看，大学生在就业观方面仍存在如下问题：

1．缓就业、慢就业现象严重

随着人民生活水平的逐渐提高，可支配收入不断增加，家庭有更多的经济能力供养孩子上学。大学生就业不再以生存为主，所以对就业没有那么迫切。大学生在就业中考虑更多的是舒适、兴趣、自由，为了满足自身追求，他们愿意花更长时间寻找更适合、更高质量的工作。还有一部分大学生由于对自我认知不够，匹配不到合适的工作，故而渐渐选择“慢就业”，这就使得慢就业群体逐渐扩大。

缓就业、慢就业已经成为高校毕业生就业中的常态。2018 年 7 月，《中国青年报》社会调查中心联合问卷网对 2009 名受访者进行的一项调查显示，72.9％的受访者周围有“慢就业”的大学生。①

2．基层就业意识不强

自 2003 年起，国家推出大学生志愿服务西部计划、“三支一扶”计划、教师特设岗位计划、大学生村官等一系列促进大学生基层就业的相关政策，吸引了一批优秀大学生前往偏远地区及有人才需求的欠发达地区就业。基层就业政策一方面为大学生就业提供了岗位，另一方面带动了当地的发展和繁荣。国家每年宣传和号召大学生到基层建功立业，并出台一系列优惠政策，但是相比较国家的大力宣传和号召，大学生对基层就业认识不足，基层就业的意识不强。据调查，仅有 32.56％的大学生较为了解当前大学生基层就业的具体形势，仍有 67.44％的大学生对基层就业实际情况了解甚少。拥有独有资源优势和相对公平发展机制的大城市依然是毕业生就业的首选之地。

3．传统就业观念根深蒂固

中国传统文化中就有“学而优则仕”的思想，儒家思想中将读书归为修身、齐家、治国、平天下的条件。在计划经济阶段和父辈就业观念的影响下，大学生在就业行业上，偏爱政府机关、科教文卫事业单位、大型三资企业和国有企业，找一份稳定和有地位的工作成为大学生首选。通过查看每年公务员报名情况和录取比例，也可以看出传统就业观念对大学生的影响根深蒂固。

---

① 参见张舒茗《慢而不怠，厚积薄发》，《中国大学生就业》2018 年第 20 期，第 19 页。

集体、个体、私营等单位很少有人问津，或者把中小型企业当成备胎和迫不得已的选择。事实上，中小型企业是解决就业的主力军。全国经济普查系列报告显示，截至 2018 年末，我国共有中小微企业法人单位 1807 万家，占全部规模企业法人单位的 99.8%，吸纳就业人员 23 300.4 万人，占全部企业就业人员的比重高达 79.4%，中小型企业肩负着大部分学生的就业工作。虽然，近年来我国不断出台优惠政策促进中小型企业发展，并且鼓励大学生到中小型企业就业，但是大学生就业观念没能及时调整，到正规的“精英化”岗位就业依然是大学生的首选。

4. 升学准备高于就业准备

随着我国高等教育普及化和大众化，高校毕业生不再是社会精英人物。企事业单位在招聘毕业生时，已经将学历看作招聘的必要条件。而且每年大学毕业生人数不断增加，学历和学校的知名度越来越成为竞争的核心因素。大学毕业生升学成为首选，专科学生要升本，本科学生要考研，这些毕业生都希望通过升学加大筹码，以争取将来找一份高质量、稳定的工作。数据显示，本科院校的毕业生选择升学的比例高达 70%，越是知名高校升学的比例越高，还有 20%多的毕业生选择二次考研。大部分学生在毕业年份选择升学，为了升学学生们做足了准备，在大三甚至大二就已经开始着手准备，投入大量的人力、物力和财力为升学做准备。

相比较升学准备而言，就业准备明显不足。通过访谈发现，大部分同学没有做过详细的职业规划，对宏观经济发展趋势和行业发展不了解，对自身将来的就业方向和就业目标定位不明，再加上部分毕业生对自身认识也不清楚，不知道自己的具体需求和具体目标，以致在求职过程中受骗、被拒，归根到底是就业准备不足。

（四）引导大学生树立正确择业就业观

1. 政府：加强思想引领和政策宣传，树立基层就业观

习近平总书记给中国石油大学（北京）克拉玛依校区毕业生回信，希望全国广大高校毕业生志存高远、脚踏实地，不畏艰难险阻，勇担时代使命，把个人的理想追求融入党和国家事业之中，为党、为祖国、为人民多作贡献。

大学生择业就业观教育归根到底属于思想政治教育范畴，政府应统筹就业工作，加强顶层设计。加大理论宣传和思想引领，将就业与核心价值观、历史观、劳动观教育相结合，营造科学健康的就业舆论环境，提供就业资金和信息服务，引导高校毕业生树立科学合理的就业观。

要做好基层项目的宣传，特别是“三支一扶”、大学生志愿服务西部计划、特岗教师、大学生村官等基层项目，引导毕业生到基层，到祖国最需要的地方去，将小我融入大我中，把自己的命运和祖国的命运紧密地联系在一起。通过深入有效的宣传，让学生真正认识到基层岗位对于国家发展和个人进步的重大意义，从而自觉地将个人价

值的实现与国家富强民族复兴结合起来。

2. 高校：建立全方位就业指导体系，树立积极就业观

建立高校大学生全程化、全员化、精准化的就业指导体系。进行大学生就业观教育，需要高校多部门联动。高校的改革理念、培养模式、评价体系、机制体制等紧密结合社会实际，以市场需求为导向，调整课程设置，推动就业指导全面化。高校就业指导不断深入细化，重视就业指导工作的长效性，在入学阶段、职业规划阶段、择业签约阶段等不同时段引导毕业生树立符合实际的就业观念，开展就业指导。开设大学生职业生涯规划课程，将就业政策、职业生涯规划和求职技巧教育放置课堂讲授中，全体学生能够接受就业教育。针对不同阶段和不同群体开展精准化帮扶。帮助学生认清就业形势，积极主动就业。

3. 教师：加大师资培训，做好学生精准化辅导

将辅导员群体吸纳到职业生涯规划课堂，充实就业指导教师师资力量。高校辅导员是离学生最近的群体，他们的指导和帮扶往往也是最有效的。加大对就业指导教师群体的全方位培训，在政策宣传、就业技巧辅导方面都能够给予学生更加专业化和精细化的指导。在课堂上，教师可以采取课上课下、网上网下、理论与实践相结合的方式，全方位做好就业政策的宣传和就业指导，同时加强大学生的就业心理教育，特别关注求职困难和家庭经济困难的学生，制定精准化帮扶措施，引导毕业生形成积极的就业心理，以此促进学生的全面发展，提高就业质量。

4. 本人：调整就业期望值，提高自身综合素质

首先，大学生要确立自己的职业理想并做出合理规划。大学生在规划自己的职业理想时，在主观个人意愿和客观社会需求保持一致的基础上，根据自己的职业规划提前做好准备，为实现自己的职业理想努力奋斗。其次，不断增强自身能力和综合素质。通过理论学习和实践训练，使自己能够在就业浪潮中脱颖而出。最后，用“匠心精神”对待每项工作。作为高校毕业生应该秉承“匠心精神”，干一行、爱一行、专一行，在平凡岗位上做出不平凡的贡献。

三、创业观养成

（一）创业观的基本内涵

1. 创业的理想与信念

创业理想是创业意识的动力系统，也是创业意识的重要组成部分，支配着大学生创业意识的态度、行为及其强度。

创业观培育的首要任务就是要帮助大学生树立起崇高的创业抱负、确立创业理想。帮助大学生树立创业抱负就是要引导当代大学生树立心系国家、创业报国的远大抱负，

引导和教育当代大学生正确对待、处理和认识自身价值与国家利益、社会价值之间的关系，使他们能将二者有机统一，从而树立远大理想，心系人民，胸怀祖国，始终以国家富强、民族复兴为己任，确立为人民幸福、中华崛起努力奋斗的目标，牢固树立为国家和人民的利益而艰苦奋斗的创业理想和抱负。

2. 创业的心理品质

优秀的心理品质是当代大学生创业成功的关键和前提。高校德育理应强化对当代大学生优秀创业心理品质的培育，使投身创业的当代大学生具备面对创业风险的心理准备和应对大风大浪的心理适应能力。构筑德育创业观中的心理品质内涵对培养当代大学生具有重要作用和意义。

首先，创业观培育在塑造当代大学生的健全人格和创业者品质方面具有重要作用。健全的人格是当代大学生创业成功的基础。人格既是心理学的一个范畴，同样也是德育领域的一个重要范畴。引导和培育大学生不断完善性格、气质、能力，培育国家当前和未来建设中需要的具有创意、创业、创新精神的创造型人才的健全人格，是高等学校德育创业观培育的重要职责。

培育大学生创业观的重要任务就是培养当代大学生的创业心理品质，具体有独立、理性的心理特质，勇于冒险、积极创新的创业思维，顽强拼搏、理性判断、勇于承担责任的创业精神，以及顽强的意志和面对挫折坚韧不拔的毅力、和而不同的合作精神、密切配合的团队意识等。同时，当代大学生创业观需要倡导正确的价值导向，主要有自主意识、创新意识、开拓精神、冒险精神等。自主意味着当代大学生要摒弃等、靠、要的心理，由自己需要被雇佣的心理转变为自己要当“老板”的主动心理；创新是创业的基础，倡导创新意味着高校创业观要培育当代大学生对所要开创的事业持有不拘泥于现实、不拘于常规的心态；开拓意味着开辟和拓展，高校创业观要培育当代大学生从无到有的勇气、勇于探索的意志品格；而冒险精神在创业观的德育内涵构成中是必不可少的，这就要求创业观要培育当代大学生办事果断、不怕失败、勇往直前的心理品质。创业观的培育可以多强调主体性，多采用实践体验的方法以及典型案例教学的方法，使当代大学生在创业观培育的过程中，通过参与、体验、实践以及同创业成功人士交流与对话，亲身体会，感同身受，高度认同创业观培育所提出的创业者应具备的心理品质。

其次，创业观培育在培养当代大学生的社会责任感方面具有重要作用。意大利思想家朱塞佩·马志尼认为人一辈子具有对自己、家庭、社会和人类的四大角色责任。社会责任感是指在特定社会条件背景下人或群体形成的对国家、集体、他人所承担的职责、任务和使命的态度。大学生社会责任感的强弱会直接影响到大学生自身的创业，如果一个大学生没有社会责任感，诚信意识就会淡薄，个人道德也会受到质疑，这对当代大学生创业是不利的。高校德育作为培育当代大学生社会责任感的主力军，要通过教师发挥自身的模范作用及一系列系统的培育措施，引导大学生增强社会责任感。高校还可以通过改革大学生德育评价体系，把社会责任感列为当代大学生德育鉴定的内容；不断改进德育中社会责任感培育的内容和形式，用明确的规范和准则来约束当代大学生的行为。此外，高校还应该营造培育社会责任感的校园文化氛围，只有这样，才能更好地培育大学生的社会责任感，进而产生对社会负责的创业行为。

高等院校应以创业观系统培育为抓手，把创业的道德规范和要求传授给当代大学生，通过创业实践活动使大学生把这些规范和要求转化为个人直接的道德要求，把符合社会要求的创业准则转化为当代大学生的个人准则，让当代大学生认识到他们肩上应该承担的责任，了解当代大学生对国家和民族的责任，并在未来的创业实践中把所创的事业与国家兴旺、民族复兴联系起来。

3. 创业的道德法治观念

首先，树立诚信意识。做人的基本准则就是要诚实守信，这是人与人之间、人与社会之间最基础的道德规范，特别是当今市场经济条件下的一个最基本的道德规范。当今社会，人们越来越重视个人信誉，诚信的价值在当代大学生创业过程中是难以简单用物质回报来衡量的，它不但是大学生创业必备的前提和基础，也是一个人品质的标志。缺乏诚信，最终必将导致创业的失败。诚信是当代大学生创业过程中必须具有的道德品质，但是当代大学生中不讲诚信的现象仍然存在，如果缺乏诚信成为一种习惯，最终将产生难以估量的后果。

在创业观培育中开展大学生诚信教育，除了有利于当代大学生个人的创业与发展外，更重要的是，这些接受诚信教育的大学生在未来创业实践和参与市场竞争的过程中，能够以身示范，用诚信意识影响整个市场环境，形成良性循环。可见，将对大学生进行诚信教育纳入德育内涵，不仅是当代大学生创业实践的需要，也是知识经济时代创建和谐社会的需要。

其次，塑造当代大学生正确的职业理想和良好的职业道德。当代大学生正处于社会变革和飞速发展的时期，社会的飞速发展为当代大学生择业创业带来了新的机遇，同时也带来了严峻的挑战。树立正确的职业理想和良好的创业道德，对大学生顺利就业创业以及在创业就业实践中把职业理想化为现实和完善人格有着重要意义。因此我们在培育创业观的同时要将帮助当代大学生塑造正确的职业理想和良好的职业道德纳入德育创业观的内涵，通过德育，让当代大学生树立工作在前、享受在后的奋斗精神，将道德实践融入大学生日常学习生活和创业实践活动中，引导当代大学生自觉养成诚信、明礼、守法、友善、敬业的基本道德素质。

最后，深化当代大学生法治意识教育。未来社会主义市场经济一定是法治经济，社会主义法治必将成为市场经济持续、稳定、健康发展的根本保证。当代大学生只有坚持依法创业，才有可能取得成功。当前，部分大学生法治意识淡薄，创业大学生的合法权益受到侵害的案例也很多，因此，高校创业观的培育应帮助正在创业和即将创业的当代大学生树立起法治意识和依法办事的观念，让他们学会用法律、法规约束自己，并保护自己的合法权益。树立法律信仰，形成良好的法律意识和法律观念。通过德育创业观的培育对当代大学生进行法治意识的教育，这样才能使当代大学生成为未来真正意义上的守法、懂法且会用法的创业者。

4. 创业的艰苦奋斗精神

知识经济时代，市场竞争日趋激烈，当代大学生的创业不可能一蹴而就，必定是一个比较漫长的过程。而且，创业本身不可避免地存在着巨大风险与困难，所以也不可能是畅通无阻的。创业的这一特点说明当代大学生要想创业成功必须具备艰苦奋斗的精神。然而，当代大学生中仍然存在生活上不注意节俭甚至奢侈浪费、学习上缺乏刻苦钻研的精神甚至投机取巧等现象，这些现象如不及时加以引导，必将对当代大学生的创业活动产生不利影响。艰苦奋斗不是与生俱来的，而是靠后天磨砺、感悟或教育而产生的。高校创业观培育中可以通过榜样示范、典型案例教育广大学生，应高度重视构建“教育＋实践磨炼”这个重要的“孵化器”。可以将抽象的理论具体化、人格化，让当代大学生清楚地意识到，艰苦奋斗是当代大学生创业不可缺少的精神。同时，在德育创业观培育中还可以组织大学生参加强化艰苦奋斗、吃苦耐劳精神的一系列实践活动，让当代大学生在实践中更好地锻炼自己。

5. 创业的科技创新意识

科技创新是指创造和应用新知识和新技术、新工艺，采用新的生产方式和经营管理模式，开发新产品、提高产品质量、提供新服务的过程。它是推动社会进步、促进经济发展、提高生活水平和改善生活质量的强大力量。党的二十大报告中指出，要坚持面向世界科技前沿、面向经济主战场、面向国家重大需求、面向人民生命健康，加快实现高水平科技自立自强。科技强国是国家发展的战略支撑，科技创新是响应创新型国家战略的重要内容。

（二）培育正确创业观的目标

1. 提升自身创业素质，促进全面发展

创业是一项艰苦、复杂的系统工程，这就要求大学生创业者的素质应随着社会经济的发展而不断提高。高校大学生创业者应当具有良好的道德素质、心理素质以及必备的专业素质。作为一个立志创业之人，首先应该立德。创业者的良好道德品质和强大的人格魅力，具有协调人际关系、激励员工奋发向上、营造企业文化认同的重要作用。其次，对于大学生创业者而言，要求能够承受长时间的压力，具备承担风险的忍耐力和顽强执着的精神。狄德罗曾说过："想象，这是种特质。没有它，一个人既不能成为诗人，也不能成为哲学家、有机智的人、有理性的生物，也就不成其为人。"想象是创造性思维和创新能力的关键因素。同时，大学生创业者还应当具备一定的专业素质，在综合素质的全面发展下，大学生自身创业素质才能得到完善和发展。

人的全面发展是思想政治教育的目标，大学生创业观培育是促进人的全面发展的重要途径。人是实践活动的载体，人的全面发展在人们的实践活动中得以实现。人们在选择并追求某种生存方式时就是在伴随主体意识的觉醒中追求自身的发展，这种追求督促人们不断提升自己的能力。当实践创造了物质文明和精神文明，人的发展在主体意识的驱使下达到量的积累进而需要质的转变时，便出现了关于人的发展的理论。人的发展要求并非天生而成，而是人们赋予的追求目标。人的发展需求及其理论的正确性只有在人的实践活动中才能得到认证。人的活动的全面发展还表现为人的需要和人的能力的全面发展。人的一切行为都是由需要引起的，个人需要在某种程度上决定了其一定的生存方式和生活状态。人的发展就是在不断产生需要、追求和实现需要的过程中实现的。培养大学生创业观的目的，就是要求我们所培养的人才必须是具有综合全面的能力、崇高的价值取向、很强的风险意识、清晰的伦理道德观念的自觉性的人，同时还应具有良好的心理素质，促进其全面发展，调动和激发人们内在的能动性和创造性，最终培养出社会需要的人才。所以，培养大学生创业观与马克思的人的全面发展理论是一致的。

2. 树立正确的创业观

创业观培育的基本任务就是引导受教育者树立正确、科学的创业观。一个人只有树立了正确的创业观，才能在创业实践中自觉调整和校正个人的思想行为，使其符合一定的社会规范和行为准则，成为一个遵纪守法、品德高尚的人，一个健康向上、有益于社会的人。要培育正确的创业观，最重要的就是要把创业观教育与受教育者的思想特点和生活环境结合起来，把个人的追求与社会发展、人类进步的需求有机结合，由此培养和提高其辨别是非对错的价值判断能力、抵御不良思想侵蚀的自我觉悟能力。在思想多样化和文化多元化的背景下，是与非、对与错复杂相伴，这就要求大学生在创业中应坚持正确的价值取向，这既是对伦理道德观念的挑战，又能促进正确创业观念的形成。在市场经济高速发展的挑战下，培育大学生正确的创业观，就是要大学生对创业的风险有清醒的认知，能事先做好应对风险的准备，以不变应万变。在风险真正来临时，能够临危不乱，理智冷静地面对创业风险，做好应对处理。当紧急风险不能避免时，不能走邪门歪路，能认识到创业是损益并存的，要时刻保持正确的创业观。要培育正确的创业观，还要注重个人能力的培养。大学生应积极参加学校和社会开展的创业实践活动，锻炼自己的合作能力、判断能力、执行能力、组织能力、领导能力、人际交往能力。

3. 树立正确的科技创新观

首先，要增强科技创新意识。在大学学习生涯中，注重科技创新意识的培养，认识到科技创新对社会和个人的重要性和意义。其次，要提高科学素养。科技创新离不开扎实的科学基础。在学习过程中，要积极参与科学实验、参与科研项目等活动，具备一定的科学知识和科学思维能力。再次，要积极参与科技竞赛。鼓励学生积极参加各类科技竞赛，如中国国际“互联网＋”大学生创新创业大赛、全国大学生电子设计竞赛等，在竞赛中培养学生的创新思维和创新能力。最后，要鼓励大学生敢于尝试、勇于创新，积极参与跨学科、跨领域合作，促进知识的融合和创新成果的产生。总之，需要不断推动科技创新，营造鼓励创新的文化氛围，提高大学生的科技创新意识和能力，为社会发展和经济建设贡献力量。

实践活动

请与同学结组，对你所在学校或学院同学的创业意愿情况进行调研，了解大学生的创业兴趣、对创业的理解以及当今大学生创业会面临的主要问题等，制订调研计划，形成调研报告。

活动目标：____

____

____

____

____

活动计划：____

____

____

____

____

活动结果：____

____

____

____

____

活动评价：____

____

____

____

____

第三节　提升就业创业能力

一、职业素养

（一）职业素养的含义

职业素养是人类在社会活动中，需要自发遵循的道德规范，是职业内在的要求，是一个人在工作过程中表现出来的综合品质。一个人的职业素养，可以看作一个人的内涵，对应做出的行为，可以看作外在表象。

（二）职业素养的组成

职业素养主要由职业道德、职业思想、职业行为习惯和职业技能四个方面体现。职业道德是人们在职场中需要遵循的基本道德，是一般社会道德在职场中的具体表现，主要通过人们的自律性进行约束。职业道德又可分为职业品德、职业纪律、专业能力、职业责任几个具体方面。职业思想又可称为职业意识，是人们对职业劳动的认识、评价、情感和态度等心理成分的综合反映。职业行为习惯是指一个人长期从事某种职业而养成的具有职业特点的言谈举止，良好的职业行为习惯是成功必不可少的要素之一。职业技能是从事一项工作必须具有的技能，通常需要花费一定的时间才能掌握。前三者主要是世界观、人生观、价值观的产物，职业技能则是通过后天学习、训练获得的。职业素养可以通过以下几个方面具体体现：

1. 爱岗敬业

爱岗敬业是重要的职业素养，也是经常出现在招聘启事中的要求，各行各业都将爱岗敬业作为职业道德之首，并将其作为考核、培养员工的重要标准。

中国工程院院士钟南山大家都不陌生。2003 年，他 67 岁，我国暴发“非典”疫情，遇到多个未知难题，无章可循，但他一句“把重症患者都送到我这里来”，稳定了所有医护工作者的情绪。2020 年，新冠疫情席卷全国，他 84 岁，依然第一时间奔赴现场，在赶往武汉的高铁餐车上仍研究文件和分析病例，因为他的敬业，处于恐慌中的人们就像被打了一针镇静剂。钟南山院士爱岗敬业，以国之重任为己任，将永远被历史所铭记。

2. 领导能力

领导能力是一种特殊的人际交往影响力，是把握组织的使命及动员人们围绕这个使命奋斗的一种能力。组织中的每一个人都会影响他人，也会受到他人的影响。系统是否正常运转取决于各要素能否协调发展，而协调发展的关键就在于领导者和其他成员之间的互动，能否使双方形成统一的认识。

迈克尔·戴尔是戴尔公司的创始人，为了推广互联网的普及和深化，迈克尔·戴尔亲力亲为，亲自设计宣传海报，把自己的形象设计到海报中，并在多次公开演讲中热情洋溢地表达自己对互联网的看法。迈克尔·戴尔积极进取的精神与高效的领导能力影响着公司的每一个人，最终，戴尔电脑有70%的营业额通过网络下单成交，戴尔公司也推动了互联网的进一步发展。

3. 有效沟通

沟通是信息凭借一定的符号载体，在个体和群体间进行传递，并获取理解的过程。有效沟通最重要的三个条件便是沟通具有目的性、及时性和准确性，并在沟通时使内容、声音、肢体动作协调一致，以达到更好的沟通效果。

举一个简单的例子，一位老教授精心准备了一个重要的演讲，但是他的西装并不太合身，裤腿长了两厘米，影响倒是不大。头一日晚上，老教授早早便睡下，老婆想到演讲的重要性，便把裤腿剪短了两厘米。半夜十二点，儿子想到裤子可以修剪一下，便也将裤腿剪短了两厘米。翌日五点，女儿早早起来，心想时间还来得及，便又把老教授的裤子剪短了两厘米。等到老教授穿上裤子时却傻眼了，直接变成了九分裤。没有有效的沟通，即使付出了三倍的努力，也还是没有达到目的。

4. 善于思考

时间对于每一个人都是公平的，但一段时间后，相同起点的人总会拉开一定的差距，如何有效地规划，有效地适应新形势，做到随机应变，已经变得至关重要。勤于动脑，善于思考，是我们每个人都应具备的优良素养。

有这样一个故事，约瑟夫和威廉两个人同时被一家公司录取，开始的半年时间里，两个人一样的努力，但是半年后只有约瑟夫得到了升职。威廉愤愤不平，去找老板理论。老板微笑着让威廉去集市上看看今天农夫在卖什么，威廉很快跑回来说农夫在卖土豆。老板又问威廉这一车有多少千克土豆，威廉又跑去，回来说有100千克。老板再次提问，土豆的价格是多少，威廉又气喘吁吁地跑回来，还没等回答，老板笑着让威廉休息一下，并把约瑟夫叫了过来。老板让约瑟夫去看看农夫在卖什么，约瑟夫很快从集市回来，并向老板汇报，农夫今天在卖土豆，共有 100 千克，价格适中，质量比较不错。听完约瑟夫的回答，老板满意地点了点头，威廉也明白了自己的差距。

5. 恪守职责

“责任心”一词对所有人来说都不陌生，任何人都在教导我们做事要有责任心。责任心就是一个人对于一件事勇于负责、主动负责的一种态度，是我们做好工作、成就事业的前提，只有把责任心放在首位，才能想方设法地克服困难，走向成功。

2020 年 1 月 23 日，武汉市新冠肺炎疫情形式异常严峻，武汉市实行全封闭管理，所有公共交通暂停运营，全国各地通过铁路运输的驰援物资由中国铁路物资集团武汉有限公司进行调配。此时，保卫班班长陈良刚挺身而出，为了减少他人的感染风险，他把床安在了值班室的沙发上，一睡就是 20 多天，保证了物资的高效合理调配。

6. 忠于岗位

忠诚是一种人格特质，它能给我们带来自我满足感，让我们更加懂得自尊自爱，同时，它也能给予我们强大的精神力量。每个人都忠诚于自己的组织，这个组织才会强大，才会牢不可破。

《汉书·苏武传》中记载，天汉元年（前 100），苏武奉命以中郎将持节出使匈奴，被扣留。匈奴权贵多次威逼利诱，欲使其投降，苏武不从，之后匈奴又将其迁至北海（今贝加尔湖）边牧羊，并扬言公羊产子后才将其释放回国。苏武作为使节丝毫没有动摇，被匈奴扣留 19 年，历尽千辛万苦才得以回归故土。

7. 诚实守信

诚信永远是成功人士的通行证，从古至今，大至一个国家，小到一个人，诚信永远都是立身之本。它是衡量一个人品格的标尺，一个守信的人，更能赢得别人的青睐，为自己的发展赢得更多的机会。

“信义兄弟”孙水林、孙东林的故事相信大家都有所耳闻。在北京做建筑工程的孙水林答应年前给员工发工资，于是携带 26 万元现金连夜驱车前往武汉。不幸的是，由于天气恶劣发生重大车祸，孙水林一家五口全部遇难。弟弟孙东林为了兑现哥哥的承诺，驱车 15 个小时赶回老家，在大年三十前一天将工资发放到员工手上。孙水林、孙东林兄弟 20 年坚守承诺，被人们赞为“信义兄弟”，他们也被评选为感动中国 2010 年度人物。

8. 雷厉风行

在确立方向、明确目标后，执行是第一要务。高效的执行力，是员工必备的基本素质。

举一个很经典的例子，曾经有家著名的公司进行招聘，应聘者都很自信地回答了考官们提出的问题，但都未被录用。这时，有一位应聘者，走进房门后，看到了地毯上有一个纸团，地毯很干净，那个纸团显得很不协调。这位应聘者弯腰捡起了纸团，准备把它扔进纸篓里。这时考官发话了：“您好，朋友，请看看您捡起来的这个纸团吧！”这位应聘者迟疑地打开纸团，只见上边写着：“热忱欢迎您到我公司任职。”几年以后，这位捡纸团的应聘者成为这家著名公司的大总裁。

9. 团结协作

成功不是靠一个人实现的，在现代社会，团队的力量远远大于个人的力量，企业进行招聘时，“团队协作能力”已成为一个重要的衡量指标，职场竞争的最高境界也逐渐定义为合作共赢。

美国加州有一种叫作红杉的植物，高度近百米。自然界的普遍规律是根深叶茂，但红杉却恰恰相反，只有浅浅浮在地面上的根。理论上来讲，只要一阵风，就会将红杉连根拔起。但科学家进一步研究后发现，红杉是成片成片地生长，形成一片片红杉林，因为彼此的根互相交错在一起，通过互相的协助而成功抵御了自然界的狂风。

10. 乐观豁达

乐观豁达是一种绽放的正能量，可以照亮人心，温暖世界。乐观的人往往能够积极面对各种挫折和困难，从而使自己不断成长和进步。

我国著名体操运动员桑兰，被誉为中国的“跳马王”，然而因为1998年的一次意外，双手和胸部以下永远失去知觉，但她仍然笑对人生，2002年进入北京大学新闻系攻读学士学位，2008年成为北京申奥大使，同年担任北京奥运官方网站特约记者。

二、创造性劳动

创造性劳动是中华民族历久弥新、赓续发展的助推器。创造性劳动是指对原有劳动内容、劳动方法的突破与创新，是对机械性劳动、毫无主观意识与明确目的的单调劳动的批判与超越。习近平总书记指出：“当今世界，综合国力的竞争归根到底是人才的竞争、劳动者素质的竞争。”① 在新的历史方位下，为了实现中华民族伟大复兴的中国梦，我们仍要继承并发扬创造性劳动的优秀品质，以推动中国速度向中国质量转变、中国制造向中国创造转变、制造大国向制造强国转变。

（一）大学生创造性劳动的途径

1. 校内创业实践

除了通过课堂教学和实践实训培养大学生创新创业能力外，创新创业竞赛是选拔创新创业型人才的主要载体之一，高校大学生创新创业能力的综合考察方式之一就是创新创业竞赛。大学生创新创业大赛对高校创新创业型人才培养以及对高校创新创业

---

① 习近平：《在全国劳动模范和先进工作者表彰大会上的讲话》，新华网，2020年11月24日。

教育改革的推进有积极作用与意义。

通过参与“双创”大赛，建设“双创”孵化基地、“双创”讲座和训练营等“双创”模拟活动，为大学生创造体验创业实践的机会。在这个过程中，引导大学生学会思考、学会解决和处理遇到的各种问题和突发状况，形成创业行动力。通过广泛开展的“双创”教育实践，促使学生把课堂上学到的理论知识及时地应用于实践过程中，实现知与行的统一。

2. 专业知识学习

劳动教育与专业学习具有内在一致性和统一性。一方面，专业学习本身就是一种脑力劳动，学习的过程本质上也是一种劳动；另一方面，专业学习的最终目标，也是劳动的根本需要。学校根据专业发展开设课程，传授专业劳动知识，培育学生的专业劳动技能，培养具有创新精神和实践能力的高素质劳动者。

首先，大学生要拓宽专业视角，推进劳动教育与不同学科领域的专业相融合。在自然学科领域，如化学、物理等理科的相关实验，或者机械、电气、土木等工科专业的应用技术和工艺等，都是劳动教育与专业实践相融合的例子。在社会科学领域，毛泽东同志早年在湖南考察农民运动、社会学家费孝通所做的田野调查也都具有劳动的性质。在艺术领域，美术的绘画创作和音乐的创作，都是需要动手动脑的创造性劳动，这些专业也是与劳动教育相融合的鲜活实践。

其次，要充分抓好课堂教学知识传授的主渠道，在潜移默化中融入劳动教育。在进行专业教学活动中，将劳动意识、劳动关系、劳动法以及劳动职业生涯发展教育融入专业教学内容中，为学生提供完整且系统的劳动教育，让学生能够系统了解劳动的相关知识，维护自身的劳动权益，营造尊重劳动的环境。同时，根据专业的不同，高校可利用课外时间组织相关的劳动教育活动，以达到通过劳动教育促进专业教学的目的。

最后，日常的学习、考试、实习、毕业论文写作等都是专业教育的关键节点，融入了辛勤劳动、诚实劳动以及创造性劳动的教育内容。学习是大学生第一个重要的劳动过程，在这一过程中，学生通过辛勤劳动提升了对知识吸收理解的能力。诚实劳动可以从培养学生诚信考试做起，逐步加强对学生日常作业、课程论文、毕业论文、实践报告等查重力度。创造性劳动则可以从学生的实习活动和毕业论文的写作中体现出来。

（二）大学生创造性劳动的意义

1. 成为符合国家未来战略高度的创新型人才

中国未来的国家竞争力，离不开创新型产业、高科技产业，而无论是新兴产业的产生，还是原来旧有的传统产业向高科技方向的转型，都离不开创新创业型人才。而站在国家层面来看，最具潜力、最应该花较大力气培养的，正是在校的大学生们。通过创新创业训练和增加实践机会，在学生心中种下一粒创新创业的种子，未来就有可能遍地开花。同时，随着高校毕业生人数的逐年上升，应届大学生的就业问题，也是每年毕业季国家都重点关注的问题。有强烈意愿和兴趣创业的大学生提前进行相应演练，毕业之后选择自主创业，成功率会更高。这不仅解决了大学生创业者自身的就业问题，还能带动其他人员的就业。

2. 培养大学生的创新精神

创新是一个民族的灵魂，是一个国家兴旺发达的不竭动力。大学生的创造性劳动，有利于培养勇于开拓创新的精神，把就业压力转化为创业动力，培养出越来越多的各行各业的创业者。美国作为世界最发达的国家之一，其大学生的创业比率一直在20%以上。美国前总统里根曾说：一个国家最珍贵的精神遗产就是创新，这是国家强大与繁荣的根源。

3. 大学生自我价值实现

大学毕业生通过自主创业，可以把自己的兴趣与职业紧密结合，做自己最感兴趣、最愿意做和自己认为最值得做的事情。在五彩缤纷的社会舞台上大显身手，最大限度地发挥自己的才能，并获得合理的报酬。当前社会鼓励大学生创造性劳动，虽然有缓解就业难的一面，但就大学生自身来说，其创业的主要原动力则在于谋求自我价值的实现。而只有提高大学生创业的比例，整个社会才能形成创业的风气，才能建立“价值回报”的社会新秩序。

三、能力评价

近年来，我国创新创业教育蓬勃发展，已经成为新时代一流大学建设的重要指征，也为世界高等教育的发展贡献了新的经验。随着国家创新驱动发展战略的全面实施和国际形势的不断变化，创新创业教育改革也逐渐步入“深水区”。回归教育本身，自主创新能力及创新型人才的培养成为打造“双创”升级版的题中要义以及创新创业教育内涵式发展的根本立足点。同时，随着我国经济社会的快速发展，产业结构不断优化升级，国家对大学生创新创业能力提出了更高的要求。

（一）创新创业能力的构成要素

近年来，在国家创新驱动发展战略以及政府对创新创业教育工作的大力推动下，大学生创业活动日趋活跃，创业热情愈发高涨。我国高校毕业生创业率已升至3%左右，但仍与欧美发达国家28%的创业率与20%的成功率存在较大差距。我国创业教育起步较欧美国家晚，同时也受到社会文化因素的影响，而创新创业能力不足是导致大学生创业成功率较低的直接原因。关于“创新创业能力”的概念界定，学界尚未达成共识，多数学者采用将“创新能力”与“创业能力”相结合的方式对其加以研究和界定。

总体而言，创新创业能力由创新创业思维、创新创业知识、创新创业实践、创新创业素质四个一级维度及多个二级指标构成。其中创新创业知识和创新创业实践主要通过学校创新创业教育获取，而创新创业思维、创新创业素质的影响因子更为复杂、长期。

创新创业思维。以创造性方法解决问题的思维过程，是创新创业行为得以发生的内驱力与必要条件，包含动机、兴趣、思维方式三个构成要素。

创新创业知识。个体要完成创新创业行为所必备的基础知识、学科专业知识、跨学科知识、经济财会知识与组织管理知识等五个要素的总和。

创新创业实践。个体主动将自己或他人的想法付诸实践的能力，包含机会把握、抗压能力、学习能力、领导力、人际交往与沟通能力、创造能力、资源整合能力、组织管理能力等八个要素。

创新创业素质。个体完成创新创业活动所必备的心理素质，包含自信、乐观、坚韧、冒险、勇气、责任等六个要素。

创新创业能力结构模型

创新创业思维	创新创业知识	创新创业实践	创新创业素质
动机	基础知识	机会把握、抗压能力	自信、乐观
兴趣	学科专业知识	学习能力、领导力	坚韧、冒险
思维方式	跨学科知识 经济财会知识 组织管理知识	人际交往与沟通能力、创造能力 资源整合能力、组织管理能力	勇气、责任

（二）创新创业能力的影响因素

大学生创新创业能力影响因素大致可划分为五个维度，即国家、社会、高校、家庭和个体。其中，国家、社会、高校、家庭属于外部环境因素，呈现一定的客观性；个体维度属内部因素，主观性更强。

（三）创新创业能力评价

根据对大学生创新创业能力产生影响的五个维度，可将创新创业能力的评价指标系统地归纳为四个方面，即社会环境、学校教育、实践参与、成果产出。

1. 社会环境

社会环境主要是指政府、社会及高校为大学生创新创业所提供的政策支持、文化建设、行业环境和投入机制等。其中政府政策支持、投入机制直接影响大学生就业创

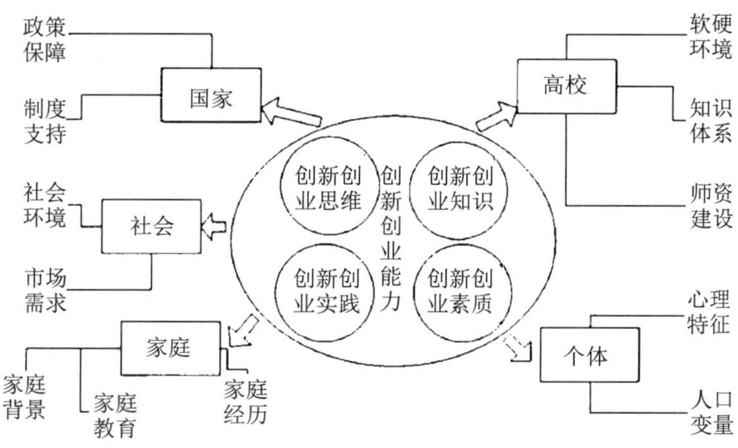

创新创业影响因素图

业数量和质量；行业环境影响大学生创新创业的类型；社会、学校、家庭的文化内涵则影响大学生创新创业思维和创新创业素质。

2. 学校教育

学校教育主要是指高校创新创业教育改革、专创融合、师资队伍建设、“双创”实践实训平台建设、学生知识储备结构等，直接关系到人才培养范式的改革以及人才培养质量。

3. 实践参与

学生实践参与主要指大学生创新创业训练计划项目、创新创业类竞赛、学科竞赛、科研项目、成果转化等实践活动，大学生的参与度直接体现大学生创新创业实训程度和实践能力。

4. 成果产出

成果产出主要指能够反映大学生科研、创新、创造、创业能力的相关成果，包括论文发表量、知识产权获得量、“双创”比赛获奖量、学科竞赛获奖量、奖项级别以及创业实践活动的成功率、成长性等。

实践活动

请与同学结组，就创业就业应具备哪些能力展开讨论，通过讨论，思考和反省自己在创业能力方面还有哪些欠缺，制订调研计划，形成调研报告。

活动目标：____

____

____

活动计划：

活动结果：

活动评价：

第四节　实习实训

实习实训是高校人才培养的重要环节，是架在理论与实践之间的桥梁，是大学生直接接触生产现场，形成劳动素养与技能的重要途径，也是大学生接受劳动教育的必经环节与重要组成部分。《中共中央 国务院关于全面加强新时代大中小学劳动教育的意见》指出："高等学校要注重围绕创新创业，结合学科和专业积极开展实习实训、专业服务、社会实践、勤工助学等，重视新知识、新技术、新工艺、新方法应用，创造性地解决实际问题，使学生增强诚实劳动意识，积累职业经验，提升就业创业能力，树立正确择业观，具有到艰苦地区和行业工作的奋斗精神，懂得空谈误国、实干兴邦的深刻道理；注重培育公共服务意识，使学生具有面对重大疫情、灾害等危机主动作为的奉献精神。"实习实训能够强化学生专业理论认知，丰富社会实践经验，增强学生解决实际问题的能力，从而体验劳动的艰辛与快乐，更加热爱生活。实习实训在培养学生实践能力、创新精神，树立事业心、责任感，养成科学的劳动价值观等方面发挥着重要作用。

一、实习实训概述

（一）实习实训的概念

“实习”是指学生到企事业单位、社会团体及其他社会组织机构进行的教学实习、生产实习等综合职业练习，一般是高校按照专业培养目标和教学计划的要求，组织学生进行的实践教学活动，包括观察和学习专业技能、亲身体验职业工作等。《教育部关于加强和规范普通本科高校实习管理工作的意见》（教高函〔2019〕12号）中提到：“实习是人才培养的重要组成部分，是深化课堂教学的重要环节，是学生了解社会、接触生产实际，获取、掌握生产现场相关知识的重要途径。”其实质是将理论知识应用到实际工作中，培养学生的实践能力与创新精神，形成职业能力与职业素养的一种教学活动。

实训侧重对学生进行单项技能和综合技术应用能力的训练，可以在校内实训基地进行，也可以在校外企事业单位进行，但实习与实训都指向大学生进入社会工作之前的职业训练，都强调在生产劳动情境下的实践体验。“实习可以看成是到职业场所的实训，校内实训可以看成是实习的准备或模拟实习，一般并不对两者做严格区分。所以在高等教育教学过程中，让学生在真实或仿真的环境中进行掌握专业技术或技能的训练活动，可以统称为实习实训。”①

高等教育人才最终会走向社会中的各行各业，而企事业单位、科研院所等各种职业机构都希望毕业生具备职业所需的工作技能与职业素养，能够一入职就胜任分派的工作任务。而实习实训则是架在学校与社会之间的一座桥梁，其目的是帮助大学生正式进入社会之前熟练掌握职业技能，培养学生的职业素养。

顺利开展实习实训工作离不开实习实训基地的建设。高等学校校内外实习实训基地主要是指根据各行业与岗位对技能培养的要求而设立的校内外实习和社会实践场所，如工厂、农场、学校、医院、法院、图书馆、档案馆等。很多高校的校内生产实习实训基地，按照产品生产的流程等来设置，引入了企业真实的工作情境与管理模式。学生实习实训的工作任务“不管是来源于社会的真实项目（即生产商品），还是模拟的教学任务（即生产产品），其产品或服务的设计、内容、标准、技术规范、成本控制、验收要求等都按照企业生产或市场的标准进行，实施市场化运作，使整个实训过程真正实现理实一体、学做合一，在‘做’中‘学’，在‘学’中‘做’，有效提高了实践教

① 马开剑主编：《大学教学论基础》，山东大学出版社2011年版，第124页。

学质量”①。

（二）实习实训的劳动属性

实习实训相当于一种体验式学习，目的是学习专业知识技能，锻炼动手操作能力，让学生在实习实训中感受劳动的艰辛与快乐，促使学生顺利从学校走向社会。实习实训具有教学与生产的双重属性。一方面在生产劳动中学习，一方面在教学中进行生产劳动，因此，实习实训便具有了劳动属性。

实习实训究竟算不算劳动，这个问题在法律学界与社会学界的认知是不同的。有的学者认为实习实训不是劳动，如董保华教授认为，法律上“我国劳动法采取双适格的调整方式，即用人单位与劳动者均符合法律要求方可纳入劳动法调整的对象”，而学生的“本职是学习，实习生没有就业意向，不是适格的劳动关系主体，因此学生不能适用劳动法的规定”。② 王全兴教授认为：“大学生的学生身份使其行为自由受到了限制，一般不能成为招工对象。”③ 他们认为在校大学生在企事业单位参加实习时，其身份仍然是学生，其活动仍然受学校管理，实习的过程是学校教学的延伸。而接受实习学生的用人单位只是响应教育部号召，为大学生提供一个参加实践的机会，并没有将其聘为单位员工的意思。

有的学者认为大学生实习和校外兼职等有报酬的劳动属于劳务关系，是雇佣意义上的劳动者。黎建飞教授认为，只要是具有从属性的使用劳动者并支付报酬的劳动关系，就应当一并纳入《劳动合同法》的最低保护范围。④ 如《浙江省高级人民法院关于审理劳动争议案件若干问题的意见（试行）》（2009 年）第 6 条规定：“在校学生在实习期间，因履行实习单位指派的任务，受到伤害而发生争议的，按雇佣关系处理。”《广东省中山市中级人民法院关于审理劳动争议案件若干问题的参考意见（2011 年）》第 10 条规定：“在校学生在勤工俭学或实习（见习）期间，与所在单位发生争议的，不属劳动争议，按劳务关系处理。”

也有学者认为实习生和实习单位之间的关系是一种“准劳动关系”。他们认为实习学生与用人单位之间的法律关系虽然不是严格意义上的劳动关系，但具有劳动关系的某些特征，认为在工作时间、劳动报酬、享受工伤待遇等方面能够参照《劳动法》和《劳动合同法》来执行。如邹欢艳认为：“由于学生已经事实上在用人单位提供劳动力，其人身在一定范围内交由企业支配，与企业形成特殊劳动法律关系，本文称之为‘准

---

① 石灯明主编：《湖南教育发展研究报告（2015）》，湖南教育出版社 2015 年版，第 121 页。

② 董保华、陆胤：《企业雇用在校大学生相关法律问题探讨》，《中国劳动》2007 年第 6 期，第 24—26 页。

③ 王全兴：《劳动法（第二版）》，法律出版社 2004 年版，第 81—83 页。

④ 参见黎建飞主编《〈中华人民共和国劳动合同法〉最新完全释义》，中国人民大学出版社 2008 年版，第 201 页。

劳动关系’。”[①] 实践中部分地方立法中也体现了这一观点，如《山西省实施〈工伤保险条例〉试行办法》规定大中专院校学生在实习中受到伤害可以参照《工伤保险条例》办法规定的标准，给予一次性补偿。《江苏省劳动合同条例》中规定实习时间及报酬标准不得低于当地最低工资标准。

而从社会学和哲学的角度上看，劳动包括所有人类在自然界和社会中有意识地从事创造性劳动的过程，劳动的意义来自劳动的人在其所处的自然条件和社会环境中的需要、能力和世界观。因此，从社会学和哲学的角度来看，大学生的实习实训即为劳动是没有问题的。实习生实习期间要服从单位的管理，遵守单位基本的规章制度，完成工作岗位任务，在工作时间、劳动报酬、享受工伤待遇等方面能够参照正式员工福利待遇。

实习实训是大学生在大学教育过程中必须经历的环节，是劳动教育的主要载体之一。大学生实习实训是大学生磨炼品格、增长才干、实现全面发展的重要舞台，让学生在正式进入社会之前掌握一定的劳动技能，积累一定的劳动经验，提升一定的劳动能力，塑造岗位群所需要的职业素养和道德品质，是使其真正成为一名合格乃至优秀的社会劳动者的重要一环。

（三）高校实习实训历史沿革

1．明代国子监实习历事制度

我国高校实习实训的产生可以追溯到明代的国子监实习历事制度。明朝时期的国子监即明代政府设立的最高学府和教育行政管理机构。明太祖朱元璋提出“务求实效，毋事虚文”[②]，认为儒生“专习书史，不谙吏事，一旦任之以官，多为滑吏所侮，乃命于诸司习吏事”[③]，于是选择监生中年长且学习成绩优秀者，即监生已经完成监内学习任务，且理论知识达到了通与熟的程度，到政府各部门实习政务，由此建立了国子监实习制度。这一过程符合人才培养时间的先后顺序，与我们现在的实习实训制度是一致的。

明代国子监实习历事分为“正历”和“杂历”两种，两者的根本区别在于有无“政务”。“正历”是有政务者，主要从事一些有行政决策权的具体政事，并有签署公文的权力。“杂历”就是无政务者，做一些誊写奏本或整理文册等一般的文书工作，没有行政决策权。实习历事的时限一般是几个月至两三年不等。

---

① 邹欢艳：《“准劳动关系”的法律修补——基于现代学徒制模式下学生权益保护研究》，《广东技术师范学院学报》2016 年第 7 期，第 94 页。

② 《明实录·太祖实录》卷三十四，上海书店出版社 2015 年版。

③ 《明实录·太祖实录》卷九十四，上海书店出版社 2015 年版。

明代国子监的实习历事制度已经较为完善，实习历事的监生在实习完后，需要有实习的所在部门对其进行成绩评定，并明确考核的等次。明建文时对监生实习历事考核办法又进行了修订，将考核按成绩分为上、中、下三等。

由此可见，明代的国子监实习历事制度已经形成了一套具有历事实习对象、条件、时限、内容、考核等系统的管理规章制度，不仅完善了我国古代教学管理制度，而且为明代政府培养了一批实用型人才，为我国日后的实习实训教学管理制度的确立提供了历史经验与实践指导。

2. 晚清民国时期的实习实训

晚清时期，我国内忧外患，一批有识之士以“中学为体，西学为用”为指导思想创办了很多新式学堂。1897 年，盛宣怀在上海创办了南洋公学师范院，这是我国第一所专门培养教师的学校，随之便产生了近代师范教育实习。1902 年和 1904 年，“清政府对实习作了明文规定：京师大学堂第四学年实习，优级师范学堂第四学年‘教授实事演习’，第五学年‘教育演习’。使我国的教育实习以制度的形式确定了下来”①。

民国时期，许多教育家非常重视劳动教育，如蔡元培倡导工学结合。1927 年，蔡元培等人在上海筹备设立劳动大学，主要意图是把学生培养成为既劳心又劳力的劳动者，学生一方面学习各种知识，另一方面必须参加体力劳动，大力培养学生的劳动技能和习惯，养成尊重劳动和劳动成果的品格。陶行知强调“做中学”“教学做合一”，吴玉章更是提出了劳动与知识学习相互促进的辩证观点。“吴玉章在延安大学时就十分重视生产劳动。为此，他在学校成立了生产委员会，制订了生产计划；建立了延安大学工业合作社、制鞋厂、木工厂、豆腐坊、烧炭队等劳动场所；师生签署了生产公约，包括努力生产、掌握技术、抓紧时间、发扬互助、爱护工具、学习修理等内容，从而开展大生产运动，加强师生的劳动教育。”②

1943 年，国民政府教育部公布的《师范学院学生实习及服务办法》，规定实习委员会由院长、各系科主任及主要教授组成，负责制定实习的程序、范围、时间支配及实习成绩考查等，学生实习完毕需提交实习报告。这也是我国有关教育实习的第一个专门工作条例。近代实习实践基本上具备了实习基地、指导教师、章程制度等，已经初具雏形。

3. 新中国成立后的实习实训

新中国成立之后，我国政府明确了教育与生产劳动相结合的教育方针，高等学校

① 余小红：《我国教育实习的发展历程与研究现状》，《现代教育科学》2008 年第 1 期，第 125 页。

② 徐辉：《再论蔡元培、陶行知、吴玉章、晏阳初的劳动教育思想及启示》，《辽宁师范大学学报（社会科学版）》2021 年第 1 期，第 60—61 页。

也加强了实习实训教学。

1952年全面学习苏联，当时高等学校农学专业的实习实训教学的比例是非常高的。“在教育部颁发的高等农业学校的教学计划中，安排了认识实习、农事操作、教学实习、生产实习等实践教学环节，以农学专业为例达到了40周，无论是教学时间或是在教学内容的份量和方法的设计上，都是建国前的高等农业院校实践教学环节从来没有达到过的水平，而且也是其他科类所不及的。”①

1953年，《关于加强高等学校与中等技术学校学生生产实习工作的决定》颁布，明确了“高等学校和中等技术学校的生产实习是使学生的理论知识密切联系实际并使学用一致的重要方法之一”。自此之后，很多高等学校建立了校办工厂、牧场、林场、农场等教学实习实训基地，对我国全面发展高等人才培养具有重要的推动作用。

新世纪以来，党和国家高度重视大学生实践能力与创新精神的培养，并建立了一批推动学生实践能力培养的教学项目，明确了产学研协同育人的改革方向与人才培养思路。地方教育主管部门和高等学校也积极行动起来，建立了大批实习实践基地，实习实训教学成为高校人才培养的必修课程与重要环节。在国家、地方教育部门、高校及大批企事业单位的共同努力下，高等学校在学生实习实训教学改革方面取得了可喜的成绩，提高了学生的创新精神与实践动手能力。

二、实习实训的分类

（一）实习实训内容分类

根据实习实训的内容，实习实训可分为课程实习实训、专业见习、专业实习实训、毕业实习实训、顶岗实习等。

1．课程实习实训

结合课程教学需要，以拓展和综合某门课程教学内容为目的的教学实践活动，教学场所一般选择校内实习教学基地和各类实验室。原则上此类实习安排学科基础课程模块。一般时间安排在一周之内。

2．专业见习

即专业实习的前奏，为强化专业知识，深入理解教育、教学的目标和策略，通过参观、访问等形式，了解企事业单位一线的基本情况，提升大学生感性认识，增强对所学专业的进一步理解，为进一步学习专业课程和之后的专业实习实训做好充足的准备。有针对性的、指导性较强的见习，不仅能够帮助学生更好地理论结合实践，而且

---

① 王汉忠等：《高等农林本科教育实践教学体系改革的实践与思考》，《高等农业教育》2007年第10期，第51页。

能较好地发挥学生的主观能动性，培养良好的学习习惯、探索精神和创新能力。一般时间安排在一周之内。

3. 专业实习实训

一般是在专业教学过程中，组织学生到专业对口企事业单位的岗位上进行实习实训，把相关课程专业知识同生产、管理、设计、科研等实际工作相结合，进一步巩固和提高专业知识和专业技能。其目的在于使学生通过生产操作或模拟练习，掌握相关的劳动操作技能。原则上此类实习在专业课程模块基础上安排，时间为1—2周。

4. 毕业实习实训

一般是学生在完成教学计划规定的课程学分后，结合毕业设计（论文）选题，有针对性地到相关对口企事业单位，收集毕业设计（论文）资料，在生产、管理和科研实践中综合运用所学知识，为日后走上工作岗位奠定基础。原则上此类实习在综合训练基础上进行，时间不少于两周。

5. 顶岗实习

一般是指完成学校的理论课程和教学实习后，到实习单位的工作现场参与生产过程，接受岗位事务训练，以完成规定的生产任务。顶岗实习对学生综合运用所学知识的要求比较高，一般多是安排半年以上的时间，在实习单位的劳动现场直接获得感性认识与实际工作经验，从而掌握专业的操作技能。与其他实习实训不同的是，顶岗实习需要履行所在岗位的全部职责。

（二）实习实训场所分类

根据开展实习实训课程的场所特点，实习实训可分为校内实习实训与校外实习实训两种类型。学生根据实习（实训）大纲和学院实际情况选择实习形式，完成实践教学内容。

1. 校内实习实训

指在校内实习实训基地或实验室进行的实习实训教学活动，是学校组织的集中性的、不需要缴纳费用的实习。其目的是使学生获得生产、建设、服务、管理等职业岗位所需的基本操作技能、专业技能和综合实践能力，从而获得职业所需的岗位能力。校内实习实训根据教学计划课程安排，分配在不同的学年学期，教学时间一般为1—4周。

2. 校外实习实训

一种是学生个人根据实习实训能力目标与学习进度安排，自主联系实习实训单位，独立进行的实践教学活动；另一种是学校组织的集中性的校外实习实训活动。一般是将学生置于真实的企事业单位工作环境中，培养学生综合运用所学知识的基本技能，提高其分析与解决实际问题的能力，为学生顺利走向社会工作岗位奠定基础。校外实习实训的教学场所一般是校外实习实训基地或与专业相关的企事业单位等。有的校外实习实训单位需收取一定的培训费，这些费用多是从学校的实习经费中划拨。校外实习活动一般为 1 周到 6 个月不等。

“高校实践证明，真实职业情境虽然有利于学生实践体验，但往往学校控制能力较弱，如果实习单位配合力度不够，则学生真正实践的机会并不多，或者只能从事较为简单、重复的工作。而在学校设备和模拟职场中，虽然不如实习单位实践体验真实，但学校控制性更强，组织更为严密，训练更为系统。”① 因此，校内实习实训与校外实习实训各有利弊，各高校可根据专业特色、实习实训条件等灵活采用。

三、实习实训的管理机制

实习实训教学是学校人才培养中十分重要的实践教学环节，实习实训管理制度为进一步加强和规范实习实训教学管理、实现人才培养目标保驾护航。

（一）文件制定

近年来，国家政策文件对高等学校加强实践教学、提高实习实训质量提出了明确要求。《国家中长期教育改革和发展规划纲要（2010—2020 年）》《关于进一步加强高校实践育人工作的若干意见》等一系列有关文件，明确充分认识高校实践育人工作的重要性，在强调加强实践育人工作总体规划、强化实践教学环节、深化实践教学方法改革、系统开展社会实践活动、着力加强实践育人队伍、建设加强实践育人基地建设等方面做出了具体规定。

2011 年，教育部、财政部印发《关于“十二五”期间实施“高等学校本科教学质量与教学改革工程”的意见》，明确实践创新能力培养要求，支持高等学校与科研院所、行业、企业、社会有关部门合作共建，推动形成一批高等学校共享共用的国家大学生校外实践教育基地。

2012 年，教育部印发《教育部关于全面提高高等教育质量的若干意见》，强调“健全教育质量评估制度”，建立了教学基本状态数据库，开始实行高校教学质量常态监测。并将高校的实习基地建设与使用情况纳入教学质量常态监测范围。之后在高校审核评估及专业认证中，对实习教学建立了相应的考核标准。

2017 年，国务院发布《关于深化产教融合的若干意见》，将产教融合上升至国家人力资源质量提升与教育改革整体制度层面，对构建教育和产业统筹融合发展格局、强化企业重要主体作用、产教融合人才培养改革、产教供需双向对接等方面提出了具体要求，对高校实习实践教学改革具有重要指导意义。

---

① 马开剑主编：《大学教学论基础》，山东大学出版社 2011 年版，第 125 页。

2019 年，教育部印发《关于加强和规范普通本科高校实习管理工作的意见》，这是应时代发展之背景，对实习实训提出的更高要求。“新一轮科技革命和产业革命奔腾而至，正在迅速改变着生产模式和生活模式。以数字化、网络化、智能化、绿色化为代表的新型生产方式，对产业运营、人力资源组织管理提出了新的要求。高校必须坚持以本为本、落实四个回归，积极应变、主动求变，把实习摆在更加重要的位置。”要求高校根据《普通高等学校本科专业类教学质量国家标准》和相关政策对实践教学的基本要求，结合专业特点和人才培养目标，加强实习教学改革与研究，健全实习教学体系，规范实习安排，加强条件保障和组织管理，切实加强和规范实习工作，从而保障人才培养质量不断提升。

各高校也纷纷根据国家文件精神，加强制度建设，制定了有关学生实习实训工作的具体管理办法。这是提高实习实训质量的重要保障，为规范教学实习基地的建设、加强校内外实习实训管理奠定了基础。

（二）机构设置

实习实训活动一般应在高校的指导下进行。具体组织管理工作，由所在二级学院负责。学校其他部门应协同做好相关工作。

实习实训一般由学校教务处实践教学科统一管理，其主要职责如下：制定学校实习实训管理办法；审定学院制订的学期实习实训计划；根据学校年度实习经费总额，编制年度实习实训经费预算，并按一定标准下拨到各学院；检查学院实习实训准备工作与计划执行情况；建设学校各级各类实习实训基地；协调实习实训时间、场所等有关问题；检查实习实训活动质量，总结实习实训工作，组织实习实训经验交流等。

实习实训具体组织工作由所在二级学院负责，一般实行教学副院长、系部或教研室、指导教师三级管理制。

在学院主管教学副院长的领导下，学院教务科和各系部或教研室具体组织实行。主管教学副院长负责全院实习实训教学宏观管理，审定学院实习实训教学管理规章制度，协调解决实习实训教学过程中出现的问题，并联系建立校内外实习实训基地，评估实习实训教学质量。

各系部和教研室组织实习实训具体工作。学期初组织有关人员认真编制实习实训计划，明确教学任务和方向，确定实习实训起止时间；负责编写实习实训教学大纲、实习指导书、实习任务书及相关资料等；联系落实专业对口的校内外实习实训基地与场所；与实习单位协商安排实习指导教师；检查各实习实训活动的准备工作及计划执行情况，评估实习实训质量；实习实训结束后，组织经验交流会，总结实习实训教学工作经验，听取各方意见建议，以进一步改进实习实训教学。

实习实训指导教师一般由责任心强、实践教学经验丰富且有一定组织能力的教师担任，也可根据需要聘请实习单位的技术管理人员及领导协助。近年来，各院校加强了与实习基地的联系与交流，选聘企事业单位的中高级技术人员作为实习基地兼职指导教师，指导大学生实习实训工作。指导教师主要负责实习实训前的准备、实习实训中的指导及实习实训后的考核工作。

（三）过程管理

实习实训过程管理是高校、大学生、实习实训单位等多方参与的一个管理过程。高校应结合企事业单位对岗位的需求以及学生能力的要求，在实习实训过程中，做好实习实训学生的培训工作，监督检查学生实习实训情况，及时处理实习实训中出现的各种问题，逐步落实实习实训计划。实习实训结束后要根据教学目标进行检查、评价、考核与反馈，确保实习实训教学效果。

1．明确实习实训教学目标

任何一门实习实训课程都应该有明确的教学目标，实习实训活动应围绕这一目标而进行，目标的设定不应局限于知识增长与提高动手能力方面，还应该考虑学生职业素质培养与综合能力。根据不同的实习实训要求，可以在总的教学目标之下，设定阶段性目标。

2．确定实习实训基地资格

学院在确定实习单位前须进行实地考察评估，确定满足实习条件后，应与实习单位签订合作协议。

3．做好实习实训计划

实习实训计划包括对实习实训的组织、制订操作性强的实习实训方案、合理安排好实习实训时间。有些特殊专业比如建筑专业的实习，应考虑到建筑工期对实习实训的需求，弹性安排实习时间。选择专业对口、条件良好，能够充分锻炼学生实践能力的实习实训基地与企事业单位，还应充分考虑实习单位的用工需求、学生知识点衔接性以及教育发展规律。

4．做好学生实习前的动员工作

提高学生的思想认识，加强学生安全纪律教育和日常管理，实习指导教师和实习生提前做好实习前的各项准备工作。

5．指定专人负责实习教学的管理工作

指导教师应采取讲解与示范相结合、个别指导与巡回检查相结合的方法，使学生尽快掌握能操作要点和工作规范；指导中要推行激励机制，鼓励学生用所学的知识分析实际遇到的难题并启发学生提出问题，探索解决问题的途径，培养创新精神和创新能力；同时，要对学生进行职业道德、纪律、礼貌、安全等方面的教育，把学校的好传统好作风带到实习单位，把对学生的教育管理贯穿于实习实训教学过程始终。[①]

6. 撰写实习实训报告

学生必须按照实习大纲的要求，认真完成实习的全部任务。实习实训教学完成后，学生应撰写实习报告，参加实习考核。实习报告是指实习学生撰写的实习总结报告，包括实习背景、实习内容、实习过程、实习收获或心得体会。实习报告是实习完成后的一个总结和思考。

7. 实习实训考核

对于学生实习实训的考核，学校应协同实习单位，根据岗位需求与学生能力，制定考核标准与管理办法。首先应确立劳动育人目标，将实习实训中学生运用专业知识解决问题的能力、劳动过程中的表现及学生实习报告的思考与体会等纳入实习实训考核评价体系。

实习实训管理的过程应充分考虑学生专业能力与劳动能力等多方面需求，协同实习单位，不断丰富劳动教育的形式，在实习实训中强化劳动标准、劳动流程、劳动关系、劳动管理等制度学习，通过新技术手段与优化劳动组织方式，在实习实训教学过程中，挖掘劳动教育元素，增强学生劳动技能，培养学生劳动精神与劳动素养。

四、实习实训的劳动价值与意义

（一）强化专业理论认知，促进专业知识体系化

马克思认为："理论和实践是具体的、历史的统一。""理论必须和实践相结合，才能得到检验和发展，才能变为物质力量。"实习实训劳动将理论与实践有效结合，不仅能够帮助大学生强化专业理论认知，深入理解教育教学目标和要求，而且能极大程度地发挥学生的主观能动性，进而促成其专业知识的体系化。

首先，实习实训能够弥补理论知识的差距和不足。理论知识具有模糊性与内隐性的特点，大学生在学校学的是纯理论知识，难免会对课堂理论学习感到枯燥无味，而劳动实践锻炼可以加深学生对课堂上所学知识的理解，使学生在实践中检验自己所学的专业理论知识，促使原来模糊和印象不深的理论知识得到巩固和提高，实现感性知识与理性知识的融会贯通。

其次，实习实训能够促使大学生找到理论与实践的最佳结合点。"实践是检验真理的唯一标准"，若只重视理论知识的学习，忽视实习实训环节，往往在进入社会的初期难以适应实际工作岗位。而通过实习实训，同学们将所学的专业理论知识应用于实践，增强了认识问题、分析问题、解决问题的能力，实现了从理论到实践再到理论的飞跃。

---

① 参见马开剑主编《大学教学论基础》，山东大学出版社 2011 年版，第 127 页。

最后，实习实训能够促使同学们了解工作的实际需要，使得学习的目的性更明确，发现自我潜能，大大提高理论学习的兴趣，增强学习自信心，提高专业自豪感。原先理论上的缺失在实践环节中得到补充，加深了学生对基本理论的理解和消化，更有利于促进理论知识的系统化。

（二）丰富社会实践经验，完成从学生到社会劳动者的过渡

大学生从学校走向社会的过程中，实习实训起到了桥梁作用。“纸上得来终觉浅，绝知此事要躬行”，尤其在现代社会越来越复杂化、多元化的背景下，闭门造车是不行的。实习实训给生活在象牙塔中的大学生们提供了接触社会、了解社会、服务社会，运用所学知识实践自我的最好途径，为大学生步入社会，顺利走上工作岗位打下了良好的基础。

首先，实习实训促使大学生真正明白社会生活与校园生活的差距。象牙塔的美好生活与社会的残酷竞争之间会有一个强大落差，如果没有实习实训的过渡，很多人短期内很难适应，甚至还不如未受过高等教育的劳动者，因为他们在实践中总结了许多宝贵的经验。只有在实习实训劳动中，大学生才能认清自己的位置，发现自己的优点与不足，对自身价值进行客观而全面的评价，确立相对现实的目标。

其次，实习实训是大学生磨炼品格、增长才干、实现全面发展的重要舞台。实习实训让大学生在正式进入社会之前掌握一定的劳动技能，积累一定的劳动经验，提升一定的劳动能力，塑造岗位所需要的职业素养和道德品质；使大学生对自己的未来有一个正确的定位，增强自身努力学习知识并将之与社会相结合的信心和毅力。因此，青年学生要摆正心态，以一颗平常心、一颗谦虚求教的心、一颗乐观的心去面对社会。

最后，实习实训劳动中真实的生产环境，无形中对于即将走上社会的大学生们是一种冲击，刺激他们产生走进社会、认识社会、适应社会的意识。实习实训劳动开始让大学生扮演不一样的社会角色，促使大学生开阔眼界，接触社会，增长才干，丰富自身阅历，逐步完成角色转换，最终成为一名合格乃至优秀的社会劳动者。

（三）增强解决实际问题的能力，提高劳动创新性

感性知识是在一定情境中对客观世界进行重构的实践的产物，与特定的实践情境和所建构的特定世界相关。实习实训是学习和创造感性知识的重要途径，实习实训劳动锻炼让大学生“会劳动”，增强了他们解决实际问题的能力，提高了创新性。

实习实训教育具有鲜明的实践育人属性。高校中开展的实习实训教学，可以让大学生坚持理论学习、创新思维与社会实践相统一，坚持向实践学习、向人民群众学习，在实践中提高大学生的动手能力、学习能力和创新能力，培养良好的劳动习惯，积累职业经验，以不断增强学生服务国家、服务人民的社会责任感、勇于探索的创新精神、善于解决问题的实践能力，最终服务于建设创新型国家和人力资源强国，也为将来走向工作岗位奠定基础。

实习实训还能培养大学生的创造性劳动技能与思维。实习实训就是要让学生明白劳动不仅是为了谋生，其最终目的是让学生理论联系实际，培养其创造性劳动技能与思维，提升他们的劳动能力、创新技能与综合竞争力。

（四）体验劳动艰辛与快乐，养成劳动价值观

实习实训是培养学生劳动精神的重要手段与主要途径之一。高校推动实习实训教育，不仅有助于学生在实践中掌握劳动技能，提高创新能力，还可以让学生在劳动过程中感受劳动的意义和快乐。

首先，实习实训增强了大学生扎根基层、吃苦耐劳的精神。实习实训的过程就是劳动的过程，例如教育实习实训，当大学生深入到自己熟悉的中小学校中去教学，而不是去听课时，感受是完全不同的。如何引导学生正确思考，如何使一团乱麻的班级恢复正常秩序，如何帮助一名自卑的学生重新找回自信，等等，都摆在了即将走入社会的大学生的面前。经历实习实训的过程，感受劳动带来的艰辛与快乐，正是让大学生去面对现实、接受锻炼，形成尊重劳动、热爱劳动、珍惜劳动成果的真挚情感的过程。

其次，实习实训促使大学生树立劳动意识和敬业精神。培养大学生的劳动价值观，最积极、最深远的教育来自学生心灵深处的自觉认识。没有劳动创造，就没有今日中国的成就。高等学校应将劳动意识、工作作风、敬业精神、团队合作等职业品行的养成作为实习实训的重要内容，促使青年学生树立正确的政治信仰，厚植爱国主义情怀，激发报国志向，矢志艰苦奋斗，扛起作为社会主义建设者和接班人的使命担当。使其真正懂得感恩，把个人的命运同社会和国家的命运联系起来，有效地服务社会。

最后，实习实训推动学生形成务实的劳动精神。“千里之行，始于足下”，到实践中去、到基层去，在实践中成才，在服务中成长。高校要大力宣传大国工匠，培育劳动情怀，弘扬工匠精神，让学生发自内心地认可劳动和劳动者具有不可替代的重要地位，从而勤奋学习，苦练技能，力求人无我有、人有我优、技高一筹，努力成长为具有专业技能和工匠精神的高素质劳动者和技术技能人才，体会并懂得劳动创造美好生活的深刻道理。要引导学生牢固树立和践行绿水青山就是金山银山的理念，站在人与自然和谐共生的高度谋划发展。

实践活动

充分挖掘家乡就业资源，在寒暑假期间通过亲身感知职业环境，认知社会，感受行业发展现状，增强就业积极性，提升就业核心竞争力。请结合自身实际，与同学结组，制订一个“就业体验家乡行”计划，认真落实，并将体验记录下来。

活动目标：____

____

____

____

____

活动计划：____

____

____

____

____

活动成果：____

____

____

____

____

活动评价：____

____

____

____

____

思考题：

1. 创业与就业的区别从字面上理解，前者是自己创造事业，为自己打工；后者是在别人的事业中寻找工作机会，为别人打工。在创业与就业风险并存的时代，你是选择为自己打工还是为别人打工？谈谈你的看法。

2. 实习实训活动的劳动价值与意义是什么？

3. 你怎样理解实习实训的劳动属性？

第六章　劳动权益保护

本章要点：

1. 理解劳动者的基本权利和义务，正确地行使劳动权利和义务。
2. 了解劳动纪律的内容、惩戒的主要方式。
3. 了解在不同的实践形式下确保劳动安全需要注意的问题。
4. 掌握《劳动法》《劳动合同法》及相关的法律法规。
5. 了解解决劳动争议的方式、机构及时效。

社会化大生产主要是指生产资料和劳动力集中在企业，进而形成的有组织的规模化生产。其专业化分工不断加强，各种生产之间的协作更加密切。劳动力是其中最活跃的因素，而劳动力与劳动者是不可分割的，保护劳动者的权利，不仅仅是维护劳动者的生存权与发展权，从长远来看，也是维护企业和社会发展的权利。只有切实维护劳动者的权利，企业才能保持长期发展的活力，社会才能长治久安。

第一节　劳动者的权利和义务

法律权利一般是指法律关系主体可以自主决定为或不为某种行为的许可和保障手段。劳动者的权利就是劳动者依据《劳动法》及其相关法所拥有的权利。法律权利是以国家强制力为后盾的人们谋求合法权益的能力范围。

在法律上，义务是相对于权利而言的，没有无权利的义务，也没有无义务的权利，两者相辅相成。义务是指由国家规定或承认，法律关系主体应当作为或不应当作为的负担。也就是说，法律或者积极地规定或承认人们必须这样作为，即作为的义务；或者消极地规定或承认人们不应该这样行为，即消极地不作为的义务。

一、劳动者的基本权利

劳动者并非普通的公民，其具有法规上的特定内涵。联合国《经济、社会及文化权利国际公约》规定的相关权利包括就业权、获得公平的工作条件的权利、获得公允的劳动报酬的权利、辅助性权利，以及结社自由权、集体交涉权、罢工权、社会保障权、免受奴役和强迫劳动的权利等。[①] 在所有的权利中，就业权被认为是劳动者权利的核心，没有就业权的保障，其他的一切权利都将沦为空谈。党的二十大报告指出，“就业是最基本的民生”。

（一）劳动权

劳动权是公民的一项重要的宪法权利，也是国际社会公认的一项基本人权，是所有人权主体普遍享有的、体现人获得生存和追求发展的一项基础性权利。《中国大百科全书·法学卷》将劳动权界定为：“具有劳动能力的公民能够得到有保障并有适当报酬的工作的权利。”从其定义也不难看出，劳动权是人的基础性权利，且具有以下特征：

1. 权利主体的普遍性

基本人权本质上是所有社会主体应该享有的人权，只要达到了一定的年龄，具有一定的劳动权利能力和劳动行为能力，都应该无差别地享有劳动权，不受任何歧视。《经济、社会及文化权利国际公约》第三部分规定：“人人应有机会凭其自由选择和接受的工作来谋生的权利”，“人人有权享受公正和良好的工作条件”，“人人有权组织工会和参加他所选择的工会”。这些条文用的都是“人人”，体现了权利主体的普遍性。

2. 不可转让性

人有两种属性，即自然属性与社会属性，人的本质属性是社会属性。人的社会属性不是天生的，是人在后天的社会生活和社会实践尤其是在生产实践中形成的。生产实践即是人的劳动实践，从这种意义上讲，人的本质属性就是劳动的属性，人的劳动过程就是人的本质不断展现和丰富的过程。人是劳动的人，劳动是人的劳动，人只有获得了劳动的权利，才能在改造自然的基础上实现自身的生存和发展。

3. 地位的基础性

劳动权是一项实现人的生产和发展的必要手段性权利，集中体现于权利主体参与社会生活的广度和深度上。劳动权是基础，是前提，劳动权旨在为权利主体和社会提供维持生存和发展所需的物质生活资料。同时，劳动权在实现人的价值、促进人的全面发展及个人与社会的协调统一方面具有重要作用。人只有在社会的劳动中才能不断

---

① 参见国际人权法教程项目组编写《国际人权法教程》第 1 卷，中国政法大学出版社 2002 年版，第 300—301 页。

地丰富和发展自己的个性，才能不断实现自身的价值。

（二）工作平等权

工作平等权是指所有劳动者在就业、劳动过程中，都享有平等就业和获得平等待遇的权利。平等就业权即任何个人不因民族、职业、政治地位、性别、外貌、身高、肤色、宗教信仰的不同而有所区别，都应当以法律所确定的方式同等对待。其包括以下方面：

1. 机会均等

劳动者个人禀赋虽然有差异，但所有的劳动者都平等地享有进入人力资源市场，通过竞争实现就业的机会。包括：录用机会均等，用人单位招用人员，对同一职业、工种或岗位的所有求职者应当适用统一录用标准，只根据职业、工种或岗位的需求设置要求；职业机会均等，即劳动关系建立后，劳动者在用人单位所获得的存续机会、职业晋升机会和培训机会均等；就业服务和职业培训机会均等，公共就业服务机构和职业培训机构应当向劳动者提供公平的就业条件和就业服务。

2. 同工同酬

根据《同酬公约》规定，平等的劳动报酬是反映因工人就业而由雇佣者直接或间接以现金、实物向其支付的常规的基本或最低的工资或薪金，以及任何附加报酬。劳动报酬除了包括基本工资外，还包括非工资形式的各种收益。劳动报酬的唯一指标就是劳动，即劳动者在相同的单位时间里付出相同的劳动得到相同的劳动结果，除此标准以外，不能再以其他方式决定劳动者的报酬。

3. 禁止歧视

就业歧视是指基于特定职业内在需求以外的因素，在就业或职业的机会或待遇上给予区别、排斥或优惠，从而剥夺或损害就业或职业上的平等。例如，我国《就业促进法》中列举的几种禁止就业歧视类型：禁止性别歧视，主要是为了保障女性的平等就业权；禁止民族歧视，即各民族劳动者享有平等的劳动权利；禁止残疾歧视，国家保障残疾人的权利，对招用残疾人达到一定比例的企业给予税费方面的减免；禁止疾病歧视，即传染病病原携带者享有平等的就业权利，除法律法规规定的特殊岗位外，用人单位招用人员不得以是传染病病原携带者为由拒绝录用或辞退劳动者。党的二十大报告指出，要消除影响平等就业的不合理限制和就业歧视，使人人都有通过勤奋劳动实现自身发展的机会。

（三）劳动安全权

劳动安全权是指劳动者在劳动过程中，享有身体健康和生命安全，免遭职业伤害的权利。劳动安全权是保护劳动者生命安全和身体健康的重要权利，国家有义务保护劳动者这一权利的实现，用人单位是直接的义务主体。用人单位应当严格执行国家劳动安全规程和标准，建立健全劳动安全卫生管理制度，为劳动者提供安全卫生的工作环境。具体包括以下内容：

1. 知情的权利

劳动者有知晓可能面临的任何潜在危险的权利，并接受必要的职业培训，以具备跟工作职位相关的安全卫生知识，用人单位应当创造条件让劳动者知晓有关安全卫生及工作环境的内容。

2. 参与用人单位安全卫生决策权

《职业病防治法》第 40 条规定："工会组织应当督促并协助用人单位开展职业卫生宣传教育和培训，有权对用人单位的职业病防治工作提出意见和建议，依法代表劳动者与用人单位签订劳动安全卫生专项集体合同，与用人单位就劳动者反映的有关职业病防治的问题进行协调并督促解决。"

3. 拒绝危险工作权

劳动者在确认自己或他人的安全健康受到威胁的情况下，有拒绝劳动的权利。《劳动合同法》第 38 条规定："用人单位以暴力、威胁或者非法限制人身自由的手段强迫劳动者劳动的，或者用人单位违章指挥、强令冒险作业危及劳动者人身安全的，劳动者可以立即解除劳动合同，不需事先告知用人单位。"

4. 安全卫生代表的处置权

由劳动者选出来的安全卫生代表，在用人单位遇到特殊危险状况时，具有特别的处置权限，即有权决定停止工作或撤离现场。

（四）休息权

休息权是指劳动者所享有的休息和休养的权利。劳动者是休息权的权利主体，主要体现为劳动者可自由支配其劳动时间之外的其他时间，不受用人单位限制与控制。用人单位不得非法占有劳动者的休息时间，如需依法占用，应当给予特别补偿。

根据《劳动法》和有关规定，劳动者的休息时间主要有以下几种：①工作日内的间歇时间，是指在一个工作日内给予劳动者休息和用餐的时间。间歇时间的长短可由各单位根据具体情况确定。②两个工作日间的休息时间，是指劳动者在一个工作日结束后至下一个工作日开始前的休息时间，应能够保证劳动者恢复体力和精力，一般为 15—16 小时。③公休假日，是指劳动者工作满一个工作周以后的休息时间。目前我国实行五天工作制，劳动者的公休日为每周两天，一般安排在星期六和星期天。④法定节假日，是指由国家法律统一规定的用于欢度节日及开展庆祝、纪念活动的休息时间。《劳动法》第 40 条规定："用人单位在下列节日期间应当依法安排劳动者休假：①元旦；②春节；③国际劳动节；④国庆节；⑤法律、法规规定的其他休假节日。"

（五）职业培训权

职业培训权是指劳动者根据自己的择业需要和工作需要，有接受职业培训以提高职业能力的权利。职业培训对于提高劳动者的素质和技能，促进社会生产力的发展具有重要的现实意义，是全面提升劳动者就业创业能力、解决结构性就业矛盾、提高就业质量的根本举措。党的二十大报告指出："健全终身职业技能培训制度，推动解决结构性就业矛盾。"当今社会各类知识日新月异，技术的革新换代间隔时间越来越短，对劳动者的素质要求也越来越高，从这种意义上来说，职业培训权是一种发展权，是劳动者为了适应整个社会的发展而必须接受的学习。

（六）社会保险和福利权

社会保险权，是指劳动者因生育、年老、患病、伤残等原因暂时或永久丧失劳动能力及失业时，依法享有的物质帮助的权利。社会保险制度是实现社会保险权的制度保障，由国家立法确认并强制实施，在我国《劳动法》《社会保险法》中均有相应规定。社会福利权是指劳动者依据国家制定的社会福利制度所享有的权利，是社会保障制度的重要组成部分，是更高形态的公共利益的实现形式。

社会保险和福利权充分体现了文明社会进步的内在要求。法律从人文关怀的角度出发，用社会保障的强制手段保障弱势群体的生存权，对弱势群体实施帮扶，预防和控制社会风险，阻却用人单位将正常的商业风险转嫁为社会风险，以保证社会的公平与正义。这就需要健全覆盖全民、统筹城乡、公平统一、安全规范、可持续的多层次社会保障体系，扩大社会保险覆盖面。

（七）提请劳动争议处理权

提请劳动争议处理权是指劳动者与用人单位在劳动权利与义务方面发生争议时，有权提请有关部门对争议进行处理的权利。具体包括：第一，争议处理方式选择权。当发生劳动争议时，劳动者可以依法申请调解、仲裁、提起诉讼，也可以协商解决。第二，请求依法受理权。劳动争议处理机构自收到劳动争议仲裁申请书之日起，应当在法律规定的时间内做出是否受理的决定。决定不予受理的，应当说明理由。第三，控告权。当劳动者的合法权益遭受不法侵害，当相关侵权主体不停止侵害或相关责任主体不作为时，劳动者有权检举和控告。

二、劳动者的义务

（一）积极完成劳动任务

当劳动者与用人单位建立劳动关系后，就要积极履行劳动合同约定的劳动义务。我国《劳动法》第 3 条明确规定"劳动者应当完成劳动任务"。首先，要求劳动者必须按照劳动合同所规定的方式进行劳动，约定方式的更改必须与用人单位协商一致；其次，劳动者必须亲自履行劳动义务，不得让他人代替自己劳动，这是由劳动的本质属性决定的，劳动与劳动者是不可分割的；最后，应当按时完成劳动合同约定的内容，并且法律鼓励劳动者积极提高劳动效率，为社会创造更多的财富。

（二）不断提高劳动技能

劳动技能是指在生产过程中对劳动者素质方面的要求，除用人单位应当对劳动者进行职业技能培训外，劳动者也应该不断学习，并且在日常劳动过程中使自身技能不断熟练与提高。

（三）认真执行劳动安全卫生规程

劳动安全卫生的保障既是国家和用人单位的责任，也是劳动者的义务。《劳动法》第56条明确规定："劳动者在劳动过程中必须严格遵守安全操作规程。"各行业的用人单位在国家标准和行业标准的基础之上，根据自身不同要求和情况，制定出切实可行的制度。

（四）劳动者的忠诚义务

劳动者忠诚义务，是指为了维护和实现用人单位的利益，基于诚实信用原则以及劳动关系、劳动合同的人身性和继续性特征，劳动者应对用人单位履行的以服从、注意、保密、增进利益等为主要内容的各项不作为义务和作为义务的总称。在劳动关系当中，忠诚义务不是劳动者的主义务，而是劳动合同的附随义务。劳动者的忠诚义务分为不作为义务和作为义务。不作为义务是指劳动者的消极义务，即劳动者不得从事损害用人单位权益之行为的义务；作为义务是指劳动者的积极义务，即劳动者应当主动维护和实现用人单位利益的义务。

（五）严格遵守劳动纪律和职业道德

遵守劳动纪律和职业道德是我国劳动者应尽的义务。《劳动法》第3条规定，劳动者应当遵守劳动纪律和职业道德。劳动纪律是社会劳动的基础，要求劳动者在共同劳动过程中遵守一定的规则和秩序，按照规定的时间、质量、程序和方法完成自己所承担的生产任务和工作任务。职业道德，是与劳动者的职业活动紧密联系的符合职业特点所要求的道德准则、道德情操与道德品质的总和。遵守职业道德要求劳动者在认真履行其他劳动义务的同时，还应当遵守与其行业密切相关的道德规范和道德准则。

实践活动

请同学们自行结组，走访劳动者，对职工社会保险和福利的落实、同工同酬、就业歧视等方面展开调研，制订调研计划，制作调研问卷，形成调研报告。

活动目标：______________________________

活动计划：

活动结果：

活动评价：

第二节　劳动纪律

劳动纪律，是指用人单位依法制定的，全体职工在劳动过程中必须遵守的行为规则以及保障其实施的对违纪行为的惩戒规则。它要求每个职工都必须按照规定的时间、地点、质量、方法和程序等方面的统一规则完成自己的劳动任务，实现全体职工在劳动过程中行为方式和联系方式的规范化，以维护正常的生产和工作秩序。凡是在集体劳动的场合，都必须有劳动纪律；没有劳动纪律，便没有社会化大生产。

毫无疑义，企业有权依据自身的生产经营特点制定本单位的劳动纪律，进而决定本企业的惩戒事由。但是，惩戒本身不是目的，目的在于借此规范、指引劳动者的劳动行为，敦促劳动者切实履行其劳动给付义务、附随义务，进而维护企业的生产经营秩序、财产安全和其他合法权益。劳动纪律与惩戒事由的制度设计应该服从并服务于该目的。由此所决定，劳动纪律与企业的惩戒事由应严格遵守职务限定性原则，以劳动者的义务为中心，结合企业的生产经营特点加以细化、具体化。[①] 惩戒事由的确定应遵循“义务—纪律—惩戒”的逻辑顺序。

一、劳动纪律的内容

（一）实施劳动纪律的基本原则

用人单位实施劳动纪律，对职工进行处分，除应遵守不溯及既往、一事不再罚等处分制度的一般原则外，还应谨记其目的在于纠正劳动者违反劳动纪律的行为，保障用人单位的生产经营秩序，因此，用人单位行使劳动纪律处分权的范围应该以维护用人单位生产秩序以及合法利益为基础。劳动者在工作时间、工作场所之外的行为，用人单位一般不得进行惩戒。此外，基于劳动纪律处分的独立性，劳动者已就同一违纪行为受到行政、刑事或民事指控，并不能成为其阻却用人单位实施劳动纪律处分的抗辩理由。

（二）劳动行为规则和惩戒规则的基本内容

1．劳动行为规则的基本内容

劳动纪律的内容由劳动行为规则和惩戒规则构成。劳动行为规则主要由劳动规章制度所规定，其内容一般包括：①时间纪律，即职工在休息时间、考勤、请假方面的规则；②组织纪律，即职工在服从人事调配、听从指挥、保守秘密、接受监督方面的规则；③岗位纪律，即职工在完成工作任务、履行岗位职责、遵守操作规程和职业道德方面的规则；④职场纪律，即职工在工作场所遵守公共秩序、协作配合方面的规则；⑤安全卫生纪律，即职工在劳动安全卫生、环境保护方面的规则；⑥品行纪律，即职工在廉洁奉公、爱护财产、厉行节约、关心集体等方面的规则；⑦其他纪律。

2．惩戒规则的主要内容

惩戒规则主要由惩戒事由、惩戒措施和惩戒程序构成，虽然由劳动规章制度作细化规定，但出于防范用人单位滥用惩戒权的需要，一直是劳动纪律立法的重点，甚至可以说，劳动纪律立法几乎就是惩戒立法。因此，惩戒规则的内容比较翔实。

---

① 参见陈荣文《论完善我国劳动纪律处分制度的几个重要问题》，《福建论坛（人文社会科学版）》2009年第12期，第155—158页。

（1）训诫

训诫是对员工较轻微的不当行为给予谴责，使其知错而改正。训诫有口头与书面两种形式，口头训诫不记入员工档案。除了名誉惩罚有损劳动者的尊严外，按照训诫要尊重职工人格的原则，雇主不得以公开方式处分劳动者，但须说明员工不当行为可能招致的后果以及不改正其错误行为将要遭受到更严重的处罚。

（2）罚款

罚款的实现方式一般为用人单位从劳动者的工资、资金、津贴等应得酬劳中自行扣缴。对罚款的规制，可从额度、期限、归属、对象等方面进行。首先，在额度方面，不宜太高，应保证劳动者工资不低于当地政府规定的最低工资标准。其次，在期限方面，应规定用人单位从受处分人工资中扣缴罚款的时效期间。再次，在归属方面，为防止用人单位因利益驱动而滥用罚款权，该款项归属于由政府设立的社会公益性基金而不是用人单位本身。最后，在对象方面，对孕妇或其他急需薪资维持生计或治病等特殊员工应给予特别保护，视情况规定一个更大的保留份额。

（3）调岗

我国《劳动合同法》第 40 条规定了用人单位可以单方面调整劳动者工作岗位的两种情形，即“劳动者患病或者非因工负伤，在规定的医疗期满后不能从事原工作”，以及“劳动者不能胜任工作”，用人单位可以单方面调整其工作岗位。由于调岗涉及工作内容的变动，属于劳动合同的变更，所以应根据《劳动合同法》第 35 条的规定，必须经用人单位与劳动者协商一致。

（4）赔偿损失

赔偿损失经常被用人单位作为惩戒的手段，列于用人单位的规章制度之中，我国《劳动合同法》第 90 条、91 条规定，劳动者违反该法规定解除劳动合同，或者违反劳动合同中约定的保密义务或竞业限制，给用人单位造成损失的，应当承担赔偿责任；用人单位招用与其他用人单位尚未解除或者终止劳动合同的劳动者，给其他用人单位造成损失的，应当承担连带赔偿责任。

（5）停职

停职是指在劳动关系存续期间，基于一定事由的发生，如员工进行与其工作相关的违纪违法甚至犯罪行为，用人单位为避免损害的发生或扩大而在一定期限内停止该员工工作的一种处分措施。对停职处分的限制，主要体现在期限、对象等方面。依停职处分的性质，其期限应以前述损失发生或扩大之危险的消除为判断依据。若在法定最大停职期限内仍不能消弭前述损失发生或扩大之危险，用人单位可以代之以其他措施，如调职等。若停职处分未能在规定的日期实施，则视为对该处分的取消或免除。另外，若停职处分的对象为孕妇或其他急需薪资维持生计或治病等特殊员工，基于停职处分的隐性经济处罚性质，应代之以其他措施，如训诫或罚款等。

（6）解雇

解雇是最为严厉的劳动纪律处分，是被普遍认可的一种惩戒措施，特别是当雇员严重违反工作纪律或工作义务时，唯有解雇才能实现维护雇主经营秩序、惩戒雇员的目的。当然，解雇涉及劳动者就业的基本权利，是《劳动法》中的重要制度，通常解雇事由由法律规定，当事人不得自由约定，雇主也不能随意设定解雇事由。我国《劳动合同法》第 39 条明确规定了劳动者存在下列几种情况，用人单位可以解除合同：第一，劳动者在试用期间被证明不符合录用条件的，用人单位可以解除劳动合同。第二，劳动者严重违反用人单位的规章制度的，用人单位可以解除劳动合同。第三，劳动者严重失职，营私舞弊，给用人单位造成重大损害的，用人单位可以解除劳动合同。第四，劳动者同时与其他用人单位建立劳动关系，对完成本单位的工作任务造成严重影响，或者经用人单位提出，拒不改正的，用人单位可以解除劳动合同。这两种情况，只要出现任意一种，用人单位都可以解除劳动合同。第五，劳动者因该法第 26 条第 1 款第 1 项规定的情形致使劳动合同无效的，用人单位可以解除劳动合同。该法第 26 条第 1 款规定：劳动者“以欺诈、胁迫的手段或者乘人之危，使对方在违背真实意思的情况下订立或者变更劳动合同的”，劳动合同无效或部分无效。第六，劳动者被依法追究刑事责任的，用人单位可以解除劳动合同。根据《关于贯彻执行〈中华人民共和国劳动法〉若干问题的意见》（劳部发〔1995〕309 号）规定，“被依法追究刑事责任”是指被人民检察院免予起诉的、被人民法院判处刑罚的、被人民法院依据刑法免予刑事处分的。劳动者被人民法院判处拘役、三年以下有期徒刑缓刑的，用人单位可以解除劳动合同。

二、劳动纪律的遵守

《全民所有制工业企业法》第 31 条规定：企业有权依照法律和国务院规定录用、辞退职工。第 58 条规定：任何机关和单位不得侵犯企业依法享有的经营管理自主权。《城镇集体所有制企业条例》第 21 条第 10 项规定：集体企业在国家法律、法规的规定范围内享有奖惩职工的权利。这是用工单位享有管理权的法律依据，用人单位的权利，相对劳动者来说就是其义务，劳动者应遵守用人单位的管理。

（一）依约亲自履行

亲自履行，是指合同签订后，一般情况下应由当事人本人亲自履行合同。劳动力与其他商品不同，劳动力是与劳动者本人的人身不可分割的，具有人格的从属性，劳动力不能脱离劳动者本人而独立存在。它是由劳动本身的特点决定的，也是保证劳动关系严肃性和稳定性的需要。劳动合同是特定人之间的合同，即用人单位与劳动者之间签订的劳动合同，它必须由劳动合同明确规定的当事人来履行，劳动合同的双方当事人也有责任履行劳动合同规定的义务，不允许当事人以外的其他人代替履行。

（二）遵守用人单位的劳动规章制度

劳动规章制度对于劳动关系的继续性与合作性属性有特殊的调整作用，可补充劳动合同并提高其效率。《劳动合同法》第 4 条第 2 款规定："直接涉及劳动者切身利益的规章制度或者重大事项时，应当经职工代表大会或者全体职工讨论，提出方案和意见，与工会或者职工代表平等协商确定。"由此可以看出，劳动规章制度为用人单位与劳动者双方意志共同决定的集体性规范，对用人单位和劳动者都有约束力，劳动者理应遵守。用人单位对新入职职工依法有告知的义务。

（三）服从用人单位的调岗调薪

用人单位调整工作岗位是其用工自主权的体现，用工自主权是用人单位在不违反法律规定的基础上，拥有的根据自身经营发展需要自主调配、使用其人力和物力等资源自行组织生产经营的权利。调整劳动者工作岗位是对劳动力与生产资料配置的调整，是企业用工自主权的重要内容。作为劳动者，就应当遵守和尊重用人单位的这种权利，以实现自己在单位中的价值。只要是用人单位合法合理地调岗调薪，劳动者就必须服从用人单位的管理，积极配合。

（四）保守用人单位的商业秘密和竞业禁止

《劳动合同法》第 23 条规定了用人单位与劳动者可以约定保守商业秘密的保密事项和竞业限制条款。商业秘密是指不为公众所知悉，能为权利人带来经济效益，具有实用性，并经权利人采取保密措施的技术信息和经营信息。劳动者因为工作的原因可能接触到用人单位的商业秘密，基于对用人单位的忠诚义务，所有知悉商业秘密的劳动者都有义务保守用人单位的商业秘密。竞业限制是指用人单位与本单位的高级管理人员、高级技术人员和其他知悉其商业秘密和与知识产权相关的保密事项的劳动者，在劳动合同或者专项协议中有所约定的，在劳动合同终止或者解除后的一定期限内，劳动者不得到与本单位生产同类产品或者经营同类业务的有竞争关系的其他用人单位工作，也不得自己开业生产或者经营与用人单位有竞争关系的同类产品或者业务。这些都是为了维护用人单位正当的、合法的经济利益，也是劳动者应当遵守的职业操守。

（五）诚实信用

《劳动合同法》第 3 条第 1 款规定："订立劳动合同，应当遵循合法、公平、平等自愿、协商一致、诚实信用的原则。"《劳动合同法》中的诚实信用原则，是指劳动合同当事人在订立合同时要诚实，不得有欺诈行为；在履行劳动合同时，要守信用，自觉履行合同，保证法律关系的当事人都能得到自己应得的利益；同时，当事人不得通过自己的行为损害第三人和社会的利益。

诚实信用贯穿了劳动合同订立、履行的始终，包括告知义务、保密义务等。我国《劳动合同法》第 8 条规定了用人单位在招录劳动者时有如实告知的义务，也规定了劳动者的如实告知义务。用人单位需要告知劳动者工作的内容、工作时间、休息休假、福利待遇、工作条件、安全保障、公司的发展前景和劳动者提升的空间等与工作岗位相关的信息。劳动者需要告知用人单位适合岗位的身体状况、知识技能以及与工作有关的经历。对于用人单位没有要求劳动者提供的信息，只要对从事工作有重大影响的，劳动者也要主动告知。①

实践活动

请同学们自行结组，讨论我国的哪些法律涉及劳动纪律问题，通过讨论加深同学们的法律意识和遵规守纪观念。

活动目标：

活动计划：

活动结果：

活动评价：

① 参见李国光主编《劳动合同法理解与适用》，人民法院出版社 2007 年版，第 108—109 页。

第三节 劳动安全

劳动保护是国家和单位为了消除在劳动生产过程中危及劳动者人身安全健康的不良条件和行为、防止事故和职业病、保护劳动者的安全和健康所采取的立法、组织和技术措施的总称。其内容包括劳动安全、劳动卫生、女工保护、未成年工保护、工作时间与休假制度。劳动保护一方面有助于保障属于弱势群体的劳动者的权益，培养职工的忠诚度，进而提高企业生产率。另一方面，解聘员工的限制、临时雇佣合同的限制以及工作时间的限制等劳动保护措施，也可增加职工的谈判筹码，降低其对离职的担忧，增强工作积极性。从另一个层面来讲，劳动保护措施是一种带有偏向性的政策制度，强化劳动保护增加了劳动者的选择权，而劳动者为了规避失业等风险，也倾向于选择采取稳健财务政策的用人单位。

劳动保护的任务在于，通过多种手段控制潜在职业危险因素向职业伤害转化的条件，使职业伤害不致发生。也就是说，劳动保护的任务，就是在职业伤害发生之前积极采取组织管理措施和工程技术措施，尽可能地消除职业伤害所赖以发生的条件，从而有效地保护劳动者的安全和健康。这对于强化社会保障、维护劳动者合法权益具有重要意义。

一、顶岗实习安全

（一）顶岗实习的法律性质

顶岗实习，是指初步具备实践岗位独立工作能力的学生，到相应实习岗位，相对独立地参与实际工作的活动。原劳动和社会保障部 2005 年颁布《关于确立劳动关系有关事项的通知》（以下简称《通知》），明确了劳动关系判断的基本方法。该《通知》规定："用人单位招用劳动者未订立书面劳动合同，但同时具备下列情形的，劳动关系成立。①用人单位和劳动者符合法律、法规规定的主体资格；②用人单位依法制定的各项劳动规章制度适用于劳动者，劳动者受用人单位的劳动管理，从事用人单位安排的有报酬的劳动；③劳动者提供的劳动是用人单位业务的组成部分。"可见，《通知》中对形成劳动关系的判定方法有主体资格标准、人身关系和财产关系兼具性的标准，同时具备上述两个标准才能形成劳动关系。

1. 顶岗实习与用人单位的关系

首先，顶岗实习是学生获取学分的重要部分，是学生毕业的必要条件之一。学生在顶岗实习期间受到学校和用人单位的双重管理。顶岗实习的大学生具有双重身份，一是具有用人单位职工的身份，有义务遵守单位的各项规章制度，按照岗位要求完成工作任务，相应地，单位也会支付一定的报酬；二是具有学生的身份，其完成工作的同时也是在完成教学层面的任务，其顶岗工作依然受到学校严格的管理。因此，顶岗实习大学生既与学校保持着教育管理关系，又与用人单位形成了某种意义上的劳动关系。

其次，从主体资格标准来看，劳动关系的主体，一方是劳动者，另一方是用人单位。在司法实践中，相关案件的审理法院认为“实习生的身份仍是学生，不是劳动者”，言外之意是学生不能成为劳动者，二者是相互排斥的。而实习生的学生身份排斥其劳动者身份这一认定，既没有充分的法律依据，也不符合《劳动法》的立法精神。劳动权和受教育权作为公民的基本权利，是受法律保护的。在职教育就是典型的例子，接受在职教育的人既是用人单位的劳动者同时又是学校的学生。

我国《劳动法》关于劳动者主体资格的明确规定是关于就业年龄的限制，即将就业年龄规定为16周岁，禁止招用未满16周岁的未成年人。而现实中，自主实习的学生多是大中专及以上的学生，这些学生多是在16周岁以上，而且多是生理和心理健康且具有一定专业技能的自然人。[①] 因此，学生一般都具备参与劳动关系的主体资格。因此，从以上分析来看，学生具备劳动者的主体资格。

最后，从人身关系和财产关系兼具的标准来看，劳动者在用人单位的指挥和管理下完成用人单位安排的工作，劳动者向用人单位提供劳动力时，也将其人身在一定限度内交给了用人单位，受用人单位的支配，相应得到用人单位支付的劳动报酬，体现出劳动力与劳动报酬的对价关系。在实习过程中，实习生也是按照实习单位的安排，完成一定的工作内容，实习单位按照约定的实习补助给予实习生一定的报酬。

因此，学生顶岗实习过程中与实习单位具备形成劳动关系的条件，同时，实习生在实习过程中与劳动者在劳动关系中一样处于弱势地位，因此，实习生的劳动权益同样需要得到法律的保护。

2. 实习大学生的主要权益

大学生实习权益是指大学生在实习过程中享有的权利。其中具体包含了哪些权益，我国还没有专门的法律法规对其进行规定。从实习的特征出发，可以看出实习权是公

---

① 参见谢增毅《劳动关系的内涵及雇员和雇主身份之认定》，《比较法研究》2009年第6期，第74—83页。

民受教育权和劳动权的有机统一，是这两项权利结合后产生的一项新的权利。这里的劳动权是指宪法意义上的广义劳动权，我国宪法对公民基本权利的规定不仅保障职业意义上的劳动权，同时也保障非职业意义或尚未具有职业性质的劳动权，宪法劳动权属于公民基本权利之一，主体是公民。① 此时的劳动权包括一切与劳动有关的权利。而狭义上的劳动权仅指《劳动法》意义上的劳动权。由于实习大学生的身份具有特殊性，其实习活动不仅仅属于《劳动法》意义上的劳动②，也是一种自由性更高的短期实践学习活动。因此，应当结合实习关系的特点，对实习权的具体内容进行细分，如劳动报酬权、自由实习选择权、身心健康权和劳动安全卫生权等。

（1）劳动报酬权

在实习工作中，实习大学生在单位的管理下承担工作任务，尤其顶岗实习是实际参与到用人单位的生产过程当中的。虽然实习大学生在实习过程中所付出的劳动与正式员工之间存在一定的差距，但是实习单位仍应适当向实习生给付相应实习报酬，或者根据实习生付出劳动的比例，以正式员工工资为基准，给付相应比例的报酬。

（2）自由实习选择权

自由实习选择权是指大学生可在结合自身实际情况的前提下，根据其所学专业、个人能力以及社会关系自由选择实习单位和实习岗位，不受学校强制性要求的干涉。该项权利是大学生作为独立个体自由意志的表现，可以避免学校以获得学分为由，强制性要求学生到指定实习单位参与实习。

（3）身心健康权与安全权

在实习工作时长上，我国《劳动法》对劳动者每日平均工作时长、周工作时长总和有明确规定，以保障劳动者能享有合理的休息时间。实习单位应根据实习大学生的特点合理地安排时间，保障实习生身为学生应当保证的学习时间。大学生虽然已经成年，但毕竟心智不是很成熟，面对形形色色的社会乱象难免会迷失自我，所以学校、用人单位都应当承担起一定的社会责任，防治不良风气对大学生的影响。大学生参与实习活动的主要目的是积累经验，学校、用人单位都应当服从于这一目的安排大学生实习。

3. 各主体的责任

（1）实习生自身的责任

首先，增强自我法治意识，养成法律维权的好习惯。大学生是受过高等教育的一群人，在追求更高的文化素质的同时也应该不断提升自己的法律知识和法律意识。法

---

① 参见王德志《论我国宪法劳动权的理论建构》，《中国法学》2014 年第 3 期，第 72—90 页。

② 参见徐银香、张兄武《“责任共担”视野下大学生实习权益法律保障体系的构建》，《高等工程教育研究》2016 年第 1 期，第 92—96 页。

律是调整社会的重要规范，大学生应该做到遵法、学法、守法、用法，增强法律意识，遇到事情要学会用法律的手段来解决问题，通过法律的手段来维护权益。

其次，权益受损时，应该诉诸法律保护自己的权益。要时刻谨记法律是公民维护自身权益的最有力的手段，当我们的权益受到损害的时候，我们应该拿起法律的武器维护自己的权益。法律的主体是每个公民，所以大学实习生在自身权益受损时，也应该勇敢地拿起法律的武器捍卫自己的权益。

（2）高校的责任

首先，加强实习期间的管理。第一，学校应该制定专门的关于实习生实习期间管理的规章制度，并派出特定的老师具体管理这方面的事务。第二，与用人单位之间要保持紧密联系，及时了解学生在实习单位的表现情况，做好相关方面的记录。第三，设置合理的奖惩制度，鼓励实习期间表现良好的学生，惩罚不按规定行事的学生。严格按照规矩行事，才能达到提高大学实习生实践能力的预期目的，才能为大学生踏入社会做好导航。

其次，开展求职防诈骗课程的培训，培养学生理智的求职意向。学校可以在实习期开始之前开展求职防诈骗、理智求职等相关的课程讲座，一方面可以增强学生的防诈骗能力，另一方面也可以完善学校实习管理制度。

（3）用人单位的责任

首先，严格按照法律规定同实习生签订实习协议，保障实习生的应有权利。大学生的身份主要是在校学生，实习是他们学习的一部分，但合法劳动权益仍应受到重视，这时处于强势一方的用人单位应该主动与实习生签订实习协议，明确约定双方的权利义务。实习协议内容应该包括实习期限、实习条件、实习环境、实习内容、实习保护、实习报酬、违约责任，从《民法》《劳动法》上全方面地保护实习生的劳动权益。

其次，充分尊重实习生，给予实习生和正式员工同等的地位。一般来说，大学实习生给用人单位带来的价值是比不上正式员工的，但并不能因此就对实习生进行区别对待。实习生为企业创造的价值低于正式员工，但同样他们所获得的报酬也是低于正式员工的，企业对员工一视同仁的尊重是员工积极为企业创造财富的动力，只有充分尊重和信任实习生，才能激发他们的工作欲望，也能让他们对企业产生归属感，提高对企业的情感认同。

（4）政府的责任

首先，完善制定相关的法律法规或者制定专门的法律法规用于保护实习生的权益。在立法上，将大学生明确纳入《劳动法》的保障范围，对大学生劳动权益的各方面做出具体的规定，做到有法可依。政府在国家立法缺失的情况下，也可以主动制定一些保护大学生劳动权益的行政规章，各地方可以根据当地情况制定出合理的地方法律法规，与国务院行政法规一起形成完整的大学生劳动权益保护体系。

其次，与学校联系，建立专门的实习基地与机制。这样做有三点益处：第一，方便进行有效管理，使实习实现应有的价值。第二，减轻学校的负担。高校每年毕业生数量太多，学校经常面临处理不过来的情况。第三，可以有效地避免大学实习生的劳动权益受到损害。完成此方面的工作，需要学校与政府尽心合作，构建合理的部门，明确各方面的职责划分，否则会造成职权混乱、效率低下的局面。

（二）顶岗实习在现实中存在的问题

1. 缺乏专门的顶岗实习权益保障法律制度

目前我国没有就学生顶岗实习期间学生权益保障做出统一的法律规定，涉及顶岗实习的法律仅有一部《职业教育法》，其中第 50 条规定：“国家鼓励企业、事业单位安排实习岗位，接纳职业学校和职业培训机构的学生实习。接纳实习的单位应当保障学生在实习期间按照规定享受休息休假、获得劳动安全卫生保护、参加相关保险、接受职业技能指导等权利；对上岗实习的，应当签订实习协议，给予适当的劳动报酬。”但内容粗糙，操作性不强。

2. 未明确顶岗实习法律关系主体的法律地位

顶岗实习有顶岗实习生、学校、用人单位三方主体，界定三者之间的法律关系，明确三者的法律地位，是关于顶岗实习立法的前提。而《教育法》《劳动法》《劳动合同法》《职业教育法》都没有明确顶岗实习法律关系主体的法律地位，也没有清晰界定实习单位、学校、学生之间的法律关系。其中，根据《劳动法》《劳动合同法》的规定，实习单位与顶岗实习学生之间不是劳动关系，二者之间不具有劳动权利和义务关系。《劳动法》中的劳动者，是指具有劳动能力、达到法定劳动年龄、以从事某种社会劳动获取收入为主要生活来源的自然人。原劳动部 1995 年颁发的《关于贯彻执行〈中华人民共和国劳动法〉若干问题的意见》第 12 条规定：“在校学生利用业余时间勤工助学，不视为就业，未建立劳动关系，可以不签订劳动合同。”这条规章明确把实习学生的“劳动者”身份否认了。顶岗学生劳动者的身份都没有了，何谈具备《劳动法》规定的独立劳动者主体资格？顶岗实习法律关系主体法律地位不明，造成学生顶岗实习的法律适用的先天不足。

3. 高职顶岗实习监管部门权责不清

我国的《教育法》《高等教育法》《职业教育法》《劳动法》《劳动合同法》均未明确监管顶岗实习的部门及其工作人员的法律责任，没有规定相应的处罚依据。现行法律法规没有明确监督管理顶岗实习的教育部门、劳动部门、安全生产部门等行政执法机关的性质、职能、权限和责任，存在权责不清，监管缺位、越位、错位的现象。同时，学生顶岗实习需要教育部门、劳动部门、财政部门等多方参与，而各监管部门之间缺少配合。由于高职院校和实习单位对应的主管部门不同，在执行国家有关政策的时候，各方都站在各自的角度考虑问题，校企合作难以开展，而作为矛盾仲裁和关系协调者的政府部门，在其中发挥的作用不够。目前看，已经出台的相关法规缺乏具体的监管制度，对顶岗实习中违法主体的处罚没有做出具体规定，没有配套细则予以细化。

4. 学生顶岗实习法律关系主体法律责任不明

现行的《教育法》《劳动法》《劳动合同法》《职业教育法》都没有明确学生顶岗实习法律关系主体的法律责任，未明确顶岗实习生、学校、实习单位三方主体各自的权利和义务，这使得学生顶岗实习期间权益保障的法律适用缺乏法律基础理论。如《职业教育法》对顶岗实习用人单位的法律责任规定过于简单，没有规定相应的处罚依据；对院校不履行顶岗实习中教育管理职责或其他违规行为的法律责任也没有明确，这样就不能充分保障实习学生权益。

目前，对顶岗实习法律关系主体法律责任还未认识清楚，从法律上还没明确高校第一责任人的地位。其实，高校和顶岗实习学生二者之间教育管理与被管理的关系不因顶岗实习是在校外进行且学生独立上岗的特点而改变。顶岗实习学生权益受到损害时高校应承担责任，因为可以视为学生的合法利益被高校在教育管理方面的失误所侵犯了。这可以防止高校消极或不履行教育管理职责，或以顶岗实习名义强制学生从事廉价劳动等违规行为，侵害顶岗实习学生权益。并且从受托人完成受托事务的法律后果应由委托人承担来看，在顶岗实习中，实习单位如果侵犯了学生的合法权益，作为受托人，其行为产生的后果理应由委托人承担。作为委托人，高校事后可以依据委托合同相关规定追究实习单位的责任。因而，从法律上明确高校第一责任人的地位对保障学生权益有着重要的现实意义。

5. 缺乏有关学生顶岗实习期间权益保障的强制性规定

现行的《工伤保险条例》《学生伤害事故处理办法》等法律法规对顶岗实习生工伤、意外伤害、患职业病等没有做出规定，职业病的赔偿标准及顶岗实习生工伤更是没有明确。顶岗实习生没有被纳入现行法律法规工伤保险体系中，顶岗实习单位资质证书审核、实习协议等材料备案报送当地劳动行政部门程序亦没有任何规定。没有规定将劳动部门作为顶岗实习的主管部门，没有明确院校、实习单位在管理顶岗实习学生中应当履行的职责及禁止性行为，没有强制规定实习单位购买商业责任险与未办理保险不得安排实习生上岗等方面内容，造成学生顶岗实习期间权益保障不足。

目前，顶岗实习期间学生的合法权益保障国家缺乏相应法律法规的强制性规定。对涉及顶岗实习权益保障的法律纠纷，由于缺乏法律强制性规定，主要根据顶岗实习涉及的民事法律进行救济，这样不仅法律分散，举证难，而且维权成本较高，顶岗实习学生无法及时有效地维护权益。如在顶岗实习过程中，实习单位随意要求顶岗学生加班劳动，实习单位其他劳动者与实习生明显同工不同酬，甚至在一定程度上存在实习生收入低于当地最低生活保障工资等现象。学生顶岗实习期间成为弱势群体真正的原因，主要是权益受到损害时无法可依。学生顶岗实习的工伤权益是主要实习权益，要保护好这一权益，在我国工伤保险法律制度的基准上就要专设实习生工伤保险法律制度的强制性规定。

（三）完善我国顶岗实习的有效路径

顶岗实习生和一般劳动者在遭受相同的工伤事故时却通过不同的法律途径寻求救济，并且得到不同的法律救济结果，明显违背了法律的平等保护原则。

1. 正确对待顶岗实习生的事实属性，将其纳入工伤保险的调整范畴

德国和法国为了支持本国职业教育的发展，均通过法典形式明确了实习学生的劳动者身份，并享受社会保险和工伤保险待遇。因此，借鉴他国先进的立法经验，在承认顶岗实习学生较强劳动者属性的基础上，国家立法机关和国务院可以制定专门的高校顶岗实习法律和行政法规，全面规范顶岗实习生的劳动者权益。当然，由于经济发展和教育资源的不平衡性问题，各地也可以在地方性法规中具体规范顶岗实习学生的各项劳动权利。有的地方政府已经做了示范性规定，如《贵州省工伤保险条例》第 26 条就规定了学校学生在实习期间，由实习单位和学校缴纳工伤保险费；学生因工作原因遭受事故伤害或患职业病的，享受工伤保险相应的待遇。

2. 加大对企业的扶持和奖励力度

有人担心，本来在校企合作中就存在“校热企冷”的现象，如果将顶岗实习生纳入工伤保险范畴，势必会恶化这种现象。这种担心是合理的，但也正因为这种担心，“放羊式管理”“实习学生沦为廉价劳动力”“学生合法权益无法得到及时、平等保护”等成为实习的标签。因此，对实习单位应做到兼顾责任和保障。加大对企业的扶持和奖励力度的法律规范也刻不容缓，而且这种扶持和奖励应具有针对性。中央电视台《东方时空》栏目组对 106 家单位的调查结果显示，企业不愿意接收学生实习的主要原因中，担心增加额外负担和万一出了事故负不起责任的分别占 34％和 20％。因此，应从以下几个方面加大对企业的扶持和奖励力度：第一，政府应对接收实习学生的企业给予减免税收的优惠，并根据不同情况按实习学生的人数、时间给予一定补贴。第二，由于工伤保险费的费率是根据企业工伤事故发生率和使用保险基金的情况实行浮动费率的，所以，针对初次就业、缺乏实际工作经验的学生事故发生率较高的问题，为了切实降低企业运营成本，顶岗实习学生的工伤保险费应由国家财政负担，这也符合保障实习是全社会共同责任的基本原则。第三，工伤保险基金承担工伤职工的大部分赔偿责任，但是企业仍需负担部分赔偿责任。在现有的工伤保险赔偿制度下，企业对工

伤职工承担一次性就业补助金的赔偿，该费用数目不小，对企业来说也是一种负担。尤其是对较小规模的企业来说，更不利于工伤职工的权利保障。因此，建议将一次性就业补助金纳入工伤保险基金的赔偿范围，从而切实减轻企业的经济负担，保障顶岗实习生的合法权益。第四，应从法律上明确财政、税务、工商等职能部门对顶岗实习单位的税收优惠政策和奖励措施，最重要的是明确相关部门不执行的法律责任。

3. 明确学生顶岗实习的法律地位

当下，我国已进入中国特色社会主义新时代，经济和产业模式发生了重大调整和变化，顶岗实习如何适应新时代经济和产业发展的要求，成为要重点考虑的核心问题，特别是对于学生顶岗实习的法律地位亟须明确。

一是在《宪法》《民法典》《劳动法》《职业教育法》等法律法规中，尽管都有关于大学生在实习期间维护权利的规定，但这些规定过于原则化，实际操作相当困难。

二是《职业教育法》的行政执法力度不强。由于没有明确《职业教育法》的行政执法主体和法律责任，对于学生顶岗实习单位缺乏约束力，实习单位也觉得没有义务接收学生顶岗实习。学生顶岗实习权益受损时经常会出现行政执法处于无法可依或无人执法的尴尬境地。明确法律地位有以下几点建议：

第一，以《职业教育法》为核心，不断健全配套法律法规，加紧出台相应配套的实施细则，推行法规实施的辅助措施，使企业乐于接收学生实习。

第二，要做好宣传，营造良好的职业教育外部环境，增强全社会学生顶岗实习权益保障的法治意识，使学生顶岗实习权益保障有法可依、有法必依。

第三，加强职业教育执法检查和督导工作的制度建设，使院校、顶岗实习单位既积极推行学生的顶岗实习工作，又自觉遵守关于顶岗实习的法律法规。

4. 确立学校和实习单位对顶岗实习学生的管理责任

（1）确立学校对顶岗实习学生的管理责任

一是学校在实习前要进行安全防范意识教育。在学生实习前学校开好顶岗实习学生的实习动员大会，进行管理制度的学习，加强安全防范意识的教育，对可能发生的各种安全问题进行必要的警戒。

二是学生在实习中，老师的跟踪管理和学生的自我管理机制应相互结合。学生在顶岗实习时同样存在学生的日常管理，学校要安排专门的老师进行跟踪管理，也同样要建立学生的自我管理机制。学生晚归不归、打架斗殴等违纪行为，既要有老师及时处理教育，也要发挥学生党员和学生干部的相应责任。

三是学校要做好顶岗实习后的总结教育工作。这个工作既可以总结顶岗实习经验教训，又能使学生在顶岗实习后进一步提升。

（2）确立实习单位对顶岗实习学生的管理责任

一是实习单位对学生要进行安全操作规程的培训。在实习前对于安全操作要有系统培训并进行考试，考试合格才能上岗，使学生熟悉安全操作规程，并强化安全防范意识。

二是明确实习指导师傅，实行管理连带责任。学生在实习中出现问题，指导师傅有连带责任，当然学生实习优秀，企业同样可实行奖励。这样，既能使学生尽快熟悉工作，也能使企业老员工发挥好传帮带的作用。

三是企业对顶岗实习学生实习期间的管理责任。学生在实习场所、住所等受到伤害，企业应负有全部责任。这样既最大限度地保护顶岗实习学生的合法权益，又促使企业重视顶岗实习学生的安全管理。

5. 建立维护顶岗实习学生权益的保护机制

构建维护顶岗实习学生权益的保护机制是一个系统工程，需要社会、学校、企业、家庭和学生个人等多方面的共同努力，高校、学生、用人单位甚至政府等行为主体的各自诉求要在立法和司法上综合考虑，高校学生的顶岗实习制度也需逐步完善并规范，形成各方主体权利义务协调统一的学生实习制度与实习权益法律保障机制。

（1）建立实习协议签订制度

要以法律形式要求签订明确学校、实习学生和企业三方权利责任协议，内容涉及报酬基准、实习时间基准、实习安全卫生基准及双方权利义务等，这就基本保障和平衡了三方利益。实习事故纠纷经常影响校企合作关系，企业和学校都不愿意深入组织学生实习，校企合作严重受阻。其中最主要的原因就是我国相关法律法规的缺失，学生个人也没有和企业签订相关协议，事故责任界定缺乏有效依据。我国现行的《工伤保险条例》《侵权责任法》《学生伤害事故处理办法》既没有参加实习活动事故责任明确的界定，也没有实习事故纠纷的具体处理办法，而签订协议，是明确责任权利、避免实习纠纷的最好措施。

（2）建立实习企业准入制度

实行学生顶岗实习企业准入制度，国家财政拨款（或免税）给接收学生实习企业。建立学生顶岗实习培训标准，实习企业在学生培训方面不合格的取消培训资格。要使学生顶岗实习企业接收市场化，国家政策要做出指导性安排。一方面企业愿意接收顶岗实习学生，使学生顶岗实习形成卖方市场；另一方面学生顶岗实习将规范化，所谓夜总会、歌厅、洗浴中心也接收学生的现象，学生作为廉价劳动力的现象，学生从事高毒、易燃易爆等具有安全隐患的实习现象就将一去不返。

（3）建立实习责任保险制度

学生在顶岗实习中难免会遭遇危险，而企业、学校、学生及其家长也会不可避免地卷入纠纷中，毫无疑问实习单位接收学生积极性将严重削弱，学校也不堪其累，直接影响其发展。2009 年 11 月 20 日，教育部、财政部、中国保险监督管理委员会联合发布了《关于在中等职业学校推行学生实习责任保险的通知》，要求实习学生人人参保，浙江、福建两省先后开展了要求院校在内的学生实习投保工作。目前我国很多省都开始研究采取责任保险制度，化解学生实习的责任风险。高校也应参照实行相关实习责任保险，国家应该尽快将学生实习责任保险制度化，要把学生在实习前投保规定为院校的一项强制性法律义务。

（4）建立实习状况监督制度

国家有关部门如教育部、人力资源和社会保障部等行政主管部门联合组成相关机构，对实习单位和学校遵守相关法律制度情况进行检查，并对违规单位给予处理和评价，作为国家落实相关财政政策的依据。同时，受害学生可直接向监督机构投诉或咨询，实行近距离维权。

二、勤工助学安全

勤工助学活动指学生在学校的组织下，利用课余时间，通过劳动取得合法报酬，用于改善学习和生活条件的社会实践活动。《高等学校学生勤工助学管理办法》规定："勤工助学活动由学校统一组织和管理。学生私自在校外兼职的行为，不在本办法规定之列。"

（一）勤工助学的法律性质

勤工助学大学生与用人单位形成的是劳动关系。目前，对于大学生勤工助学行为性质的规定比较分散。2005 年，共青团中央联合教育部出台的《关于进一步做好大学生勤工助学工作的意见》称："倡导和组织大学生在课余时间通过参加勤工助学活动获取合法报酬，是贯彻教育与生产劳动相结合、推进素质教育全面实施、加强和改进大学生思想政治教育的重要举措。"勤工助学的大学生跟顶岗实习大学生一样，具有劳动者主体资格，其与用人单位形成的是劳动关系，应当给予《劳动法》上的保护。

（二）现实生活中存在的主要问题

根据勤工助学场所的不同，一般把高校学生勤工助学划分为校内勤工助学和校外勤工助学两种。校内勤工助学一般是指高等院校组织本校学生参加校内的助教、助研、实验室、校内产业和后勤服务及各项公益劳动，学生从中取得相应报酬的活动。校内勤工助学的岗位一般是由学校统一安排，勤工助学酬金由学校统一发放，学生的勤工助学权益能够得到很好的保障。校内勤工助学在性质上属于学校对家庭经济困难学生照顾和扶助的范畴，面向的是家庭经济困难的学生，提供的岗位也非常有限，难以满足广大在校大学生的勤工助学需求。校外勤工助学的岗位比较多，薪酬相对较高，挑战性也更大，因此，更多的高校学生选择了校外勤工助学。但是，大学生在校外勤工助学，其权益容易受到侵害。

1. 相关立法不完善

当前我国针对大学生勤工助学权益的保护工作做得并不到位，还没有专门的法律法规来保护大学生勤工助学的合法权益。大学生勤工助学情况比较特殊和复杂，其在校学生的身份使得法律保护工作需要针对学生实际情况做出解释和调整。现有的《中华人民共和国劳动法》《关于非全日制用工若干问题的意见》《劳动合同法》并没有考虑到大学生勤工助学遇到权益侵害的情况。此外，《高等学校勤工助学管理办法》虽然保护了大学生校内勤工助学的合法权益，但是随着社会的不断发展，越来越多的大学生选择到校外去勤工助学，而学生到校外勤工助学遇到的问题是《高等学校勤工助学管理办法》管理不了的。这些都使得大学生在校外勤工助学遇到问题的时候很难有一个方便的渠道解决问题。当前，我国《劳动法》并没有专门针对大学生校外勤工助学问题的条款，此外，对于社会对大学生的市场需求也并没有专门的机构还有法规进行协调和规范。

2. 求助选择不多

当前大学生在校外勤工助学出现权益受到侵害的情况能够求助的对象比较少。一般来说，劳动部门、工商部门和公安机关是大学生的主要求助对象。但是我们应该认识到，这几个部门的主要职责并不是帮助解决大学生勤工助学的问题。因此，在求助的时候，大学生很可能遇到各种各样的问题。首先是劳动部门。劳动部门要按照《劳动法》行使职责，但是校外勤工助学的大学生并不是企业的正式员工。其次是工商部门。工商部门一般只有在企业出现问题的时候才会介入，而其主要的管理内容是企业单位的登记还有营业执照的办理等，和大学生的权益问题关系并不大。再次是公安机关。公安机关保护的是学生的生命财产安全，而一般来说，企业或者单位很少会欺诈和威胁大学生。如果出现了这样的情况，就属于严重问题。最后，大学生权益受到侵害时还可求助于舆论。但舆论的作用是警醒他人，防止出现类似的情况。因此，大学生能够选择的求助对象并不多，而且求助效果也都不是很理想。

3. 大学生勤工助学在法律上的定性问题

2007 年 6 月 26 日教育部和财政部联合下发的《高等学校学生勤工助学管理办法》第 4 条规定："本办法所称勤工助学活动是指学生在学校的组织下利用课余时间，通过劳动取得合法报酬，用于改善学习和生活条件的社会实践活动。"该《办法》第 6 条规定："勤工助学活动由学校统一组织和管理。任何单位或个人未经学校学生资助管理机构同意，不得聘用在校学生打工。学生私自在校外打工的行为，不在本办法规定之列。"由此可见，高校学生勤工助学不管是在校内还是在校外，都必须在学校的统一组织和管理下进行，否则，就叫"私自在校外打工"。事实上，目前有大量的高校学生"私自在校外打工"。这种未经学校同意在外打工的学生在性质上依然是"以工助学"，应该属于广义的勤工助学范畴，这部分学生的打工行为应该纳入《高等学校学生勤工助学管理办法》的约束和保障范围。

4. 大学生与用人单位的法律关系问题

我国《高等教育法》第 56 条规定："高等学校的学生在课余时间可以参加社会服务和勤工助学活动，但不得影响学业任务的完成。"依据此法，高校学生在不影响学业的情况下参加勤工助学是被法律所允许的。我国法律规定的最低就业年龄是 16 岁，在校大学生一般都已达到 18 岁，超过了法定最低就业年龄，其在用人单位勤工助学属于合法的劳动行为。根据《中华人民共和国宪法》第 42 条的规定："中华人民共和国公民有劳动的权利和义务。国家通过各种途径，创造劳动就业条件，加强劳动保护。"高校学生勤工助学这种合法的劳动是应该受到法律保护的。但是，1995 年劳动部颁发的《关于贯彻执行〈劳动法〉若干问题的意见》第 12 条规定："在校学生利用业余时间勤工助学，不视为就业，未建立劳动关系，可以不签订劳动合同。"高校学生在用人单位存在劳动事实，大学生付出劳动，用人单位支付薪酬，大学生与用人单位之间存在客观的权利义务关系。如果仅仅因为大学生身份特殊、勤工助学不是就业，就认为大学生与用人单位之间未建立劳动关系，可以不签订劳动合同，不受《劳动法》保护，这是与法理和客观事实相违背的。

5. 大学生勤工助学过程中权益受到侵犯时的法律保护问题

大学生勤工助学过程中权益受到侵犯主要表现在财产权利和人身权利两个方面。中介诈骗、用人单位非法收取押金、用人单位克扣工资等都属于对大学生财产权利的侵害。因陷入"传销门"而被非法关押、女大学生勤工助学过程中受到性骚扰等都属于对大学生人身权利的侵害。2008 年 1 月 1 日实施的《劳动合同法》第 68 条、69 条规定："非全日制用工，是指以小时计酬为主，劳动者在同一用人单位一般平均每日工作不超过四小时，每周工作时间累计不超过二十四小时的用工形式。非全日制用工双方当事人可以订立口头协议。"该规定仅适用于普通劳动者而不适用于高校学生。由于缺乏《劳动法》等相关法律的制约，用人单位招收大学生作为廉价劳动力，不签订劳动协议，规避应当承担的法律责任，使大学生财产和人身权利受到不同程度的侵犯而得不到有效的法律保护。

6. 勤工助学大学生维权成本高、难度大

当前，勤工助学大学生权益受损后可以通过协商、调解、诉讼等方式维权。大学生在勤工助学过程中遭受侵权，一般会先与用人一方进行协商，协商失败，才会寻找其他解决办法。面对强势的用人一方，协商、调解很难达到预期的效果。通过诉讼的方式解决纠纷，对于勤工助学的大学生来讲，存在着需要支付高昂的律师费、诉讼费等问题，而且还需经历漫长的时间，与他们勤工助学获得的收入进行比较，维权所需的金钱、时间成本显然过高。大学生的主要任务是学习，依法维权比较烦琐，他们没有太多金钱、时间和精力用于诉讼，所以最后往往是放弃。维权艰难甚至维权不能，对于勤工助学大学生的身心打击较大，影响他们的正常学习，进而导致一些学生通过过激、违法的方式去解决纠纷，不仅影响正常的教学秩序，在一定程度上也会影响社会的和谐与稳定。

（三）完善高校勤工助学法律保护的途径

高校勤工助学法律保护是一项系统工程，需要各界共同努力加以营建和维护。社会、高校等应加强相互合作，加强沟通和联系，形成联动机制，维护好大学生勤工助学的基本权利。

1. 明确大学生勤工助学的法律地位

从目前实践来看，大学生勤工助学权益得不到《劳动法》有效保护的主要原因，是相关法律法规对劳动者的概念界定不清晰。应当明确勤工助学大学生的劳动者身份，明确其适用《劳动法》《劳动合同法》等只有具有劳动者身份才可适用的法律，只是在社会保险方面的适用可以更加的灵活。

2. 明确高校和政府职能部门的职责

大学生勤工助学的劳动者地位得到立法的肯定，只是将大学生勤工助学纳入了《劳动法》体系，如果没有相应的部门去监督，保障大学生的合法权利也只能是一纸空谈。在实践过程中，应加强政府部门和高校管理机构的衔接，相互之间加强沟通与协作，随时掌握大学生勤工助学的状况，及时发现并处理勤工助学中遇到或存在的问题。

同时，高校也应完善勤工助学的管理体制，加强对学生的日常教育和管理，规范勤工助学的内容和时间。我国《高等教育法》规定："高等学校的学生在课余时间可以参加社会服务和勤工助学活动，但不得影响学业任务的完成。高等学校应当对学生的社会服务和勤工助学活动给予鼓励和支持，并进行引导和管理。"因此，在实践过程中，高校应加强引导和管理，首先确保高校学生在校学习情况，有效保证学生学业的完成，在此基础上，规范校外勤工助学的种类，遴选出适合大学生的岗位。

此外，高校管理部门应设立相应的管理平台，帮助学生维护权益；应对大学生加强维权法律知识宣传，增强大学生法律维权意识；应对提供勤工助学岗位的企业进行登记造册，对企业建立台账和信用档案，对侵害大学生劳动权益的企业设立黑名单。同时，要成立专门团队对劳动权益受到侵害的大学生提供法律援助，帮助学生维权。

3. 立法机关尽快出台相关法律法规，维护勤工助学大学生的合法权益

2007 年下发的《高等学校学生勤工助学管理办法》只适用学校统一组织的勤工助学，未经学校组织而在校外勤工助学的学生不受该《办法》的保障。原国家教育委员会、财政部 1993 年发出《关于进一步做好高等学校勤工助学工作意见的通知》，但它

仅对高校进行约束，对用人单位不适用；团中央、教育部 2005 年联合发出《关于进一步做好大学生勤工助学工作的意见》，对完善大学生勤工助学工作的管理和加强大学生勤工助学保障提出了明确的要求，但也有专家对这两个主管部门的管理权限提出质疑，事实上也很难执行。立法机关应尽快出台相关的法律法规，使得高校学生勤工助学的管理和权益保障有法可依。

4. 出台司法解释，把勤工助学大学生纳入《劳动合同法》保护范围

由于现行的《劳动法》和《劳动合同法》对“劳动者”的内涵和外延都没有明确界定，而 1995 年原劳动部颁发的《关于贯彻执行〈中华人民共和国劳动法〉若干问题的意见》又明确将学生勤工助学排除在劳动者之外，因此，目前高校学生勤工助学不能受《劳动法》和《劳动合同法》的保护。然而事实上，勤工助学的大学生与用人单位已经形成了劳动的权利义务关系，已经成为事实的“劳动者”。建议出台《劳动合同法》的司法解释，对勤工助学的劳动性质进行界定，并且明确规定大学生与用人单位之间法律关系参照非全日制用工的规定进行调整。

5. 地方各级人大及其政府部门出台相关法规和规章

在出台法律和司法解释条件不成熟的情况下，拥有制定地方性法规和政府规章的地方各级人大及其政府部门应该在不违背上位法的前提下，制定关于高校学生勤工助学管理和权益维护的地方性法规和地方政府规章。例如，参照《高等教育法》和《关于进一步做好大学生勤工助学工作的意见》，制定出《××省高校学生勤工助学活动的规定》，对于未经学校组织而在校外勤工助学的学生，应该明确其勤工助学活动能够参照《劳动合同法》，使学生的相关权益得到一定程度的保障。高校应该对大学生加强劳动法律维权意识的教育，立法部门应当不断完善法律和法规，使大学生既能通过勤工助学提高社会实践能力，又能运用法律手段保护自己合法的劳动权益。

6. 加强法律宣传和教育，增强勤工助学大学生的法律意识和维权意识

高校应当加强法律教育和宣传，使大学生掌握更多的法律知识，培养大学生的权利意识、安全意识、防范意识，增强他们的维权意识和能力。

第一，通过开设相关课程，加强基本法律知识的教育。高校可以开设一些与勤工助学有关的法律基础课程，如涉及《合同法》《劳动法》《民事诉讼法》等方面的课程，对学生进行法律宣传教育。在教学过程中结合真实的大学生维权案例进行讲授，引导学生通过对案例的剖析了解自身的合法权益，掌握签订合同的法律知识，培养法律意识和权利意识。

第二，聘请校外法律专业人士开展讲座，提高学生维权意识和维权技能。除开设相关的法律课程外，学校还可以开设勤工助学维权知识讲座，向学生传授维权知识，如邀请劳动行政部门、法院等相关部门经验丰富的专业人士向学生介绍有关勤工助学

维权的注意事项，掌握一定的维权技能和技巧，教育学生尽可能与用人单位签订书面合同，做到有据可查。

第三，创建勤工助学网络信息平台，对学生宣传法律知识和维权知识。在现实中许多学生是通过中介介绍和校园海报寻找勤工助学的机会，但是面对高额的中介费和虚假的信息，多数学生更希望通过安全免费的途径获得机会。对此学校可以通过信息平台为学生提供安全、可靠的工作信息，以及向学生宣传“黑中介”“黑机构”的诈骗方法，使学生学会辨别不良中介，并且向学生宣传维权的手段，保护勤工助学学生的合法权益。

7. 简化纠纷解决程序，进行司法救济，减少维权成本

各级人民法院对大学生勤工助学维权案件应当开设“绿色通道”，简化纠纷解决程序，减轻勤工助学大学生的维权成本。遵循“调解优先，诉调结合”的原则，鼓励在双方自愿的基础上以调解的方式解决纠纷。大学生勤工助学的维权案件适用小额诉讼程序、简易程序等方便快捷的审理方式。对于勤工助学大学生权益保障问题还可以给予法律援助和司法救助。这里要对法律援助和司法救助进行说明。

第一，对大学生勤工助学提供法律援助。法律援助是县级以下人民政府对因经济困难而无法购买法律服务或者处于弱势地位的当事人，提供法律帮助和服务的一项司法救济制度。大学生通过勤工助学只能获得微薄的报酬，能拿到几百上千元已经相当不错。根据当前律师行业的收费情况，代理案件收费至少一千元。学生获得的劳动报酬根本无法支付律师的代理费，大部分勤工助学学生家庭贫困，让学生向家里索要律师代理费是不合理、不可行的。浙江省宁波市法律援助中心曾帮助高校的108位女大学生拿到劳动报酬。在勤工助学学生维权过程中法律援助免费提供法律咨询、诉讼代理等法律服务，维护学生的合法权益，是法律面前人人平等的要求，也符合法律援助扶弱济贫的宗旨。

第二，法院提供司法救助。依据最高人民法院做出司法救助的规定，对经济困难且符合司法救助条件的维护自身合法权益的当事人，实行诉讼费缓交、减交、免交制度。大学生勤工助学的维权案件主要是一些追讨劳动报酬或人身伤害事故的案件，而追讨劳动报酬和人身伤害是司法救助规定的条件之一，显然大学生勤工助学侵权案件是符合司法救助条件的。人民法院可视情况对大学生勤工助学侵权案件进行缓交、减交或免交诉讼费用，使学生能够打得起官司，保障大学生能够通过诉讼解决因勤工助学而发生的纠纷。

三、社会实践安全

大学生社会实践活动是高校对大学生进行素质教育，培养大学生创新、实践能力

和创业精神的重要形式，是高校有组织、有计划地让大学生接触社会、认识社会，从而认识自我、提高素质的重要教学活动，是大学生课堂教学活动的补充和延伸。

（一）大学生社会实践活动现状

1. 大学生社会实践重视程度不断提升

现阶段各学校都开展了多项大学生社会实践活动，活动类型有科技、创业、定岗实训等。为了保证大学生社会实践质量，学校安排专业人员，如各年级辅导员负责具体事宜；学校安排专门的实践资金，保证大学生实践活动启动资金，保证实践质量；学校安排专业场地、建立校外基地，保证大学生社会实践活动场地。

2. 大学生社会实践类型过于单一

现阶段大学生社会实践活动主要分为两类，一类是学生自发参与的社会实践活动，如志愿者、家教等校外兼职等；另一类是学校组织的社会实践，主要是各类大学生比赛、服务基层活动、专业能力实践以及思想政治教育。但从总体情况来看，个人实践活动出发点过于单一，主要是为了赚取生活费和获取某些荣誉，而提升个人技能和思想政治水平等方面出发点较少，影响了大学生综合能力的提升。

3. 参与社会实践的积极性和主动性有待提升

学校在宣传社会实践时，积极引导，广泛动员，但是积极参与到学校社会实践活动中的人数相对较少。大学生由于个人自信心不足、学习时间安排冲突、害怕吃苦受累等原因导致参与主动性和积极性不高。

4. 社会实践能力不足

大学生在社会实践过程中，体现出的能力问题不仅是专业知识储备不足，还包括沟通交际、独立思考等方面能力欠缺。部分大学生无法用所学的知识去解决现实中的问题，继而降低个人自信心，更加无法完成实践活动，知识转化能力弱。还有部分大学生缺乏独立思考的能力，在遇到问题时，逃避推诿。这些问题都是社会实践能力不强的体现。

5. 实践活动实效性有待提升

大学生实践活动出现问题，并不代表问题仅出现在学生身上，社会、学校以及教师都需要主动作为。从系统学分析，实践课程少、实践课时少、实践内容与学习内容脱轨严重，都会导致以上问题的出现；指导教师本身专业性不强，社会实践作为社会学的学科范畴，实际工作中以学院秘书、专业负责人和辅导员为主，保证了解决专业问题的能力，但是无法有效解决实践过程中的社会学问题，因此在指导教师配置、辅导教师专业化培养等方面仍有待探索。

6. 大学生社会实践过程中存在的安全问题

（1）自身的社会经验不足

大学生自身的社会阅历与复杂的社会环境之间存在着较大反差，且在参加社会实践过程中需要面对诸多环境的不确定因素，如可能会遇到地震、洪灾、火灾，不幸遭遇车祸，外出被小动物咬伤等意外事件。同时，大学生思想相对比较单纯，看待问题的角度比较单一，明辨是非的能力不强，在复杂的社会环境中，容易上当受骗，遇到突发状况时容易冲动，这些都会导致一定程度的安全事故。

（2）自身安全意识较薄弱

一份大学生安全意识调查情况表明，54％的大学生使用过大功率电器，45.1％的大学生不会使用消防栓或灭火器等消防器材；54.8％的大学生曾经不同程度地上当受骗，88％的同学认为上当受骗的主要原因是社会阅历浅以及自身安全意识淡薄；不法分子利用大学生思想单纯、富有同情心对其进行诈骗，45.9％的大学生有可能会和陌生异性单独见面；50.6％的同学基本上不了解食物中毒的急救措施；51.3％的大学生曾经因图一时之便搭乘摩托车或“黑出租”等无经营执照车辆。以上调查数据显示，大学生在消防、防诈骗、交通、饮食等方面的安全意识不容乐观，而在大学生社会实践过程中，因为自身的安全意识不强而导致安全事故屡有发生。如北京某大学“三农”问题调查实践团乘车前往湖南一乡村进行暑期社会实践活动途中，遭遇严重车祸，造成 5 人严重受伤。经调查，发现他们发生车祸的主要原因是客车经营者严重违规运营，车辆没有营运执照且严重超载。

（3）安全技能不强

大学生在社会实践中的安全技能不强主要表现在两个方面，一是日常生活的安全技能不强，如在实践地对一些意外的危险因素处理不当，造成不必要的后果。调查发现，对于最基本的用电常识和触电急救知识，只有 66％的学生选择马上切断电源，而 34％的学生不知道如何施救，竟然还有 13％的学生选择直接用手拉开触电者。如果这些学生真正遇到类似情况，后果将不堪设想。二是在实践中特别是在工厂作业过程中的安全技能不强。由于大学生参加实践的时间不长，工作经验少，加上安全意识不强，有时会导致安全事故发生。

（4）法治意识淡薄

遵纪守法是每一个公民的义务和行为准则，大学生作为国家未来的栋梁和社会文明的代表群体，理应是遵纪守法的楷模。但是极少数大学生法治意识淡薄，违法乱纪事件时有发生，有些大学生还利用自身的专业特长通过互联网实施高科技、高智能犯罪，在触犯法律身陷囹圄后才悔不当初。

（二）加强和改进大学生社会实践工作的有效路径

1. 提升大学生社会实践认识高度

社会和学校要打破传统思维，与时俱进，更新观念。实践是知识转化为生产力的重要途径，没有实践，再多的理论知识都是纸上谈兵，提高大学生社会实践能力素养刻不容缓。社会实践活动的德育性质更强，是我国立德树人教育目标的根本要求，是深化教育改革、全面推进素质教育的必要途径，是培育“四有”新人的一项重要举措，对于大学生完善知识结构、提高创新意识都有着举足轻重的作用。因此，学校和社会要提高认识，统一思想，建立完善的学校和社会实践教学培养体系，专业知识能力和实践素质能力一起抓。同时，大学生要提高服务社会意识。社会实践教育要与社会主义核心价值观相结合，增强学生社会责任感。新时代对大学生有更高的要求，不仅要求学生能掌握最新理论研究知识，更需要把这些知识应用于社会实践，而大部分学生一直生活在象牙塔里，对社会现状缺乏理性的认识，对中国的国情了解不深入，认识不到社会实践的含义，不能把自己的专业特长与服务群众、服务社会联系起来，进而缺乏积极参与社会实践的主动性。部分学生专业基础知识牢固，具有一定的社会实践能力，但是缺乏吃苦精神，不愿在社会实践中埋头苦干，更别说奉献社会。更有甚者，有些学生严重脱离群众，存在“天之骄子”“高人一等”的思想，不能真到做到“到群众中去”，更别说深入调研。对大学生社会实践而言，如果不能把社会实践应用到当地生产生活，就违背了社会实践的初衷。

2. 创新大学生社会实践的方式方法

高校在理念和态度上要认清培养大学生实践能力的紧迫性和必要性，社会实践在学生中大众化是必然发展趋势。提高学生参与度，制度保障必不可少，但是要想提高学生的主动性和积极性，根源在于创新社会实践的方式方法，使社会实践更贴近学生的生活实际，更贴近人文关怀主题和专业基础知识。

3. 加强社会实践工作教育教学资源的整合

对教育教学资源进行整合与利用的水平和程度直接影响着大学生社会实践活动的实施和发展，并最终影响实践育人目标的实现。新时期大学生社会实践工作要想出成效，就必须整合各种资源，夯实基础建设。要整合社会教育教学资源，扩大宣传，增强政府和社会的支持力度，开发利用潜在和隐性的社会资源。要将传统模式与现代模式相结合，完善各种社会实践模式。一是实习见习模式。高校与企业合作，利用实习见习使同学们进入实际工作环境中，将所学知识应用于生产生活实践。二是产学合作模式。企业提供资金和课题项目，大学提供高精尖人才，这样企业与高校在科学研究、技术开发、经验交流等方面结成契约关系。在此过程中，企业产生的科技成果及时转化为生产力。这样，既解决了企业自身难于应对的技术难题，又培养了学生的实践和应用能力，促进了科技与经济的结合。三是合作教育模式。学校邀请企业人员去授课，企业为学生提供实践岗位，将学生知识转化为社会生产力，课堂教学与学生参加实际工作有机结合。四是社区服务模式。同学们利用假期去基层，到一些公益性岗位去服务，以此得到锻炼。

4. 健全社会实践保障机制，推进其可持续性

制度是开展大学生社会实践的重要保障，是确保社会实践得到实现的可靠途径。一是完善保障机制。社会实践活动同其他教育教学活动一样，需要一定的财力保障和物质保障，社会实践中用到的软硬件设备、设施、信息渠道、实践场地等，是实现教育目的的载体和平台。二是完善评价机制。规范相关制度，明确实践教学考核办法，鼓励教师和学生参加社会实践。

5. 严格审核项目方案

严格审查学生上交的实践方案，充分讨论实践的可行性和必要性，必要时可进行立项答辩。这样既可以给学生施压，也可以给指导教师施压，教师是否对项目进行了悉心指导，还是只是挂名，通过答辩十分容易辨别。在要求学生写好实践日记的同时，省内项目必须要求指导教师亲自跟踪，省外项目要求教师每日电话跟踪，不管任何一种跟踪方式，均需要指导教师完成实践日记。

6. 重新规划实践经费发放制度

可在立项答辩之后，根据学生表现，预支一部分经费，如若实践项目如期完成，材料上交齐全，表现良好，可发放剩下的经费，否则不足的经费由学生自行解决。这样既保证了学生开展实践的基本经费，又可鼓励他们努力认真地完成实践及后期材料。这种方式可以在一定程度上解决由于经费拮据而引发的安全隐患。

7. 加强立项后的安全急救知识培训和演练

除了召开出征大会、发放安全告知书等仪式之外，还可邀请保卫处对学生进行急救知识的普及培训，在理论培训之后，可进行一定的实操来加强学生的动手能力。未完成培训课时或未通过实操考核的队员不可参与实践。这种方式可以确保学生在出发前具备一定的急救知识和能力，是一种有效的预案方式。大学生暑期社会实践活动作为高校覆盖面最广的活动，不仅仅要关心实践活动的形式，更需要确保学生安全实践，否则一有事故发生，责任就难以界定，无论对学生、学校还是家庭都影响重大。

8. 对社会实践活动进行投保

在实践活动中，不可避免地存在着一些防不胜防的意外事件。可以尝试对社会实践活动进行投保，分担风险，保费可以由学校和学生共同承担。某高校推出的全国首个学生勤工助学、社会实践保险项目非常值得借鉴。该校为每个学生每年缴纳 5 元保险费，一旦发生意外，学生最高可获得 10 万元的赔付。该保险项目不仅专门针对学生

参加勤工助学中遇到的意外，在教育实习、志愿服务等社会实践方面出现的意外，保险公司均可给予赔付。

9. 大学生自身重视培养法治观念

大学生平时要有计划、有针对性地参与学校安排的安全教育或法治讲座。对于大学生在社会实践过程中可能面临的各种安全隐患，要通过案例进行安全防范知识教育，提高学生的防范意识和技能，使学生在社会实践过程中，始终绷紧安全这根弦。法律规范是一种特殊的社会规范，任何人都没有超越法律的特权。要有针对性地加强学生的法治教育，多掌握一些基本的法律知识。思考问题和解决问题要符合法律要求，增强遵纪守法的意识，依法规范和约束自己的行为，不参与违法犯罪活动，成为一名守法合格的新时代大学生。

四、实验室安全

高校具有人才培养、科学研究、服务社会三大功能，高校实验室是实现这三大功能的重要场所。高校实验室集中了学校主要的技术设备和教学资源，特别是一些高精尖设备，对教学、科研和技术开发等形成了强大的支撑。近年来，国家实施的“双一流”建设和“新工科”建设，成为我国高等教育的风向标。在我国高等教育不断深化改革的新形势下，实验室安全管理显得尤为重要，一流的大学，必须有一流的实验室，一流的实验室必须有一流的管理。

（一）现实存在的主要问题

1. 安全主题教育缺乏，安全观念不强

近年来，随着国家不断增大科研领域投入，科研实验室规模迅速扩大，实验设备种类和数量也逐年增加，与之对应的实验室安全管理机制却没能及时跟上。有的单位缺乏安全主题教育，忽略了安全课程建设的重要性，致使安全管理措施仍是几年前的条例和规定，无法满足日益复杂的实验室科研环境需求。个别实验室安全准入制度执行不严，甚至未推行安全准入制度。有的教师对学生要求不严，致使学生在实验过程中存在操作粗犷、监管弱化、隐患发现滞后等现象，为实验室安全管理增加了诸多不确定性。

2. 实验室安全管理不严不实

由于近几年各高校普遍扩招，因此更多的学生需要同期进入实验室进行科研活动，而分配给教师的实验室面积却没有明显增加，因此实验室中人员流动性和设备使用频率大幅度增加。随着实验室使用时间的延长，早期购买的设备和实验室基础电路、水路、气路等均有所老化，有的教师为了节省经费，没有及时对实验室进行安全隐患排查和整改；有的教师为了增加实验室使用面积，私自将教室或办公室改造成实验室进行科研活动，而教学楼或办公楼在建设初期规划时，不管是在电路还是通风方面均不适合作为科研实验室使用，因此即使进行了一定改造，仍然存在较大的安全隐患；有些教师为节约经费简化装修改造审批流程，未经学院、学校相关部门审批，私自联系校外装修公司进行装修改造，由于缺少了相关部门的监督检查和验收，且装修公司并不了解高校对科研实验室的具体要求，很难确保装修过程的安全和改造完成后实验室符合高校对科研实验室的具体要求，增加了安全隐患。

3. 管理人员力量薄弱，制度落实不到位

当前很多高校都按照教育部要求制定了较完善的实验室安全管理制度体系，但实验室安全事故仍然时有发生。究其原因，主要是实验室安全管理人员数量偏少，制度落实不到位。一方面，专职实验室安全管理工作量大，但编制和提升机会较少，这就给实验室管理人员的职级晋升和技能提升等造成一定阻碍，而且实验室安全管理专业性要求高，很难做到几个人就能满足全校各学科实验室安全管理要求。另一方面，科研实验岗人员的岗位职责不明晰，部分科研实验岗人员主要负责各课题组的科研项目和研究生管理，并不承担学校科研实验室的安全管理工作。

4. 危险化学品或废弃物管理不完善

危险化学品是指具有毒害、腐蚀、燃烧、助燃等性质，对人体、设施、环境具有危害的剧毒化学品和其他化学品。高校科研实验室危险化学品具有种类多、使用频率高、存放地点分散、存放条件简陋等特点，管理者与使用人员的安全意识、技能水平会直接影响到化学品存储、使用过程的安全性。目前，很多学校虽然已经建立了信息化的化学品采购平台，但由于审批流程较复杂、购买周期长等实际情况，很多师生仍然选择通过百灵威、淘宝等自购平台购买化学品，由于缺乏有效监管，提供化学品的供应商也很难保证其售卖的化学品符合要求，存在安全隐患。另外，部分课题组学生使用的化学品仍采用自购自用的模式，造成实验室中同类化学品重复购买，却没有足够的安全空间存放，为实验室安全管理增加了风险。此外，部分学生没有养成为化学药品及时贴标签的良好习惯，做完实验后也没有及时对化学药品进行处理，最终造成实验室中无标签化学品大量堆积，这给化学品的使用和回收增加了困难和危险。

5. 违反操作规程开展实验

高校实验室中违反操作规程进行实验的情况时有发生，且违反操作规程酿成的安全事故损失往往比较严重。例如，2009 年某大学一名教师违规操作，将本应接入 307 实验室的一氧化碳气体通入了 211 室的输气管，导致 1 名女博士生一氧化碳中毒死亡。人的不安全行为和物的不安全状态是导致事故的直接原因，其中人的不安全行为引起的事故比例高达 88%。“三圆环事故致因理论”认为，系统存在的潜在危险因素转化为显现事故，是因为人员的不安全行为、机（物）的不安全状态、环境的不安全条件，两者或三者在同一时空相交。人的不安全行为是引发事故的重要直接原因，即使物存在不安全状态，也是由人支配操纵的。因此，在实验室安全事故中，绝大多数事故是人为引起的。

6. 经费投入不足，消防设施不全

有些高校由于资金紧缺，消防安全经费投入不足，许多实验室消防设施配备不全，有的实验室没有按规定配备固定的检测、监控设备以及灭火器、消防栓等消防设施。有的地方虽然配有灭火器，但多数也已过期失效，形同虚设，消防安全设施根本不能满足现实要求。另外，一些存有有毒气体的实验室，没有配备通风系统，有的因房屋紧张，逃生通道也被占用，甚至封锁，险情一旦发生很难疏散，存在着严重的安全隐患。

（二）完善实验室安全的建议和对策

1. 完善管理制度，重视全过程

安全管理水平显著影响学生实验室安全意识，由此提出以下几点建议：

一是完善具有学科特色的安全制度并加大执行力度，实现制度上墙，以事前、事中、事后以及学校、学院、教师、学生几条线为关键点，多层次全方面制定安全制度，实时更新并形成更新机制。

二是问责代替追责，对于实验室管理的每一个环节均融入责任的因素，责任到人，责任到事。如在安全检查过程中，管理人员没有及时上报隐患，一旦安全事故发生，就要追究责任人的责任。同样，若问题已上报但因没有得到决策者的足够重视而导致事故发生，也要追究当事人责任，并对发现风险隐患的管理人员进行奖励，实现问责与奖励的岗位化和日常化。

三是做好安全事件的总结整理，树立风险防范意识。实验室的所有操作都存在风险点，要对所有的未遂事件进行跟踪分析和记录，根据结论进行安全制度的完善更新。

2. 强化培训力度，建立准入机制

定期培训是安全管理的重要环节，是提高实验人员安全意识的主要方法。

一是重视新生的始业教育和通识教育。高校实验室管理部门在学期初集中开展实验室安全教育培训、讲座，校企联合协作，充分发挥企业的专业技术优势。如邀请气体供应商对学校存量气瓶做全面安全检查，邀请仪器供应商做专题讲座与仪器操作培训。制作并发放《实验室安全教育手册》，学生在接受培训后进行测试并签订“实验室安全承诺书”，成绩合格的学生获得实验室准入证书，从而提高学生的实验室安全意识。

二是定期对学生进行实验室安全意识状况的测试，了解学生的安全意识情况，随时对工作重点和方向进行调整。

三是定期进行实验室安全事故应急演练，提高学生的实操技能，营造实验室安全文化。

四是加强安全教育管理培训。培训是成本低、受益面广的一种安全意识培养模式。人的不安全行为常常由安全意识和安全知识的缺乏导致，因此，开展全员安全教育和培训对降低安全事故发生频次意义重大。实验室安全教育应结合培训对象的特点，突出培训的针对性、多样性、系统性和实效性。进入实验室的本科生、研究生在学校现有的安全教育必修课、选修课学习的基础上，必须通过院系及实验室组织的线上线下相结合的实验室安全理论与实操考试，合格后才能进入实验室从事科研实践活动。学校应建立并完善培训上岗制度，实验室工作人员、项目组负责人以及校外协同人员在上岗前必须了解实验室安全管理规定，参加药品使用保管、仪器操作使用等专题培训。将负责实验室安全管理的各级领导纳入教育培训的队列，并将培训学习的结果和工作实效与年终绩效考核挂钩。例如，加强“实验室安全”课程建设，可先从公选课开始，逐步推广至新生的入学必修课，使实验室安全成为大学生通识教育课程，实验室安全技能成为当代大学生必备的技能。

3. 增强宣传力度，营造安全氛围

实验室安全知识调查显示，很多学生对实验室安全的了解不够全面，有10%左右的学生对实验结束后的安全工作重视度较低，很多学生对如何处理实验室危机情况并不清楚。

一是建议利用微信、微博、易班等新媒体平台，将实验室安全知识以学生容易接纳的方式展示出来，也可将实验室安全事件做成案例，通过“刺激法”让学生在案例分析的过程中自觉提高实验室安全意识。

二是通过制度上墙、制作安全标志等方式，营造良好的安全文化氛围。

4. 明确危险品和化学试剂的管理要求，严格规范领用

学校应对危险品和化学试剂的存放和使用提出以下几点要求：一是严格控制易燃易爆物品的使用，对学生加强指导，严格执行操作规程；二是对化学试剂等危险品要仔细分类，严禁易燃易爆物品与助燃物、氧化剂混放；三是对遇水燃烧的物质要做好防水、防潮，妥善管理；四是实验用的各种气瓶在搬运和存放过程中，要严格遵守操作规程；五是对有毒有害物质，特别是剧毒物品要加强专人保管，严格发放与使用；六是对实验后的废弃物要分类收集、定点储存、专人管理和专门处置，确保不会污染周围环境。

5. 加强安全管理巡查整改

实验室安全检查可以及时发现安全管理体系、安全制度、实施方案中存在的不足，进一步提升实验室安全管理水平。专业的安全检查队伍是开展实验室安全管理巡查工

作的前提。高校可组建由在职实验管理人员与离退休实验技术人员组成的实验室安全巡查工作组，在校级、二级单位对实验室定期和不定期安全检查的基础上，全面系统地开展监督及复查，及时上报安全隐患并限期整改，坚持“早发现、早预防、早整改”，最大限度地避免实验室重大安全事故的发生。

6. 增加安全设施，建立安全保障

安全设施的建设状况显著影响学生实验室安全意识，合理配置和有效管理安全设施是营造实验室安全氛围的重要手段。

一是确保实验室基本安全设施的配置齐全，并定期进行检测维护，构建稳定安全的实验室环境。

二是根据实验室性质的不同，有侧重地进行安全设施的配备，如经管类实验室计算机等电子设备较多，应增加预防电气事故的设备；化学类实验室有易燃易爆试剂，应增加预防火灾等事故的设备。

7. “以人为本”，提倡学生自我管理

“以人为本”的实验室安全管理，有利于激发学生维护实验室安全的主动性。高校实验室安全文化建设的目标在本质上与实验室育人文化是一致的，都是为了培养高素质人才。实验室安全教育提高了学生实验室安全自主需求，变被动教育为主动教育。实验室安全达成共识，实验室安全管理的需求一致，并最终形成统一的行为准则，为学生自主管理提供了基础。学校各学院成立“实验室安全协会”等学生自主管理组织，发挥学生的自主管理能力，在实验室废液处理、开放实验室管理等方面发挥着重要作用。

8. 增强学生实验室安全意识

调查显示，学生实验室安全意识（包括安全知识的学习意识、危机意识）越强，其实验操作越安全。所以增强学生实验室安全意识是降低实验室安全事故发生率的重要途径。调研发现，很多不安全行为是学生无意识的行为，比如使用不合格的实验器材、实验过程中脱离岗位、实验后不清理现场等，这都是安全知识匮乏、安全意识薄弱的表现。

所以，学生要积极主动地了解一些实验室安全知识，尤其在学校安排的各种安全讲座和课程学习中，深入学习体会，而不是“走马观花”式的以完成学校任务的心态来学习。在影响学生实验室安全意识的内在因素中，安全知识的学习程度对安全意识的影响较大。经常参加实验室安全知识培训和安全应急演练的学生，实验室安全意识相对较强。部分学生在实验前就有实验失败的消极心理，这种心理也极易导致实验状态不佳，增加安全事故发生的可能性。

实践活动

请同学们自行结组，对本校进入实验室的同学进行调研，主要调查同学们的实验室安全意识、是否完全按照实验室安全手册进行操作、其中是否存在安全隐患等，如有需要改进的地方积极向辅导员反映。

活动目标：____________________

活动计划：____________________

活动结果：____________________

活动评价：____________________

第四节 劳动法律法规

党的十一届三中全会以后，我国进入了以经济建设为中心，对内实行改革、对外实行开放的新时期。改革开放以来的几十年，是我国经济建设取得重大成就的时期，也是我国法治建设的黄金时期，我国的劳动立法工作也进入了一个新的时期。

1994 年 7 月 5 日，第八届全国人民代表大会常务委员会第八次会议通过了《劳动法》。这是我国第一部劳动法典，它确立了我国社会主义市场经济条件下劳动力市场的基本法律原则，为保护劳动者的合法权益、稳定劳动关系提供了法律保障。为了有效地贯彻执行《劳动法》，人力资源和社会保障部（原劳动部）先后制定了一系列配套劳动规章。

2007年是我国劳动立法的一个里程碑，在这一年，先后通过了三部重要的劳动法律，即《劳动合同法》《就业促进法》《劳动争议调解仲裁法》。这三部法律与2010年通过的《社会保险法》分别完善了我国的劳动合同法律制度、就业促进法律制度、劳动争议处理法律制度和社会保险法律制度，基本形成了合同订立、履行、纠纷解决和社会保障的衔接。2010年以来，《工伤保险条例》修订并实施，《刑法修正案（八）》增设拒不支付劳动报酬罪，《劳动合同法》修订并实行，等等。劳动法律法规都在逐步完善，为我国社会主义市场经济发展提供了保障。

习近平总书记在党的二十大报告中对“治国有常，利民为本”的阐释，精准深刻体现为民造福是立党为公、执政为民的本质要求。要坚持在发展中保障和改善民生，鼓励共同奋斗创造美好生活，不断实现人民对美好生活的向往。

一、就业促进法律制度

（一）就业概说

就业是指具有劳动能力的劳动者在法定劳动年龄内自愿从事某种具有一定劳动报酬或经营收入的社会劳动。[①] 就业是劳动者的劳动权体现，劳动者只有实现了劳动权，才能保障他的生存权，尤其是在现代工业化大生产的背景下，劳动力与生产资料相分离，劳动者只有实现就业，才能保障生存权与发展权。

就业的标准采取国际劳工组织的通用标准，凡是在规定的年龄之上具有下列情形的，都属于就业人员：正在工作，即在规定的时间内正在从事有报酬或者收入职业的人；有职业但临时没有工作的人，如由于疾病、事故、劳动争议、休假、旷工或客观方面原因而临时停工的人；雇主或个体经营者，或者正在家庭经营企业或农场而不领取报酬的家庭成员，在规定的时间内从事正常工作时间的1/3以上的人。

与就业相对应的问题就是失业，失业是指在法定劳动年龄范围内并且有劳动能力和就业愿望的公民未能实现就业的状态。失业作为一个法律概念，具有下述特征：失业者仅限于依据有关法规和政策应当保证其就业的公民；失业必须是处于未获得就业岗位的状态，既包括从未获得就业岗位，也包括失去原有就业岗位后未获得新就业岗位；失业不以未能获得就业岗位的原因为限；失业的表现形式仅以显性失业为限。

（二）就业促进

就业促进是指国家采取的帮助公民实现就业的一系列措施的总称。就业促进的目

---

① 参见关怀主编《劳动法》，中国人民大学出版社2001年版，第102页。

标就是实现充分就业。2007 年 8 月 30 日颁布的《就业促进法》总则第 2 条进一步明确了“劳动者自主择业、市场调节就业、政府促进就业这一就业促进方针”：一是明确“劳动者自主择业”，充分调动劳动者就业的主动性和能动性，促进他们发挥就业潜能和提高职业技能，依靠自身努力，自谋职业和自主创业，尽快实现就业；二是明确“市场调节就业”，充分发挥人力资源市场在就业促进中的基础性作用；三是明确“政府促进就业”，充分发挥政府在就业促进中的重要职责。党的二十大报告指出：“强化就业优先政策，健全就业促进机制，促进高质量充分就业。健全就业公共服务体系，完善重点群体就业支持体系，加强困难群体就业兜底帮扶。统筹城乡就业政策体系，破除妨碍劳动力、人才流动的体制和政策弊端，消除影响平等就业的不合理限制和就业歧视，使人人都有通过勤奋劳动实现自身发展的机会。”

1. 就业促进的责任主体

（1）政府

就业促进是政府的基本职责，政府也是就业促进最主要的责任主体，《就业促进法》从法律的高度规定了政府在就业促进工作中的职责。《就业促进法》共分九章，从政策支持、公平就业、就业服务和管理、职业教育和培训、就业援助、监督检查及法律责任几大方面，全方位规定了政府就业促进的法定职责，具体包括以下内容：

建立就业促进工作协调机制。《就业促进法》在总结实践的基础上，通过法律明确了这一协调机制的工作任务和作用。①国务院建立全国就业促进工作协调机制，研究就业工作中的重大问题，协调推动全国的就业促进工作，并明确由国务院的劳动行政部门负责全国的就业促进工作；②省、自治区、直辖市人民政府根据就业促进工作的需要，建立就业促进工作协调机制，协调解决本行政区域就业促进工作中的重大问题；③县级以上人民政府有关部门按照各自的职责分工，共同做好就业促进工作。

建立就业工作目标责任制度。县级以上人民政府把扩大就业作为经济和社会发展的重要目标，纳入国民经济和社会发展规划，并制定就业促进的总长期规划和年度工作计划。各级人民政府和有关部门应当建立就业促进的目标责任制。县级以上人民政府按照就业促进目标责任制的要求，对所属有关部门和下一级人民政府进行考核和监督。

制定实施有利于就业的经济和社会政策。县级以上人民政府通过发展经济和调整产业结构，实施有利于促进就业的产业政策、财政政策、税收政策等各项经济和社会政策，多渠道扩大就业，增加就业岗位。

推进公平就业。各级人民政府依法保障劳动者享有平等就业和自主择业的权利，创造公平的就业环境，消除就业歧视。

加强就业服务和管理。县级以上人民政府应当培育和完善统一开放、竞争有序的人力资源市场，促进劳动力供给与需求的有效匹配；建立健全公共就业服务体系，为劳动者就业提供服务；制定政策并采取措施，建立健全就业援助政策，对困难人员给予扶持和帮助。

大力开展职业培训。国家依法发展职业教育，鼓励开展职业培训，并通过制订实施职业能力开发计划，鼓励和支持培训机构和用人单位开展就业前培训、在职培训、再就业培训、职业技能培训和创业培训，以及建立健全劳动预备制度和实行职业资格证书制度等措施，促进劳动者提高职业技能，增强就业能力和创业能力。

建立健全失业保险制度。国家建立健全失业保险制度，依法确保失业人员的基本生活，并促进其实现就业。

开展就业创业调查统计工作。国家建立劳动力调查统计制度和就业、失业、创业登记制度，开展劳动力资源和就业、失业、创业状况调查统计，并公布调查统计结果，以加强就业的基础管理工作。

发挥社会各方面促进就业的作用。各级人民政府和有关部门应当对在就业促进工作中做出显著成绩的单位和个人给予表彰和奖励，发挥工会、共青团、妇联、残联、用人单位以及其他社会组织在就业促进工作中的作用。

（2）用人单位、人力资源市场中介机构、职业教育和培训机构以及相关社会团体

《就业促进法》规定：①人力资源市场是对现有的劳动力市场、人才市场、毕业生就业市场等各类市场的总概括；②人力资源市场中介机构包括公共就业服务机构、职业中介机构；③职业教育和培训机构包括各类职业院校、职业技能培训机构和用人单位等；④相关的社会团体包括工会、共产主义青年团、妇女联合会、残疾人联合会以及其他社会组织。它们协助人民政府开展就业促进工作。

2. 公共服务机构

（1）国家公共就业服务机构

国务院劳动行政服务部门是全国就业服务的主管部门。它设置的就业服务管理职能机构，负责建立劳动力调查统计制度和就业登记、失业登记制度，并公布调查统计结果；研究就业服务制度，拟定就业服务发展规划；对全国就业服务管理机构的工作进行指导和监督，并维护其履行职责过程中的权利；组织推动就业服务系统的干部培训工作。

（2）地方公共就业服务机构

地方公共就业服务机构，是由各级地方劳动行政部门设置，并在其直接领导下实施就业服务任务的工作机构。县级以上的一般称为就业服务局，它在全面开展就业服务工作的同时，负责本地区各类就业服务机构的管理。

省级公共就业服务机构，主要负责本地区就业服务工作和就业服务机构管理工作，拟定本地区就业服务工作的规划、方针和政策，对本地区就业服务机构的业务工作进

行指导和监督。县级以上各级政府公共就业服务机构的职责包括：①培育和完善统一开放、竞争有序的人力资源市场，为劳动者就业提供服务；②建立失业预警制度，对可能出现的较大规模的失业实施预防、调节和控制；③鼓励社会各方面依法开展就业服务活动，加强对公共就业服务和职业中介服务的指导和监督，逐步完善覆盖城乡的就业服务体系；④加强人力资源市场信息网络及相关设施建设，建立健全人力资源市场信息服务体系，完善市场信息发布制度；⑤建立健全公共就业服务体系，设立公共就业服务机构，为劳动者免费提供就业服务；⑥对提供公益性就业服务的职业中介机构，按照规定给予补贴；⑦加强对职业中介机构的管理，鼓励其提高服务质量，发挥其在促进就业中的作用。

地方就业服务管理机构的基层组织，即街、镇、乡劳动就业服务站，它可由街、镇、乡政府部门直接领导和管理，也可作为区、县就业服务管理机构的派出机构。

3. 公共就业服务的具体内容

国际劳工组织 1948 年通过《就业服务公约》，其中规定的就业服务内容被概括为四类：职业中介、劳动力市场信息系统开发、劳动力市场调整计划的管理（支持经济和社会计划）、失业补贴的管理。其中，确立劳动力市场调整计划的管理职能，是劳动力市场政策从消极转向积极的体现，也是公共就业服务各种功能紧密结合趋势的体现，这使得公共就业服务机构既是信息供给机构和中介机构，也是就业政策、计划的执行机构。我国积极的就业政策对公共就业服务机构的要求则与此一致。

根据《就业促进法》中的相关规定，公共就业服务机构应当为劳动者免费提供下列服务：就业政策法规咨询；职业供求信息、市场工资指导价位信息和职业培训信息发布；职业指导和职业介绍；对就业困难人员实施就业援助；办理就业登记、失业登记等事务；其他公共就业服务。

4. 人力资源市场管理

（1）人力资源市场的含义

在《就业促进法》中，以“人力资源市场”的概念替代“劳动力市场”和“人才市场”的概念，表明“劳动力市场”与“人才市场”分立的二元模式转向市场一体化和运行规则统一的一元模式。在现阶段至少表明，虽然“劳动力市场”和“人才市场”在管理体制上还未统一且在运行规则上还有差异，但是《就业促进法》所规定的人力资源市场运行规则统一适用于“劳动力市场”和“人才市场”。

（2）人力资源市场准入管理

根据我国劳动立法的有关规定，劳动者年满 16 周岁，有劳动能力，且有就业愿望，符合法律规定条件，可以凭本人身份证件和接受教育、培训的相关证明，通过职业介绍机构介绍或直接联系用人单位等渠道求职。

为了提高劳动者的职业素质和技能水平，缓解城镇就业压力，根据我国有关立法的规定，劳动者在就业前应当接受必要的职业教育和职业培训。城镇初、高中毕业生就业前还应当参加劳动预备制培训，即新生劳动力在进入人力资源市场前必须经过1—3年的相关职业培训或职业教育。

用人单位招用人员，应当面向社会，公开招收，公平竞争，择优录用。用人单位在招用职工时，除国家规定不适合从事的工种或者岗位外，不得以性别、民族、种族、宗教信仰为由拒绝录用或者提高录用标准。

用人单位可以通过下列途径自主招用人员：委托职业介绍机构；参加劳动力交流洽谈活动；通过大众传播媒介刊播招用信息；利用互联网进行网上招聘；法律、法规规定的其他途径。

用人单位招用人员时禁止有下列行为：提供虚假招聘信息；招用无合法证件的人员；向求职者收取招聘费用；向被录用人员收取保证金或抵押金；扣押被录用人员的身份证等证件；以招用人员为名牟取不正当利益或进行其他违法活动。用人单位招用人员后，应当自录用之日起30日内，到当地人力资源行政部门办理录用备案手续，并为被录用人员办理就业登记。

二、劳动合同法律制度

劳动合同是劳动者与用人单位确立劳动关系、明确双方权利和义务的协议。劳动合同的特征是：

第一，劳动合同在主体上具有固定性。劳动关系的一方为用人单位，另一方为劳动者。根据我国《劳动合同法》第2条的规定，用人单位是指国家机关、事业单位、社会团体、企业、个体经济组织、民办非企业单位等组织。另根据《中华人民共和国劳动合同法实施条例》第3条的规定，依法成立的会计师事务所、律师事务所等合伙组织和基金会，也属于《劳动合同法》规定的用人单位。劳动者是指依法与用人单位建立劳动关系的自然人。

第二，劳动合同主体在双方地位上具有从属性。劳动者与用人单位建立劳动关系后，劳动者要进入用人单位劳动，成为用人单位组织体的一员，有遵守用人单位劳动规章制度的义务，应按用人单位的要求提供劳动。

第三，劳动合同时间上具有继续性。一般来说，通过劳动合同建立的劳动关系是长期和稳定的。劳动者期望得到稳定的工作，同时用人单位也需要掌握专业技术和操作熟练的劳动者。国家也通过立法加强劳动合同的稳定性，希望在稳定劳动关系的基础上，促进社会和谐。因此，劳动合同一般时间持续较长，续订也比较常见。

（一）劳动合同的主体

1. 用人单位

在我国，用人单位才能成为劳动关系中的雇佣主体，而我国采取列举的方式，限定只有法律认可的用人单位才能是劳动关系中的用工主体，由此也排除了一些主体成为劳动关系中用工主体的可能性，例如，个人、家庭、农村集体经济组织等均不能成为劳动关系中的雇主。

此外，需要注意的是，有的用人单位未依法成立，违反法律的规定，没有成立用人单位，这种情况下，其虽然没有用人单位的资格，但也承担用人单位的责任。

2. 劳动者

我国《劳动合同法》没有就劳动者的条件做出规定，综合其他相关的规定，劳动者应具有以下几点要求：

（1）年龄的要求

我国《劳动法》第 15 条将公民的就业年龄规定为年满 16 周岁，禁止招用未满 16 周岁的人。我国《民法典》第 17 条规定，18 周岁以上的自然人为成年人，不满 18 周岁的自然人为未成年人。根据《未成年人保护法》第 2 条的规定，未成年人是指未满 18 周岁的公民。因此，16 周岁至 18 周岁的劳动者为未成年工，18 周岁以上为成年工，16 周岁以下则为童工。一般来说，禁止招用童工。

超过退休年龄的劳动者们仍从事社会劳动的，根据《最高人民法院关于审理劳动争议案件适用法律问题的解释（一）》第 32 条规定，用人单位与其招用的已经依法享受养老保险待遇或者领取退休金的人员发生用工争议而提起诉讼的，人民法院应当按劳务关系处理。由此可知，超过退休年龄的劳动者继续从事社会劳动的，不视为《劳动法》意义上的劳动者。

（2）劳动能力的要求

自然人的劳动能力可以分为三种：具有完全劳动能力的人、具有部分劳动能力的人以及无劳动能力的人。只有达到法定年龄，具有完全劳动能力的人，法律才赋予其完全的劳动者主体资格；身体有残疾，不能正常地提供劳动，又没有完全丧失劳动能力的人，为具有部分劳动能力的人，根据我国残疾人就业的有关规定，法律赋予残疾人劳动者劳动权利能力和劳动行为能力。反之，未达到法定年龄，即使具有劳动能力，也不能成为《劳动法》意义上的劳动者，成为劳动关系的主体，参加具有劳动关系的劳动。同时，无劳动能力的人，无论是其先天没有劳动能力还是后天丧失劳动能力，均不具有劳动者的资格，成为《劳动法》意义上的劳动者主体。

（3）劳动关系的要求

一个劳动者是否可以存在两个或两个以上的劳动关系？这里首先应当区分全日制

劳动关系和非全日制劳动关系。

从理论上来说，一个劳动者仅能建立一个全日制的劳动关系，这样一是有利于就业总量控制，尽可能多地提供社会就业岗位；二是有利于保护劳动者的休息权，有利于劳动者的身体健康，避免劳动者过于劳累。但是，我国目前并未禁止全日制劳动者再与其他用人单位建立劳动关系，而是让用人单位根据具体情况做出决定。我国《劳动合同法》第 39 条第 4 项规定，劳动者同时与其他用人单位建立劳动关系，对完成本单位的工作任务造成严重影响，或者经用人单位提出，拒不改正的，用人单位可以解除与该劳动者的劳动合同。

对非全日制用工来说，劳动者可以从事两个或者两个以上的非全日制工作。根据我国《劳动合同法》第 68 条的规定，非全日制用工，是指以小时计酬为主，劳动者在同一用人单位一般平均每日工作时间不超过 4 小时，每周工作时间累计不超过 24 小时的用工形式。因此，从这个意义上说，劳动者可以建立多个劳动关系。

（二）劳动合同的订立

1. 劳动合同签订过程中的义务

用人单位的告知义务。用人单位招用劳动者时，应当如实告知劳动者工作内容、工作条件、工作地点、职业危害、安全生产状况、劳动报酬，以及劳动者要求了解的其他情况。用人单位应当将直接涉及劳动者切身利益的规章制度和重大事项决定公示，或者告知劳动者。

劳动者的如实告知义务。我国《劳动合同法》第 8 条规定："用人单位有权了解劳动者与劳动合同直接相关的基本情况，劳动者应当如实说明。"与劳动合同直接相关的信息包括两个方面：一是劳动者在求职时的受雇状况，以及以往的受雇经历；二是与本人业务能力相关的信息，如受教育和培训的情况、职业技术等级等。

2. 劳动合同的形式

我国《劳动合同法》第 10 条第 1 款规定："建立劳动关系，应当订立书面劳动合同。"在实践中，虽然存在着用人单位和劳动者建立了事实劳动关系却没有订立书面劳动合同的情况，但劳动者和用人单位形成的事实劳动关系受到我国法律的保护。例如《劳动合同法》第 10 条第 2 款、第 82 条及《劳动合同法实施条例》第 5 条、第 6 条、第 7 条等条例中，明确规定了建立劳动关系的双方应依法订立书面劳动合同及未依法订立书面劳动合同双方应承担的责任。

（三）劳动合同的内容

按照我国《劳动法》的规定，劳动合同的内容可以分为必备条款和约定条款。必备条款是《劳动法》对劳动合同内容的一般要求，即劳动合同一般应当具有的条款。约定条款则是法律对于劳动合同内容的提示性规定，当事人可以选择适用。除了必备条款与约定条款以外，当事人也可以根据双方的具体情况，约定双方认为必要的其他事项。

1. 劳动合同的必备条款

按照《劳动法》第19条和《劳动合同法》第17条的规定，劳动合同一般应包括以下条款：

（1）双方当事人的身份条款

《劳动合同法》规定，劳动合同双方当事人的身份必须是法律认可的、详细的。用人单位必须在劳动合同上写明单位的名称、住所和法定代表人或者主要负责人。用人单位的名称、住所和法定代表人必须和在工商部门登记的信息一致。劳动者必须在劳动合同上写明自己的姓名、住址和居民身份证或者其他有效身份证件号码。

（2）劳动合同期限

我国《劳动法》对劳动合同规定了三种期限类型：固定期限劳动合同、无固定期限劳动合同和以完成一定工作任务为期限的劳动合同。只要双方当事人协商一致，可以选择以上任意一种。如果是固定期限劳动合同，则应当明确合同履行的起始日和终止日。

（3）工作内容和工作地点

工作内容主要包括劳动者的工作岗位和主要工作任务。工作的岗位、任务、地点都是劳动者判断是否愿意建立劳动关系且履行劳动义务的主要因素，因此劳动合同中必须明确劳动者的工作内容和工作地点。

（4）工作时间和休息休假

由于《劳动法》对工作时间与休息休假有明确的最低基准规定，大多数劳动合同只写明“按照国家法律规定安排工作时间与休息休假”。

（5）劳动报酬

劳动报酬是劳动合同中劳动者权利的最重要内容。该条款可以约定劳动者的标准工资、加班加点工资、奖金、津贴、补贴的数额及支付时间、支付方式等。

（6）社会保险

针对实践中许多用人单位未为劳动者缴纳社会保险的情况，《劳动合同法》将社会保险条款作为必备条款。只要双方当事人建立劳动关系、签订书面劳动合同，必须就社会保险做出约定，但这种约定不得违反社会保险的法律、法规及地方法规对用人单位义务的最低要求。

（7）劳动保护、劳动条件和职业危害防护

劳动保护和劳动条件关系到劳动者的安全和健康，与劳动者的生存权紧密相连，是劳动者在劳动合同中重大权利的体现。

2. 劳动合同的选择条款

除必备条款外，劳动合同中可约定选择条款，由当事人根据意愿选择是否在合同中约定。《劳动合同法》第 17 条第 2 款规定，试用期、培训、保守秘密、补充保险和福利待遇等其他事项属于选择条款。需要说明的是，如果超越了这些条款的规定，就劳动法律法规没有禁止的事项，用人单位与劳动者约定选择性的条款也是可以的，如果不违反法律和劳动合同的基本原则，也应当是有效的。

（四）劳动合同的效力

1. 劳动合同的成立与生效

《劳动法》第 16 条规定："劳动合同是劳动者与用人单位确立劳动关系、明确双方权利和义务的协议。建立劳动关系应当订立劳动合同。"第 19 条规定："劳动合同应当以书面形式订立。"在实践中，劳动合同的订立和劳动关系的建立可以有三种情况：一是先签订书面劳动合同，后建立劳动关系；二是签订书面劳动合同和建立劳动关系同时发生；三是先建立劳动关系，后签订书面劳动合同。

根据《劳动合同法》第 7 条和第 10 条的规定，劳动关系中的劳动者自用工之日起建立劳动关系，和劳动合同的签订相分离。强调用人单位和劳动者自用工之日起即建立劳动关系，体现了对劳动关系本质的关注。

2. 劳动合同的无效

劳动合同的无效是指劳动合同因缺乏法律规定的条件而不具备约束力，具体包括全部无效和部分无效两种形式。我国《劳动合同法》第 26 条规定，下列劳动合同无效或者部分无效：①以欺诈、胁迫的手段或者乘人之危，使对方在违背真实意思的情况下订立或者变更劳动合同的；②用人单位免除自己的法定责任、排除劳动者权利的；③违反法律、行政法规强制性规定的。

对劳动合同的无效或者部分无效有争议的，由劳动争议仲裁机构或者人民法院确认。劳动合同部分无效，不影响其他部分效力的，其他部分仍然有效。

由于在劳动关系中，劳动者一方以提供劳动作为合同的给付内容，劳动一旦付出后，无法恢复到原状，因此，《劳动合同法》第 28 条规定："劳动合同被确认无效，劳动者已付出劳动的，用人单位应当向劳动者支付劳动报酬。劳动报酬的数额，参照本单位相同或者相近岗位劳动者的劳动报酬确定。"

三、劳动争议解决法律制度

（一）劳动争议的概念及特征

劳动争议指劳动关系双方当事人因实现劳动权利和履行劳动义务而发生的纠纷。劳动争议与其他社会纠纷相比，具有以下特征：

1. 有特定的当事人

劳动争议的当事人就是劳动关系的当事人，即一方为用人单位，另一方为劳动者，且只有相互之间建立了劳动关系的劳动者和用人单位，才有可能成为劳动争议的双方当事人。劳动争议双方当事人虽然在劳动合同关系中法律地位平等，但劳动者对用人单位存在身份和经济的双重隶属性。劳动争议双方当事人之间这种错综复杂的关系是劳动争议区别于其他争议的一大特征。

2. 有特定的争议内容

劳动争议的对象是劳动权利和劳动义务，其实质是劳动领域中的利益冲突。它与用人单位的生产经营及劳动者的生命健康和生活有着直接的联系，如因劳动报酬、劳动保护、社会保险福利等发生的纠纷，其他社会关系的争议则不具有上述内容。

3. 有特定的争议表现形式

劳动争议除了表现为利益冲突，影响仅限于主体范围外，有时还以消极怠工、罢工、示威等形式出现，涉及面广，影响也比较大。

（二）劳动争议的受案范围

我国劳动争议的受案范围与劳动法律关系的内容基本一致。目前，我国涉及劳动争议受案范围的法律法规主要有以下几部：

1.《劳动争议调解仲裁法》

《劳动争议调解仲裁法》第 2 条规定，劳动争议处理机构的受案范围包括以下几个方面：①因确认劳动关系发生的争议；②因订立、履行、变更、解除和终止劳动合同发生的争议；③因除名、辞退和辞职、离职发生的争议；④因工作时间、休息休假、社会保险、福利、培训以及劳动保护发生的争议；⑤因劳动报酬、工伤医疗费、经济补偿或者赔偿金等发生的争议；⑥法律、法规规定的其他劳动争议。同时，第 52 条规定：“事业单位实行聘用制的工作人员与本单位发生劳动争议的，依照本法执行；法律、行政法规或者国务院另有规定的，依照其规定。”

2.《劳动法》

《劳动法》第 84 条规定：“因签订集体合同发生争议，当事人协商解决不成的，当地人民政府劳动行政部门可以组织有关各方协调处理。因履行集体合同发生争议，当事人协商解决不成的，可以向劳动争议仲裁委员会申请仲裁；对仲裁裁决不服的，可以自收到仲裁裁决书之日起十五日内向人民法院提起诉讼。”

3.《集体合同规定》

《集体合同规定》第 49 条规定：“集体协商过程中发生争议，双方当事人不能协商解决的，当事人一方或双方可以书面向劳动保障行政部门提出协调处理申请；未提出申请的，劳动保障行政部门认为必要时也可以进行协调处理。”第 55 条规定：“因履行集体合同发生的争议，当事人协商解决不成的，可以依法向劳动争议仲裁委员会申请仲裁。”

4.《劳动合同法》

《劳动合同法》第56条规定：“用人单位违反集体合同，侵犯职工劳动权益的，工会可以依法要求用人单位承担责任；因履行集体合同发生争议，经协商解决不成的，工会可以依法申请仲裁、提起诉讼。”

5.《就业促进法》

《就业促进法》第62条规定：“违反本法规定，实施就业歧视的，劳动者可以向人民法院提起诉讼。”

（三）劳动争议处理的基本原则

1. 调解原则

调解是指在第三者主持下，依法劝说争议双方当事人通过民主协商，在互谅互让的基础上达成协议，从而消除争议的一种方法。

我国的调解原则包含两方面的内容：①调解作为解决劳动争议的基本手段贯穿于劳动争议处理的全过程。劳动争议仲裁委员会和人民法院在处理劳动争议时，必须先行调解，在调解不成时，才能进行裁决或判决。②调解要在争议双方当事人自愿的基础上进行，不能有勉强和强制，否则调解书将不能产生法律效力。

2. 合法原则

合法原则是指劳动争议处理机构处理劳动争议的所有活动和决定都要符合法律规定。这里的“法律”包括程序法和实体法，从立法层次上包括法律、法规、地方性法规和有关政策。在不同层次的法律、法规相矛盾时，按照上位法优于下位法的原则；在相同层次的法律、法规不一致时，可采用由共同上级部门指定依据的方式确定适用的法律和法规。

3. 公正原则

公正原则是指劳动争议处理机构在处理劳动争议时必须保证争议双方当事人处于平等的法律地位，具有平等的权利和义务。如争议发生后，任何一方当事人都有提出调解、申请仲裁或向人民法院提出诉讼的权利，同时都有义务服从仲裁委员会或人民法院的应诉通知。

4. 及时处理原则

及时处理原则是指劳动争议处理机构在处理劳动争议时，应本着一个“快”字，最低限度是在法律、法规规定的时限内受理、审理和结案。具体包括三个方面：①劳动争议调解组织对案件调解不成，应在规定的时间内及时结案，不要使当事人丧失申请仲裁的权利；②劳动争议仲裁委员会对案件调解不成时，应及时裁决，不能超过处理期限；③人民法院在调解不成时，应及时判决。总之，要使劳动争议在法律、法规规定的时限内得到及时的化解和处理，及时保护当事人的合法权益，防止矛盾激化。

（四）劳动争议解决的途径

1. 劳动争议基层调解

劳动争议基层调解，是指劳动争议调解组织对当事人双方自愿申请调解的劳动争议，在查明事实、分清是非的前提下，依据法律、法规、相关政策的规定和集体合同、劳动合同的约定，通过说服、劝导和教育，促使双方当事人在平等协商、互谅互让的基础上，自愿达成解决劳动争议的协议。在我国劳动争议处理体系中，它是一种普遍适用的重要形式。

当事人申请调解可以以口头的形式申请，也可以是书面的形式。在调解的过程中，应当充分听取双方当事人对事实和理由的陈述，耐心疏导，帮助其达成协议。经调解达成协议的，应当制作调解协议书。调解协议由双方当事人签名或盖章，经调解员签名并加盖调解组织印章生效，对双方当事人具有约束力，当事人应当履行。自劳动争议调解组织收到调解申请之日起 15 日内未达成调解协议的，当事人可以依法申请仲裁。

2. 劳动争议依法仲裁

我国处理劳动争议采取“仲裁前置”的原则。根据我国《劳动争议调解仲裁法》的规定，劳动争议申请仲裁的时效期间为 1 年。申请人申请仲裁应当提交书面仲裁申请，并按照被申请人人数提交副本。仲裁申请书应当载明下列事项：①劳动者的姓名、性别、年龄、职业、工作单位和住所，用人单位的名称、住所和法定代表人或者主要负责人的姓名、职务；②仲裁请求和所根据的事实、理由；③证据和证据来源、证人姓名和住所。书写仲裁申请确有困难的，可以口头申请，由劳动争议仲裁委员会记入笔录，并告知对方当事人。

劳动仲裁委员会应自收到申请之日起 5 日内决定是否立案，并通知申请人，不予立案应书面说明理由。劳动仲裁委员会受理仲裁申请后，应当在 5 日内将仲裁申请书副本送达被申请人。被申请人收到仲裁申请书副本后，应当在 10 日内向劳动仲裁委员会提交答辩书。劳动仲裁委员会收到答辩书后，应当在 5 日内将答辩书副本送达申请人。仲裁庭由 3 名仲裁员组成，设首席仲裁员。仲裁庭应在开庭 5 日前将开庭的地点、时间书面通知双方当事人。当事人在仲裁过程中有权进行质证和辩论。质证和辩论终结时，首席仲裁员或者独任仲裁员应当征询当事人的最后意见。

仲裁庭应当将开庭情况记入笔录。当事人和其他仲裁参加人认为对自己陈述的记录有遗漏或者差错的，有权申请补正。如果不予补正，应当记录该申请。笔录由仲裁员、记录人员、当事人和其他仲裁参加人签名或者盖章。当事人申请劳动争议仲裁后，可以自行和解。达成和解协议的，可以撤回仲裁。仲裁庭在做出裁决前，应当先行调解。调解达成协议的，仲裁庭应当制作调解书。调解书应当写明仲裁请求和当事人协议的结果。调解书由仲裁员签名，加盖劳动争议仲裁委员会印章，送达双方当事人。调解书经双方当事人签收后，发生法律效力。

仲裁庭裁决劳动争议案件，应当自劳动争议仲裁委员会受理仲裁申请之日起 15 日内结束。案情复杂的，可以延长不超过 15 日的审理期限。裁决书应当按照多数仲裁员的意见做出，少数仲裁员的不同意见应当记入笔录。仲裁裁决书应当载明仲裁请求争议事实、裁决理由、裁决结果和裁决日期。裁决书由仲裁员签名，加盖劳动争议仲裁委员会印章。对裁决持不同意见的仲裁员，也可以不签名。

下列劳动争议，除《劳动争议调解仲裁法》另有规定的外，仲裁裁决为终局裁决，裁决书自做出之日起发生法律效力：①追索劳动报酬、工伤医疗费、经济补偿或者赔偿金，不超过当地月最低工资标准 12 个月金额的争议；②因执行国家的劳动标准在工作时间、休息休假、社会保险等方面发生的争议。劳动者对上述规定的仲裁裁决不服的，可以自收到仲裁裁决书之日起 15 日内向人民法院提起诉讼。

3. 劳动争议案件诉讼

劳动争议处理中的诉讼程序不是必经程序，只有劳动争议当事人一方或双方均不服劳动争议仲裁委员会做出的仲裁裁决，在裁决做出 15 日内向人民法院提起诉讼，该程序才可以启动。除法律另有规定外，劳动争议仲裁程序是诉讼程序的前置和必经程序。

法院审理劳动争议案件的条件是：①起诉人必须是劳动争议的当事人。当事人因故不能亲自起诉的，可以委托代理人起诉。②必须是不服劳动争议仲裁委员会仲裁而向法院起诉，未经仲裁程序不得直接向法院起诉。③必须有明确的被告、具体的诉讼请求和事实根据。原告、被告仍为仲裁当事人，不得将仲裁委员会作为被告向法院起诉。④提起诉讼的时间必须是在法律规定的期限内，即收到仲裁裁决书之日起 15 日内起诉，超过 15 日，人民法院不予受理。⑤属于人民法院受理劳动争议的范围。⑥起诉必须向有管辖权的法院提出。

劳动争议案件按照一审民事诉讼的程序进行审理。一般而言，劳动争议案件中举证责任的分配适用《民事诉讼法》第 64 条第 1 款规定的"当事人对自己提出的主张，有责任提供证据"的原则。但根据劳动争议关系的特点，《最高人民法院关于审理劳动争议案件适用法律问题的解释（一）》第 13 条规定，因用人单位做出的开除、除名、辞退、解除劳动合同、减少劳动报酬、计算劳动者工作年限等决定而发生的劳动争议由"用人单位负担举证责任"，适用举证责任倒置。但是这里仅规定了六种情况由用人单位承担举证责任，且"开除、除名、辞退、解除劳动合同"实际上是一回事。

法治社会是构筑法治国家的基础。我们要坚持走中国特色社会主义法治道路，建设中国特色社会主义法治体系、建设社会主义法治国家，围绕保障和促进社会公平正义，全面推进国家各方面工作法治化。我们要弘扬社会主义法治精神，传承中华优秀传统法律文化，引导全体人民做社会主义法治的忠实崇尚者、自觉遵守者、坚定捍卫者。深入开展法治宣传教育，增强全民法治观念，努力使尊法学法守法用法在全社会蔚然成风。

实践活动

良好的法律思维可以帮助同学们在遇到劳动权益保护方面的问题时积极地运用法律手段维护自身的合法权益。请同学们自觉学习《劳动法》《劳动合同法》及相关法律法规，以短视频或朋友圈打卡等形式记录自己的学习过程，并总结学习收获。

活动目标：______________________________

活动计划：______________________________

活动结果：______________________________

活动评价：______________________________

思考题：

1. 在顶岗实习过程当中，如果遭受到了身体伤害，但赔偿事宜与用人单位没能达成一致，应当如何保障自己的合法劳动权益?

2. 签订的《劳动合同书》缺乏必要的合同条款，是否一定导致《劳动合同书》无效? 如果无效，劳动者付出的劳动力无法收回，应该怎样维护劳动者的权益?

后　记

为全面贯彻落实《中共中央 国务院关于全面加强新时代大中小学劳动教育的意见》（以下简称《意见》）和教育部《大中小学劳动教育指导纲要（试行）》（以下简称《指导纲要》）的相关精神，积极探索中国特色的大学生劳动教育，我们组织编写了《新时代大学生劳动教育》一书。

在本书编写过程中，我们高举习近平新时代中国特色社会主义思想伟大旗帜，以《意见》为指导，紧扣《指导纲要》，紧密贴合大学生劳动教育的实际，总结了河北省相关高校劳动教育的优秀经验，力争使本书具有科学性、指导性、实践性和实用性。

本书由孟庆瑜主持编写，王海任副主编。王海、王耕撰写绪论、第一章和第二章；丛峰、叶青撰写第三章第一节，王若茵撰写第三章第二节，叶青、臧倩撰写第三章第三节，杨贝、张藏云、刘晓旋撰写第三章第四节，李跃男、贾瑞强撰写第三章第五节；孙睿迪撰写第四章第二节“青年红色筑梦之旅”部分，王芝、赵辰玮撰写第四章其余部分，王紫萱、瞿弘玥对第四章亦有贡献；孙睿迪、张龙撰写第五章第一节以及第三节“能力评价”部分，孙慧佳、张亚靖、王伟荣撰写第五章第二节，孙慧佳、崔玉琦撰写第五章第三节其余部分，王立娟撰写第五章第四节；刘茜、陈献花撰写第六章。

最后，我们向所有为本书的编写和出版提供帮助的相关专家学者以及高校领导表示衷心感谢，也希望广大读者能对本书提出宝贵建议！

2021 年 7 月